自治と協働からみた現代コミュニティ論

世田谷区まちづくり活動の軌跡

小山弘美 著

晃洋書房

はじめに

　本書で取り上げている東京都世田谷区内のまちづくり活動はどれも有名な活動であり、登場人物もまちづくりのスーパースターといった人びとが多い。しかしながら、これらの人びとは最初からまちづくりのスーパースターであったわけではない。各人が抱えた課題、関心に基いて、挫折を繰り返しながら継続してきた結果が、この人たちを「スーパースター」にしているのである。本書で取り上げる地域住民活動の調査を行ったのは、2012～2014年度にかけてであったが、本書の校正・編集作業を行っている2017年にも、継続して世田谷区のまちづくり活動に関わらせていただいている。最近は、2014年度から始まった世田谷まちづくりファンドの「キラ星応援コミュニティ部門」におけるメンター（活動の伴走者）として、毎年異なる団体の活動に参画させていただいている。ここで関わる団体は、本書で取り上げるような「有名な」活動ではなく、色々な思いをもってこれから活動を発展させていこうと模索している団体である。現段階でその思いが、多くの人の共感を得ていると言えない段階にある活動もある。これらの活動を継続するには、さまざまな困難が待っているであろうことは想像に難くない。しかし、信念を曲げずに継続していった結果が本書で取り上げるようなスーパースターが関わる有名な活動になるのである。つまりここで言いたいのは、本書で取り上げる活動や人びとは決して特別ではないということである。地域の課題に気がつき、自分の個別的な興味関心から端を発して、周囲の共感を少しずつ集めて継続させていった結果、そのような活動が重要だと多くの人が認めるような活動に成長していったのであり、誰しもがこのような活動の主人公になれるのである。だからこそ、まだ自分から動くというところにはいたっていないが、社会や地域の課題に気がつき始めた人、実際に活動に参加している人、自分で新しい活動を起こした人、これに協力する行政職員など、地域のなかの主役候補の人びとのために本書を構成したいと考えている。

　以上が本書の根底にある筆者の思いの部分であるが、もう1つ重要な意義を本書に持たせたい。それは、上記で紹介したような地域住民活動に関わる人びとの思いをきちんと学術的な分析の対象として位置づけたいということである。

読後に「事例の紹介として面白かった」というに止まらせず，その事例の意味が都市社会学的に，あるいは地域コミュニティ論のなかで，もっと端的にいえば社会にとってどのような意味を持っているのかをきちんと示せるようにしたい。これが，活動者ではなく研究者となった筆者の，調査対象者を含めた地域活動を行う人びとに対しての，唯一貢献できることなのではないかと考えるからである。このことから，体裁としては学術論文としての定石通りに，まずは地域コミュニティ論に関わる先行研究の整理を行っていく。そのため，現場で実践を行う人に読み進めてもらう場合，第1章をとばして第2章から，あるいは興味関心のある章から読んでいただければと思う。

　都市における地域のなかで，本書で取り上げるような地域住民活動を行っている人びとは，実際には稀な存在である。都市部の多くの人びとは地域の人びととの関わりをあまり持っていないし，それで生活は十分に成り立つのである。それでは，どのような時に地域コミュニティの重要性がいわれるのであろうか。記憶に新しいのは，東日本大震災発生の後に地域における絆の重要性が指摘されてきたことである。発災後の避難の際にも，避難所での生活においても，地域の絆や横の連携が生活再建に向けた地域コミュニティの資源として重要視されてきた。これを被災地ではない都市部に転用して考えると，普段はなくても生活に困らない地域コミュニティではあるが，ひとたび災害などが発生すれば，地域の人びととのネットワークやコミュニケーションが重要になるということである。また，災害などの予期せぬ事態でなくても，子育てや介護といった福祉に関連するような生活課題は，地域コミュニティのちからを発揮してはじめて解決できることである場合が多いといえるだろう。

　実はコミュニティ論のなかで，「コミュニティ」という言葉が指し示す内容も変わってきている。第1章で詳しく触れるが，コミュニティとは，ある地域のなかに親密な人間関係が織り込まれ，人びとの共同性が保たれているような状態を示すものであった。しかし，交通や通信技術の発達により，親密な人間関係は身近な地域を超えて拡がりをもつようになり，地域性はコミュニティの必要条件ではなくなった。このように考えれば，前述のように，多くの人びとにとって地域コミュニティの必要性が感じられないことは当然の帰結である。それゆえ，地域コミュニティに過度の期待をすることは禁物である。しかしながら，本書で紹介する事例にも見られるように，自ら気がついた生活課題や，現代社会において見過ごされているが重視すべき事柄など，1人では解決でき

ないことを一緒に解決していける土壌としての，地域コミュニティの力量も知っておくべきである。この時，学術的な研究蓄積をふまえて現状を把握することは，地域活動の意義を考える上で有用であり，またこの営みこそが社会学的な研究活動であるともいえるであろう。そうであるならば，本書が行う仕事は，学術的な貢献も目指してしかるべきである。

　本書ではまず，コミュニティ論に関わる先行研究の整理を行っていくことはすでに述べた。日本の都市社会学において，コミュニティ論に関する議論が隆盛を極めたのは，1970年代である。これは，1969年に国民生活審議会コミュニティ問題小委員会の報告書『コミュニティ─生活の場における人間性の回復』を受けて，自治省を中心にコミュニティ政策が展開された時期と重なるものである。つまり，コミュニティ論とコミュニティ行政論が混然一体となって取り上げられてきた経緯がある。このことからも，地域コミュニティ論が実際の地域の状況と切っても切り離せない議論であることは明らかである。これをさらに複雑にしているのは，地域コミュニティ論が政策にけん引されるかたちで展開したという点である。それゆえ，コミュニティとは地域社会の理念型として取り扱われてきたという経緯がある。第1章ではこのような状況を，コミュニティ行政論とは切り離して整理し，地域コミュニティ論は，地域社会の状況を実証的に扱う地域社会論と，これを理念的に扱うコミュニティ形成論から成り立つことを示す。この議論を受けて，今日的なコミュニティ論の位相として重要な概念であると考えられる「協働」について考察を進めていく。ここで本書におけるコミュニティの定義を端的に示しておくと，「共に住みあうなかで共通の課題に対して行動する集合体」ということになる。この定義に照らせば，そもそもコミュニティには「自治」と「協働」の含意がある。この自治と協働の関連を実証的に捉えることが本書の主題となる。

　一方，行政と地域との協働関係はコミュニティ行政の文脈にも位置づけられるものである。それゆえ，これまでのコミュニティ行政を概観し，その流れのなかで協働施策を理解するという作業を第2章で行っていく。協働とは「ある問題や課題に対して，個人や組織が平等な関係において共に解決に向けて取り組むこと」と定義することができる。それゆえ今日の協働施策は，行政が主体となって住民に参加を促してきた1970年代から80年代にかけてのコミュニティ行政とは異なっている。しかしながら，実際どのようにお互いが主体性を保ちながら協働の場を確保することができるのだろうか。この点を，1976年から30

年近く，革新自治体としてコミュニティ行政を行ってきた東京都世田谷区のコミュニティ施策と，これに応対しながら住民自治を全うしてきた住民活動の詳細を見ていくことによって明らかにしていきたい。

世田谷区は神戸市などと並んで，町内会などの従来の地域住民組織とのルートも残しつつ，市民活動団体との連携を模索するコミュニティ政策によって先進性が評価されてきた自治体である（玉野 2011）。しかし，近年多くの市区町村で自治基本条例が制定されるなど，住民自治・住民参画の制度が整備されてくるなかで，世田谷区では先進的だった1980〜90年代のコミュニティ政策の後は大きな変革も少なく，「周回遅れのトップランナー」といった声が聞こえるようになっている。しかし，世田谷区のコミュニティ政策の先進性は，従来評価されてきた「住民参加」のみに終わるべきではなく，むしろ行政と対等に渡り合える力を持った住民との「協働」過程こそ，先進的であったと評価するべきなのである。それゆえ，世田谷区のコミュニティ政策およびこれに応答してきた住民活動は，今日的なコミュニティ論およびコミュニティ政策の重要課題である住民と行政の協働を考える上でいまだ十分な輝きを放っており，これを再検討することが今後のコミュニティ政策にとって重要となるのである。

第3章では，世田谷区の概況とコミュニティ政策の特徴の変遷を見ていく。1974年に復活した区長公選制度により選ばれた革新系の区長誕生と共に目指されてきた住民主体のまちづくりと，これを成り立たせるユニークなコミュニティ施策を紹介し，時代や首長の交代による変化を捉える。第4・5章では，住民発意の活動と行政の協働が40年にわたって行われてきたプレーパーク活動を取り上げる。プレーパークの活動は，子どもの遊びと遊び場をめぐる住民の運動をもとに，地域との対立をも経験しながら，活動自体が行政の施策に位置づけられ，行政との協働関係を継続してきた事例である。第6章では修繕型のまちづくりの先進的かつ典型的な事例として知られる，太子堂のまちづくりを取り上げる。世田谷区が進めるコミュニティ行政によって住民参加が進んだ典型例であるが，それだけにとどまらず，住民が主体となって自治的な取り組みを進め，行政と対抗的相補性を保ちながら協働してきた事例となっている。第7章では，市民が市民を支える仕組みとして構想された世田谷まちづくりセンター・まちづくりファンドの事例を取り上げる。ここでは，住民と行政との間に入る仲介役として中間支援組織が設立され，住民と行政が対等に渡り合っていくための仕組みが目指されたが，思い描かれていた結果にはいたらなかった。

この挫折から，住民と行政との協働の課題を見出すことにしたい。
　以上の世田谷区のコミュニティ政策と住民活動の事例をとおして，自治と協働の内実や課題を検討し，地域コミュニティの今後を展望したい。

自治と協働からみた現代コミュニティ論
世田谷区まちづくり活動の軌跡

目　　次

はじめに

第1章 コミュニティ論変遷　　1

　1．コミュニティ概念の射程と変遷　（2）
　2．日本におけるコミュニティ論前史　（4）
　　　　──戦後の地域社会論
　3．コミュニティ形成論　（7）
　　　　──1970年代のコミュニティ論
　4．住民自治組織としての町内会論　（16）
　　　　──1980年代から1990年代中旬までのコミュニティ論
　5．理念型としての協働　（22）
　　　　──1990年代後半から2000年代のコミュニティ論
　6．コミュニティの定義とコミュニティ論の位相　（27）

第2章 コミュニティ政策　　31

　1．コミュニティ政策の変遷　（32）
　　　　──参加から協働へ
　2．協働施策の現況とその課題　（37）
　3．コミュニティ政策研究の課題　（41）

第3章 世田谷区のコミュニティ政策　　49

　1．世田谷区概況　（50）
　2．世田谷区のコミュニティ政策　（53）

第4章 住民発意の活動と行政との協働　　65
　　　　──プレーパーク活動を通したまちづくり

　1．日本で最初の冒険遊び場づくり　（66）

2．羽根木プレーパーク開設　（72）
3．現在の羽根木プレーパーク　（81）
4．NPO法人プレーパークせたがやの誕生と新しい取り組み（87）
5．行政や地域との協働関係　（97）

第5章　活動の担い手の視点から考える自治と協働　107
――プレーリーダーと世話人の語りから

1．プレーリーダーの語りから見える自治と協働　（108）
2．プレーパーク運営の担い手　（125）
3．プレーパーク活動から見える自治と協働の内実　（139）

第6章　「住民参加」から「住民自治と協働」への展開　143
――太子堂地区修繕型まちづくり

1．太子堂地区まちづくり協議会　（145）
2．ソフトなまちづくりへの取り組み　（153）
3．現在の太子堂地区まちづくり協議会の活動と課題　（160）
4．まちづくり協議会と協働してきた市民活動　（165）
5．太子堂のまちづくりがつくってきたもの　（175）
――「住民参加」から「住民自治と協働」への展開

第7章　市民が市民を支える仕組み　183
――まちづくりセンター・まちづくりファンドの実践

1．市民が市民を支える仕組みとしての「まちづくりセンター構想」（184）
2．初期まちづくりセンター・まちづくりファンドの動向（188）

3．まちづくりハウスの理念の実践　　(200)
　　　――玉川まちづくりハウス
　4．まちづくりセンター・まちづくりファンドの現在　　(222)
　5．模索された協働のための制度とその課題　　(233)

終　章　自治と協働からみたコミュニティ論　　237

おわりに　(245)
文献一覧　(247)
索　引　(255)

第1章

コミュニティ論変遷

本章では，はじめに「コミュニティ」という概念自体がどのように捉えられてきたか，その変遷を概観する。次に日本の都市社会学において，「地域コミュニティ論」と分類できる議論の変遷に触れ，今日の地域コミュニティ論のなかで主題となりうる「協働」の位置づけを行っていく。

1. コミュニティ概念の射程と変遷

　コミュニティ概念は，その多義性が指摘されてきた。コミュニティの定義を収集し，分類を行ったG. A. ヒラリー（Hillery 1955=1978）は，それらの共通項として，集団や社会的相互作用を織りなす人びとの存在，社会的相互作用が展開する地理的領域，何らかの共通する特質の3つを挙げている。これらが端的に，親密な人間関係，地域性，共同性としてコミュニティを定義する上での重要な要素と捉えられている。しかし，B. ウェルマン（Welman 1979=2006）が問題提起したように，コミュニティ概念に必ずしも地域性が重要な要素として含まれるわけではないという捉え方もある。それでは，コミュニティの概念がこれまでどのように捉えられてきたのか，その変遷を確認しておこう。

　コミュニティ概念は，社会学の起源とも密接な関連をもつものと考えることができる。社会学は前近代的な共同体的連帯の崩壊を前提とし，新しい連帯について取り扱う学問として発展してきたと捉えることができるからである。それゆえ，コミュニティを前近代的な共同体的つながりと捉えるならば，まさにコミュニティの衰退を背景として，それとの比較のなかで新しい連帯を問題としてきたわけである。ゲマインシャフトからゲゼルシャフトへ，コミュニティからアソシエーションへ，機械的連帯から有機的連帯へといったかたちで，二項対立的に進化論や近代化論と親和性をもって捉えられてきたといえるだろう。それゆえ，コミュニティ論が衰退論から始まるのはごく当然のことである。コミュニティ衰退論で代表的論者とされるF. テンニース（Tönnies［1887］1926=1957）やL. ワース（Wirth 1938=1978）は，前近代的な共同体としての性質が衰退していくことを，都市化の影響などをふまえて議論していた。ここでのコミュニティの定義は，地域的に限定された範囲のなかで，密接な相互作用と共通の特質を持つ集団ということになろう。そこでは，ヒラリーが指摘した前述のコミュニティの3つの要素すべてがそろっていることが重要であり，このよう

な定義のもとでは，コミュニティの衰退過程が問題となるのである。

　しかし，コミュニティ存続論的な立場は，都市的状況のなかに新しいコミュニティを捉えていたわけであり，共同体的な連帯がかたちを変えてなお存在し続けていることを明らかにした。H. J. ガンズの『都市の村人たち』（Gans ［1962］1982=2006）では，都市のなかにも新しい共同体的連帯が形成されていることが明らかにされ，W. F. ホワイトの『ストリート・コーナー・ソサエティ』（Whyte ［1943］1993=2000）は都心の遷移地帯においても，集団のなかでの秩序や規範があることを明らかにした。つまり，前近代的な共同体的連帯はその形態を変化させ，近代的な都市のなかにも存続したということである。

　しかしながら，コミュニティ衰退論も存続論も，コミュニティの要素として「地域性」「共同性」「親密性」の3つが同時に存することを想定していたことに変わりはない。このコミュニティの捉え方に風穴を開けたのが，ウェルマンの「コミュニティ問題」の提起である（Welman 1979=2006）。交通や通信手段の発達により人びとの社会移動・地域移動が活発になり，コミュニティの状況は次々と変化していった。親密な人間関係は身近な地域に限定されることなく，地域の外に拡がっていったのである。これによりコミュニティの要素としての地域性の前提がくずれ，親密な相互作用と共同性のみがコミュニティの要素となる。これがウェルマンのコミュニティ解放論である。ここで，地域性はコミュニティの必要条件から外れたことになる。

　今日的な状況下においては，これがさらに質的な変化を遂げる様相を見せている。一般的にも使用頻度の高い，インターネット上の「コミュニティ」がそれである。SNS上では，同窓会のコミュニティや，同じ芸能人のファンや趣味が同じ人びとのコミュニティなど，さまざまなコミュニティが形成されている。同窓会のコミュニティなどは，既存のコミュニティにおける情報ツールの活用と見ることができるが，同じ趣味を持つ人びとがSNS上のコミュニティで友達になっているということもある。ここでは，共同性については担保されるが，フェーストゥフェースの関係にあるわけではなく，親密な関係でなくともコミュニティのメンバーとなりうる。そこにはある程度の相互作用は見られるとしても，匿名性が保たれるなかでの関係が結ばれているのである。

　このようなインパーソナルで，合目的な関係こそが，G. ジンメル（Simmel 1903=1978）やワース（Wirth 1938=1978）が指摘した都市的な関係なのかもしれないし，第二次的関係やゲゼルシャフトといった表現で指摘されていた関係のよ

うに思える。このようにコミュニティ衰退状況を表すような関係がコミュニティの語で表される今日にあっては、コミュニティの語をどのように定義し捉えればよいのか混乱をきたすのは当然である。

以上のような状況から、この時点で明快にコミュニティの定義を規定することは難しいので、本書でのコミュニティ概念の規定については本章の最後に行うことにしたい。概念規定を行う代わりに、近年のコミュニティ研究として代表的なものを取り上げておくならば、1つに政治学者であるR.D.パットナム (Putnam 2000=2006) が拡く世に知らしめたソーシャル・キャピタル論が挙げられるだろう。パットナムはコミュニティ組織やボランティア活動への参加、インフォーマルな社交、社会的信頼などの項目をかけ合わせたソーシャル・キャピタル指標によって、コミュニティ状況の計測を試みた。そこでアメリカ各州のソーシャル・キャピタル指標が子どもの教育達成や犯罪率などと相関することを示し、アメリカのコミュニティの衰退に警鐘を鳴らしたのである。このパットナムの研究以降、地域コミュニティの状況をソーシャル・キャピタル指標によって数値化し、その衰退状況や有用性を示すことによって、コミュニティの再生を促す議論が日本でも多くなされている。このように、ウェルマンのコミュニティ問題の提起を経てもなお、地域性が重視される地域コミュニティ論がすたれたわけではなく、コミュニティの衰退と再生に関する議論が繰り返し起きてくるのである。それでは次に、日本におけるコミュニティ論の変遷を見ていくことにしよう。

2. 日本におけるコミュニティ論前史──戦後の地域社会論

日本のコミュニティ論の嚆矢としてよく挙げられるのが、1969年に国民生活審議会コミュニティ問題小委員会が出した報告書『コミュニティ―生活の場における人間性の回復』(以降『コミュニティ』報告と略記する) である。この報告がなされて以降「コミュニティ論」と題された学術研究書が数多く出された[1]。『コミュニティ』報告には、奥田道大、倉沢進、安田三郎の3人の社会学者が参加していたのであるが、このような提案をするにいたる地域社会の状況はどうだったのだろうか。まずはこの点について、戦後の地域社会についての研究動向を概観しながら考えてみよう。

戦後間もなくの地域社会を対象とした研究の主なテーマとして、「都市化」

と「町内会」を挙げることができる。都市化の研究では、アメリカにおける都市や都市化の研究動向が紹介され、特にL.ワースのアーバニズム研究が参照されていた。これを日本において具体的な地域研究に発展させたものは多くはないが、安田や倉沢らはワースがアーバニズムの分析方法として示した、生態学的構造・社会組織・パーソナリティの三側面の関連について実証的に検証を行っている（安田 1959a, 1959b；倉沢 1959）。しかしながら、日本ではこのように地域構造を三側面から捉える研究よりも、社会組織の面から地域社会構造を捉える研究が多くなされていた。このような研究は、都市化によって地縁を基盤とする関係や集団の衰退が起きるという前提に立っており、地域組織のなかでも町内会・部落会を対象とする研究が数多くなされた。

戦時中に大政翼賛会の下部組織に位置づけられた町内会・部落会は戦争への加担の責を問われ、GHQによる政令15号によって1947年に解散を命じられ禁止された。しかしながら戦後の混乱のなかで、配給などを行うにあたり、町内会のような町内の状況を把握している組織がなくては、地域社会における生活が成り立たない状況があった。このようななかで、先の政令によって町内会自体は姿を消したのであるが、衛生組合や防犯協会など単一の目的をもつ組織が設立され、実態としては町内会となんら変わらない役割を担っていた場合も多かった。そうして、1951年のサンフランシスコ講和条約締結による政令失効の前後に町内会は公然と復活をとげていったのである（高木 2005）。

このような町内会を取り巻く状況に対しては、批判的に捉える議論が大半であった。社会学者によっては、町内会は都市化の流れのなかで衰退していく存在として消極的に捉えられており、民主化、近代化に反する組織として存在自体を否定的に扱われることも多かった（奥井 1953，磯村 1953）。しかし、都市化の流れのなかで家族、地域の崩壊の指摘がなされ、町内会のような地域組織によってしかこの状況に対処できない（高田保馬 1953）という指摘や、町内会を公的に復活させたいという思惑が一部の行政職員にあったことも事実である（桂山 1953）。

町内会の問題としては、個人でなく世帯を組織の構成単位とし、地区内に居住しているというだけで当然加入させられること、その機能が単一的でなく包括的あるいは丸抱え的であることが挙げられ、これらは近代化・民主化に逆行するものと捉えられた。また、自治的に運営されていることを建前として行政の末端補助団体化し、これをもって圧力団体化していることや、保守の集票に

大きな役割を担っていることなどが批判されていた（生活科学調査会編 1962）。

こうした批判の一方で，町内会や地域社会が少しずつ変容してきているとの指摘もなされた。中村八朗（1962）は，異なる地域構造をもつ4つの町内会の事例研究の結果から，行政末端機構としての役割を担うような旧来の一般的性格を備えている町内会であっても，相互に異なる特色をもっており，都市的発展にともなって変化が生じることを明らかにした。特に都市的発展の最新段階にあるとされる団地自治会は，利益集団的機能をもち，加入も任意で個人加入の兆候も見られ，行政との関係においても自主性を強く出していた。中村は町内会をただ単に逆行的なものと規定することなく，そのなかにある近代化の契機を捉えることを重視したのである。

同様に奥田も，「前近代的集団」のラベルがはられていても，その機能的状況は，ときに質的変換の可能性をはらんでいるとし，このような前近代的集団が変容する事実の認識の重要性を指摘している（奥田 1959）。地域集団の体質改善の契機としては，若い世代からの働きかけや，役員層の世代交代が挙げられている。それは，青年会や子供会などの地域集団を担う若い世代に，自主的なグループ活動を行ったり，自己の意志を表明したりするなどの新しいいぶきが芽生えているからである（奥田 1960）。これに加えて，個人の自発性を尊重し，ある一定の目的的機能を有する，近代的集団と位置づけられるような，旧来とは異なるかたちの地域集団が生成してきていることも指摘している（奥田 1959）。

このように町内会に対して批判的・肯定的であるかに関わらず，都市化のなかで従来の前近代的な機能を持った町内会が衰退し，新しい機能・性格をもった地域集団が叢生してくることが期待され，前提されていたのである。また他方で，地域社会の変容を捉える上で，大きなインパクトを持っていたのが，住民運動と革新自治体の誕生であった。都市化によって人口の過密が問題になった都市部では，都市的生活基盤の整備が遅れ，住宅や道路，公共施設の未整備といった生活困難をもたらした。一方人口が過疎化した農村部では，「全国総合開発計画」などの国の政策によって拠点となる地域を開発し，地域格差是正が目指されたものの，これが公害問題や農漁業の衰退といった重大な問題を引き起こした。このようにして全国的に多くの地域が抱えることになった新しい都市問題に対し，地域の有力者が中心となってこれに対処するこれまでの「草の根保守主義」では対応できなくなり，「草の根民主主義」としての暮らしや

命を守るための住民運動が頻発したのである(宮本 1971)。そして，これを背景として1967年に美濃部革新都政が誕生するなど，次々と革新自治体が誕生したのであった。

3．コミュニティ形成論——1970年代のコミュニティ論

❶ コミュニティ形成論の契機

　上述に見てきたような，地域社会の都市化・近代化による変容と住民運動叢生の状況に対応して出されたのが，1969年国民生活審議会コミュニティ問題小委員会が出した『コミュニティ』報告である。この報告書により，自治省のモデル・コミュニティ施策を筆頭としたコミュニティ行政が，全国的で執り行われていくのだが，同時に日本における1970年代以降のコミュニティ論の起点ともなったといえるだろう。これには，前述のように奥田道大，倉沢進，安田三郎の3人の社会学者が『コミュニティ』報告作成に参加していたことも関係していると考えられる。それまで都市社会学においてコミュニティの語は，アメリカのコミュニティ研究を紹介する場合に使われていたとしても，日本の地域社会を指してコミュニティと訳さず表現することはあまりなかった。他の分野においても，福祉の分野で「コミュニティ・オーガニゼーション」の概念に使われていたり，また都市計画の分野で「コミュニティ計画」といったかたちで使われていたりするなど，限定的な概念に使われているのみであった。

　磯村英一（1953）は町内会再編を批判する文脈のなかで，町内会を中心とする従来の地域社会とは異なる，新しいタイプの地域的・近隣的結合集団を「コミュニティ集団」とし，これへの検討の余地があるとしていた。奥田もこのような新しいタイプの地域集団を自律型集団とし，これらの発展に期待していた。これと同様に，『コミュニティ』報告におけるコミュニティの概念も，地域社会の変わりゆく先にあるモデルとして示されたものであった。さらにいえば，都市化によって衰退した地域が進んでいくべき道として，従来の町内会を中心とする地域集団に代わる新しいコミュニティ集団が台頭し，これまでの地域社会とは異なるコミュニティと呼ばれるような地域社会となっていくことが示されたのである。

　『コミュニティ』報告におけるコミュニティとは「生活の場において，市民としての自主性と責任を自覚した個人および家庭を構成主体として，地域性と

各種の共通目標をもつた，開放的でしかも構成員相互に信頼感のある集団」のことを指すものである。なお，このコミュニティは「古い地域共同体とは異なり，住民の自主性と責任性に基づいて，多様化する各種の住民要求と創意を実現する集団」であるとされる。ここでは，地域共同体の崩壊は，古い束縛から人びとを開放し，人間性の回復を意味するものとして評価されている。しかしながら，その一方では多くの「無関心型住民層」が増加していくことになるため，生活の充実を目標として目覚めた「市民型住民層」によるコミュニティ形成を目指すということになるのである。このように，コミュニティが従来の町内会を中心とするような地域集団とは異なる点が強調されている。また，市民型住民層による住民運動に対しては，「要求」自治的な意識が否定され，自主的な責任に基づく主張の場となることが強調されている。つまり，一方では地域共同体の性質を引きずった町内会を中心とする地域集団を否定し，もう一方では地域エゴと例えられるような住民運動も否定したうえで，自主的に責任を自覚した「市民」の集団が目指されたということになろう。これまでの地域社会の現況を批判・否定し，新しい地域社会を「コミュニティ」と名付けその形成を目指したものであったといえる。

『コミュニティ』報告がその後の地域社会を取り巻く研究や政策に対し強烈なインパクトを持ちえた背景には，戦後から地域社会において取り上げられてきた，都市化による地域社会の衰退への危機感があった。だからこそ，地域社会の再編を描いた期待概念としてのコミュニティ形成に対し，多くの関心が寄せられたのであり，地域研究はコミュニティ形成論に，行政施策はコミュニティ施策に大きく舵を切ることになったのである。

❷ 中村八朗のコミュニティ形成論──町内会変容モデル

『コミュニティ』報告やその後矢継ぎ早に出された各施策に対し，批判的に応答したのは中村八朗（中村 1973, 1975）である。中村は，東京都や千葉県での調査結果から，多くの人びとは近隣づきあいに肯定的であるとして，コミュニティ施策の前提とされる「住民の孤立」は，ステレオタイプ化された通念であるとした。さらに，たとえ近隣関係において孤立の傾向がうかがえたとしても，近隣居住者以外との第一次的接触が行われているとし，B. ウェルマン（1979＝2006）が「コミュニティ問題」で提起したと同様の指摘をしている。また，多くの場合都市問題の解決には，近隣よりも広い範囲での対処が必要であるとし，

近隣地域で解決できることに限界があるとした。都市化による地域社会の衰退や，人間疎外の状況といった前提に疑義を呈し，加えてコミュニティの範囲とその守備範囲に疑問を抱いていたのである（中村 1973）。

中村のコミュニティ論は，町内会を重視する点で，『コミュニティ』報告のコミュニティ形成の方向とは異なっていた。『コミュニティ』報告では，町内会とは異なる市民を担い手とする新しい集団の形成が目指されていたのであるが，コミュニティの推進がなされても，実際には提示されているような新しいコミュニティ集団が形成された事例はそう多くはなかった。一方で，中村は自身の実証研究において，古い体質とは異なる形態をもつ町内会が多数出現していることを発見していた（中村 1962，1964）。このことから，新たな組織をつくるよりも町内会のような既存の組織の換骨奪胎をはかる方が，コミュニティ形成への有効な戦略となりえるとした（中村 1973）。

中村は，神戸市苅藻（現在の真野）地区を，町内会の変容によってコミュニティ形成が進んだ事例とみる（中村 1973）。苅藻地区の地域活動をけん引するのは苅藻防犯実践会であり，従来ならばこれは奥田によって擬装型地域集団と分類され，単一的目的を持った組織でありながら，地域共同体的性格をもつものとして扱われている組織である（奥田 1959）。1965年に苅藻地区内の小地域が地域福祉推進モデル地区に指定され，防犯関係に限定されていた防犯実践会の事業が環境や福祉領域にも拡大した。一方，工住混在の過密地域であった苅藻地区は，「公害のデパート」とも呼ばれる状況のなかで，1966年に住民の訴えを契機として，防犯実践会の専門部として公害部が設けられ，公害追放運動が開始された。この公害追放運動では，慢性気管支炎の症状調査や，「町づくり学級」の開催に象徴される学習活動を行うなど先進的な取り組みがなされていったのである（中村 1973）。

一般的なコミュニティ形成論において，従来の地域住民組織は衰退していく存在として，もっといえば悪弊のように扱われている。しかしながら，その内実を変化させることによって，『コミュニティ』報告が示したような，主体的な責任に基づく行動原理にのっとった集団と呼べるような状況が生まれてきているところに，中村は注目するのである。コミュニティ形成がいわれながらも，その成功事例は多くはない現状に対して，変質を遂げる可能性をもつ既成住民組織の活用に期待するのが中村のコミュニティ形成の視座であった。

そもそも中村は，コミュニティ概念を現代的に取り扱うには，限定的に捉え

ざるを得ないとする（中村 1973）。コミュニティ概念の基本的含意として，「地域的範囲」，「その範囲のなかで完結して生活を成り立たせる諸制度」，「共属意識と独自の文化」を挙げ，本来ならばこれらすべての総合的全体としてコミュニティが成り立つものであるとする。これは，G. A. ヒラリーが整理したコミュニティの3つの要素と，大差はないものと考えられる。しかしながら，現代的なコミュニティ概念はこれらの総合的全体として捉えることができなくなっており，コミュニティ論は地域，制度，文化のいずれかに着目することになると中村は指摘する。このように，コミュニティをある地域範囲の実体概念として捉えられなくなった後，コミュニティ研究が各要素を個別に扱うにとどまらないようにするための，コミュニティ概念の再規定として，中村は「限定的コミュニティ概念」を紹介する。限定的コミュニティ概念とは，「ある範囲の地域に共住することを契機として社会関係を結んでいる場合，あるいは共住することから共通の問題に直面しその解決のために相互作用過程に入るとか集合行動が起こっている場合」（中村 1973: 40）に，これをコミュニティとするものである。つまり，すでにある地域範囲のなかに社会関係が取り結ばれている状態と，共通の課題に対して相互作用が行われているもしくは行われ始めるような状態をコミュニティと規定しているのである。

　この都市化した後のコミュニティ概念の新規定のうち，すでに共住を契機として社会関係が取り結ばれている町内会が，中村にとってコミュニティ論の重要な位置を占めたのである。一方で，中村はある地域課題に対して住民活動が起こるようなときに，その発端から最終的帰結まで追跡するような，住民の活動のダイナミックな研究がコミュニティ形成論にとって重要だと考えていた（中村 1973）。これは，都市化した後のコミュニティはすでにそこに存在しているものだけでなく，実際に今形づくられていくような状態をも概念規定に含んでいるからだと考えることができる。つまり，コミュニティ論はコミュニティ形成論を含まざるを得なくなったのである。

❸ 奥田道大のコミュニティ形成論──運動モデル

　町内会を重視する中村の視座は，当時のコミュニティ形成論からすれば異端であったといえる。コミュニティ形成論として代表的なのは，国民生活審議会コミュニティ小委員会にも参加していた奥田道大の議論であろう。奥田自身のコミュニティ形成の論理は，磯村英一他編『都市形成の論理と住民』（1971）の

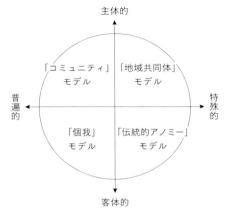

図1-1　地域社会の分析枠組み
出典：奥田（1971）より筆者再構成。

1節である「コミュニティ形成の論理と住民意識」において明らかにされている。

　ここで奥田はコミュニティの含意を2点指摘している。1つにコミュニティは都市化現象が拡大・深化するなかで新しく問われる積極的概念であるということ、2つにコミュニティは特定の地理的範域にとどまらず、地域住民の価値にふれあう意識や行動の体系を意味するものであるということである。つまりコミュニティとは、都市化によって衰退している地域社会に対して「新しく期待される地域社会」を表し、またこの新しい地域社会の範域は地理的に想定されるというよりも、意識や行動の共通性によって設定されるものということである。コミュニティで共有される価値は、はじめから寄与されているのではなく、住民自身の相互行為のなかで内在化していかねばならないため、コミュニティ形成には「住民の主体化」が要件となる。またこれと同時に価値の「普遍化」も要件とされ、コミュニティに関わる住民の価値が、特殊主義的ではなく普遍主義的価値に根差すことが要求される。

　この主体化と普遍化を軸にして交差させ、4象限で表したのが、奥田の地域社会の分析枠組みであり、これによりコミュニティのモデルが示されている（図1-1）。「地域共同体」モデルは、村落の旧部落や都市の旧町内といった共同体的（ムラ的）規制の支配する、伝統型地域社会がこれにあたる。「伝統的アノミー」モデルは、「地域共同体」モデルと「個我」モデルの過渡的段階に

位置づけられ，都市，農村部を通じて広くみられる解体化地域がこれにあたる。「個我」モデルは，「地域共同体」モデルと対称的な関係にあり，住民層として新来住者，新中間層が多くを占める大規模団地社会が典型的とされる。「コミュニティ」モデルは，「個我」モデルの成立を前提とするが，住民意識の面で価値の社会化・普遍化への展開が求められる。奥田はコミュニティモデルが単純に「地域共同体」→「伝統型アノミー」→「個我」→「コミュニティ」の段階をたどるものではないとするが，「コミュニティ」を地域社会のあるべき姿（理念型）とした場合に，その道程をこのように想定していたことは確かであろう。しかしながら，コミュニティのモデル化の基軸となる住民の主体化とその価値の普遍化は実際には与件とはなりえず，住民が地域社会において何らかの相互行為を行いながら，徐々に獲得されていくものである。そのため，そう簡単にこの道程をたどることはできない。奥田はこのような新しい地域社会に向けて，価値の創出と共有を促すような変化を起こせるものとして，住民運動にその可能性を見出していた。それゆえ，奥田のコミュニティ形成論は住民運動がその形成に寄与する「運動モデル」ということになる。

　住民運動は，特殊的問題の解決のために組織が結成され，一定の目的が遂行されれば，組織は解体するものと一般的に捉えられている。しかしそのなかには運動が当初の問題の解決にとどまらず，地域社会全体の環境問題へ展開するものや，住民主体のまちづくり運動へ展開するものがあった。奥田はこのような展開過程をたどる住民運動に，コミュニティ形成の可能性を見出したのである（奥田 1975）。奥田は実際にこうした特徴を持つ運動として，神戸市長田区丸山の「たたかう丸山→考える丸山→創造（実践）する丸山」の事例，また東京都国立市の「歩道橋建設反対→大学通り公園化→国立全体のまちづくり構想と計画」[2]などの展開過程をもつまちづくり運動をあげている。

　奥田がコミュニティ形成の可能性を住民運動に見出していたのも，没個人化された地域共同体的地域社会と決別し，主体化した住民による自治的な地域社会の形成を目指していたからである。これは明らかに，衰退していく地域社会をどうするのかというネガティブな動機ではなく，新しい地域社会の形成を目指したポジティブなアプローチであるところにその特徴がある。このため奥田は，「地域共同体」モデルと「コミュニティ」モデルを厳格に区別していた。1970年代にコミュニティ施策やコミュニティ論が盛り上がるなかで，コミュニティと地域共同体の語が相互互換的に把握される状況を批判する（奥田 1975）

のもこのためである。奥田は個我の状況下で，コミュニティ施策による官製のコミュニティが拡がることによって，コミュニティと表札を掛け替えた地域共同体が形成される状況を危惧していた。このように奥田のコミュニティ形成論を見てくると，中村のそれは都市化後のコミュニティの実体概念としての意味合いを含意したコミュニティ形成論であり，奥田のそれは純粋に理念型としてのコミュニティ形成論に近いということがいえるのではないだろうか。

❹ 住民自治・住民参加論

　奥田の設定したコミュニティモデルの基軸となる地域における住民の主体化は，そのまま住民自治の問題となる。コミュニティ形成論が盛んに行われた1970年代は，住民自治・住民参加論も同様に活発な議論がなされていた。それには，一方では国民生活審議会から出された新しい地域社会としてのコミュニティの提起と，これに続く自治省をはじめとするコミュニティ政策において，その後の実際の展開はどうであれ，地域住民が主体的に自分たちの地域を運営していくことが目指されていたことがある。また，もう一方で住民自治論を活発にさせたのは，全国各地で同時多発的に起こった住民運動が果たした役割が大きい。住民を置き去りにしたままに，経済優先で行われてきた全国総合開発計画や，人口過密となった都市部のスプロール化した地域での生活困難といった問題に対し，問題解決をはかって各地で住民が立ちあがったわけである。これはまさに，住民自治実践への挑戦であった。

　住民運動の盛り上がりと時を同じくして，多くの革新自治体が誕生し，これによって住民自治への気勢は住民参加へと制度化されていくことになる[3]。コミュニティ政策も住民参加の制度化の１つと捉えることも可能である。西尾勝（西尾 1975）が示した市民参加の４つの形態である「運動」「交渉」「機関参画」「自主管理」の段階について，篠原一は前二者を非制度的な参加として参加の運動的側面と捉え，後の二者を制度化された参加の形態とした（篠原 1973）。革新自治体によって，後者の取り組みが行われたわけであるが，行政の側が用意する参加のプランは，たとえ革新自治体といえども形式的である場合が多いため，「住民運動の懐柔」と批判されることになる。このため篠原は，「市民参加は制度化されると同時にダイナミズムを失い，それがもつ意味を半減してしまうという宿命をおっている。従って市民参加が長い生命をもつためには，制度化ののちに再び運動化の過程がはじまらざるをえない。つまり，運動の制度

化と制度の運動化という2つのプロセスがつねに循環しなければならない」（篠原 1977: 79）としている。他にも，「制度化された住民参加ルートとは別に，住民運動そのものによる参加を，直接的参加のもっとも重要な形態として維持・発展させる必要がある」（久冨 1974: 128）との指摘にも見られるように，住民参加が制度化されたとしても，住民運動がもつ役割がなくなるわけではなく，住民自治・住民参加を発展させていくうえで，住民運動にさらに大きな役割が期待されていたのである。

❺ 住民運動論からの批判

以上にみてきたように，コミュニティ形成論においても，住民自治・住民参加論においても，住民運動への期待が見られる一方で，似田貝香門らはこうした「コミュニティ形成としての住民運動論」や「市民参加論」に住民運動論が収斂していく状況を批判した（松原・似田貝編 1976）。奥田のコミュニティ形成としての住民運動論は，住民運動組織が活動を継続していくうちに，地域社会全体の総体的な地域課題に関心がおよぶことによって，まちづくり運動へと展開していくというその過程に，コミュニティ形成の契機を見出すというものである。しかし，そもそも特定の問題や地域社会の総体的な課題がなぜ地域社会に顕在化してくるのか，問題が発生する地域構造自体を解明する視点が欠落していることに対して似田貝らは批判するのである。これは，『コミュニティ』報告が地域社会において住民運動がわき起こる構造的問題に触れることなく，「生活の場における人間性の回復」を「自主性と責任を自覚した個人」の参加によって解決しようとしていたことと通底している。似田貝らはこれを批判し，住民運動研究の目的は，問題の構造を突破していくための，客観的・主観的条件を明らかにすることにあるとする。

これに対応して，似田貝らの研究からは以下のような知見が得られる（松原・似田貝編 1976）。まず，運動のきっかけ要因は，生活構造のストレーン（構造的緊張）の増大である。このような問題状況に巻き込まれた住民の心的情況が，運動を組織化させる。この段階では，問題の主体的解決者の模索が行われるが，まずは町内会などの地域住民組織や地域機能集団へ働きかけがなされる。この過程において，いかなる形態の実践集団が形成されるかが決定するのであるが，このとき地域の既存組織や秩序とどのように関連して運動組織が成立するかが，その後の住民運動の展開にとってはきわめて重要な要因となる。

続く運動の組織化の第二段階では,「問題の課題化」と「主体性の確立」過程が,運動そのものの組織的能力を飛躍的に発展させるという。まず問題の課題化には,運動の正統性の確立と住民運動の初期段階にもつエゴイズムの克服の過程が必要となる。生活構造のストレーンを引き起こさせる開発計画に常に伴ってくる公共性の内容を,運動側から批判的に検討してこれを克服し,自分たちが抱える問題を相対化することが求められる。後者の主体性の確立には,中核メンバーの主体性の確立と住民運動の組織体そのものの主体性の確立が必要であり,克服しなければならない課題とその解決手段や解決までの道筋を自己認識することにはじまる。このような組織化の第二段階への移行は,住民運動の参加者の学習活動や経験によっておこるものである。

似田貝らの住民運動の契機と成立の条件,また担い手の主体性の確立過程を明らかにする研究は,奥田のコミュニティ形成論においては与件とされてきた重大な点を明らかにするものである。奥田のコミュニティモデルでは,住民の主体化,普遍化が要件とされ,これらは住民自身が自ら内在化しなければならないとして,住民運動にその画期を見出していたが,その内在化の過程を明らかにはしていない。特殊的・個別的課題をもった住民運動が,地域全体に関わるような課題に取り組むまちづくり運動にいかにして展開するのか,またしない場合はどのような場合であるか,似田貝らの研究はこの過程を明らかにしたものである。これは,理念型としてのコミュニティがいかに実体としてのコミュニティとして姿を現してくるのかをダイナミックに研究した成果とも捉らえ返すことができる。

このように似田貝らの指摘をコミュニティ形成論の側から捉え返してみれば,地域社会構造上の問題がなければ,住民運動が起きてくることもなく,コミュニティ形成の契機とはなりえないということになる。ここに,奥田の運動モデルの限界が見えてくる。コミュニティ形成論は,構造的な問題状況を所与とし,これに対していかに主体的に住民が立ち向かうことができるかを主眼に置いている。つまり,似田貝らの批判から明らかになることは,コミュニティ形成論が,地域問題や地域研究の主題を「地域構造の問題」から「住民自治の問題」にすり替えてしまったということである。これこそが,地域コミュニティ論が「地域社会論」と「コミュニティ形成論」に分離したことを意味するのである。

4．住民自治組織としての町内会論
——1980年代から1990年代中旬までのコミュニティ論

❶ 町内会再評価

　1980年代になると，70年代までのような住民運動頻発の状況は影をひそめる。これは裏を返せば，住民運動が突き上げていた住民を置き去りにした経済優先の開発や，都市部の人口集中地区の生活上の問題も落ち着いてきたということを意味する。また，住民運動の成果として，政治や行政に対する参加へのルートも少しずつ整備されてきたということもあろう。そして，地域課題は急激な変化への対応よりも，恒常的な福祉課題へとその重点をうつしてくる。

　住民運動の鎮静化と同時に，1970年代活発に行われてきたコミュニティ形成論も低調になる。コミュニティ形成論の中心的役割を担ってきた奥田道大の示すコミュニティ形成への発展過程が，住民運動にその可能性を見出していただけに，住民運動が減ったことは，大げさにいえばコミュニティ形成の契機を失っていったことにも等しいということであったのかもしれない。同様に，住民運動が大きな役割を果たしていた住民自治・住民参加の充実においても，そのペースが落ちてくることを意味する。一方これと反比例するように，町内会を住民自治組織として再評価するような議論が登場するのは，ある意味必然であったのだろう。

　似田貝香門らが指摘したように，地域のなかに問題がなければ住民運動は起きてこない。その場合，多くの人は無関心層に埋没することになる。一方で，町内会は自動的加入の特徴をもち，また加入者もみんながやるなら自分も最低限のことはやるといった「みんな主義」（越智 1990）と呼ばれるような関わり合いをする。無関心層であっても順番がまわってくるなどして，地域と何かしら関わりあうことになる。これがもちろん批判されるところでもあるわけだが，地域自治の担い手として脚光をあびることにもなるのである。奥田をはじめとするコミュニティ形成論の主流な議論においては，町内会は担い手になりえないとの見方がなされてきたのであるから，コミュニティ形成論の大きな転換点ともいえる。理念型であるコミュニティの形成論から，実体としての地域社会研究に主軸が移ったとも評価できる。

　第3節❷で見てきたように，1970年代からコミュニティ形成において町内会

の変容に可能性を見出していた中村八朗は，東京都下の町内会の成立を戦前から丹念に調べ，町内会に対する批判に反論した（中村 1980）。まず，江戸時代の五人組を起源とすることなどを理由として，封建遺制であるという批判に対し以下のように指摘した。江戸時代の五人組は家主のみがその構成員として認められていたのであり，すべての住民をその対象としている町内会は，閉鎖性を棄てて開放性にむかったことから，むしろ近代的と捉えうる。次に，戦時中の大政翼賛の末端機構としてつくられた官製団体であるとの批判に対しては，前身となっている組織はさまざまで一様にはいえないとする。例として東京の町内会の創立年を見ると，日露戦争のあった明治末期から組織され始め，大正に入る頃に多くの町内会が組織され，特に関東大震災のあった1923（大正12）年直後に最も多く組織されている。戦時中に町内会に対する国家統制が行われた事実は否定できないとしても，それ以前から親睦，震災への対応などさまざまな設立理由で，多くの町内会が組織されていたことも事実であり，官製団体とかたづけるべきではないとした。最後に機能が包括的であり前近代的との指摘に対しては，単一の目的で立ちあがった組織も，都市生活が複雑化していくなかで町内会として期待される事項が増えていき，機能が拡張したのではないかとし，時代に取り残されたというよりも，むしろ時代への対応であったとする。

　中村の資料分析から，明治から昭和の初めまでに東京の市街地となってきたような地域では，町内会がその地域課題への対応のため任意の団体として設立されてきたことがわかる。安田三郎（1977）の町内会自治体説にもあるように，町内会の地域自治の担い手としての特徴に注目することができる。町内会は，行政の末端機構としての役割を持つことと，住民の自治的な活動の担い手であることとの両面が常に指摘されてきた。地域自治の担い手として華々しく活躍した住民運動が収縮した1980年代以降は，町内会の特徴のうちの地域自治の担い手としての役割がクローズアップされることになるのである。

❷　町内会の変容によるコミュニティ形成論再考──中田実の町内会論

　1970年代には町内会に批判的であった中田実も，地方自治を担う主体として町内会を代表とする地域住民組織を再評価するにいたる。住民運動が住民自治への道を切り開いたと評価する中田が，町内会に住民自治の担い手としての可能性を見いだしていくところは，70年代から80年代の議論の転換を象徴してい

る。中田（1980）は，1980年代に展開が期待される住民自治の担い手が，どのような基盤と条件のもとで形成されるのか同定しようとした。似田貝らが住民運動の叢生する地域構造と担い手の主体化を問題にしたように，住民運動の縮小後の住民自治の担い手を，地域構造の分析とともに具体的に検討しようとしたのである。

　1970年代までのコミュニティ形成論や住民自治・住民参加論では，町内会は個人の自立を妨げる上，行政の下部組織としての機能を果たし，地域を自律させるというよりも体制に包摂するものとして考えられることが多かった。それゆえ，このような特徴を有する伝統的な地域共同体から解放された市民が担うものとして，住民運動への期待・評価が高かったのである。しかし，伝統的な地域共同体から解放された市民の多くは，地域課題解決の主体とはなりえず，多くの無関心層として埋没していった。中田は町内会などの地域住民組織の問題は，「そこから離脱（自立）すれば『主体』が確立できるといったもの」（中田 1980: 6）ではないとし，地域における自治の担い手として，この組織を支えている住民自身の変革も含めて，組織の変革こそを問題にすべきであるとする。

　中田は町内会が担ってきた基盤的機能を「共同社会的消費手段の管理」にあるとみる。従来の共同社会としての町内会においては，地域管理機能を現実に担うことによって，住民主体が確立されてきた。この共同的主体の確立とは対照的に，住民運動は「主体的な個人」が担い手とされる。しかし，単発の特殊的課題解決型の住民運動が，継続的に地域課題に対応するまちづくり運動を志向する場合には，町内会と同様に共同的主体の確立が要される。さらに，実際に住民運動が継続的な運動に展開するとしても，町内会などの地域住民組織が担ってきた地域管理機能を代替することがない限り，その役割を現に担っている既存の組織がなくなることはないのである。

　中田によれば，共同社会においては，階級未分化な状態つまり全成員が所有者であり必然的に管理者であったが，これが所有・無所有へ階層分化し，所有者の支配的管理が行われるようになる。さらに，無所有者である利用者が増大すると，利用者も管理に回らなければ地域管理ができなくなる。これをうえから整備しようとしたのが，コミュニティ政策であると捉えうる。このように中田が捉えている地域社会における変化は，奥田の地域社会の分析枠組みである，「地域共同体」→「伝統的アノミー」→「個我」→「コミュニティ」に対応したものと考えることができる。この時，「個我」から「コミュニティ」への展

開が問題となるが，奥田はこれに対して住民運動が契機になるものと考えたのは確認してきた通りである。では，上からの政策によるものではない「コミュニティ」への道筋を中田はどのように考えたのであろうか。

中田と奥田の決定的な違いは，「地域共同体」と「コミュニティ」の担い手の相違にある。これは，実証的にどの地域を念頭に置くかの違いからくるものであると考えられる。奥田は都市部の郊外地域を事例としており，ここでは少数の旧住民と多数の新住民によって地域が構成されている。それゆえ，「地域共同体」から「コミュニティ」への変化は担い手の交代によって起こると想定される。しかし，中田が念頭に置くのは主に農村地域である。ここでは外から住民が流入してくることが少ないため，担い手の交代は起こらないことが前提となり，「地域共同体」から「コミュニティ」への変化は担い手自身の変容によって起こることを想定せざるを得ない。それゆえ中田は，住民運動が継続的なまちづくり運動に発展し，地域共同体の担ってきた地域管理を代替していくということと，従来からの地域住民組織運営が，住民運動によってもたらされた利用者中心の平等な関係を前提とする地域管理へと変革することの，両方を並行して追求することになるのである。

以上のように考察してくると，中田が住民運動に対峙する地域住民組織を否定する立場にあったところから，結局は中村が打ち出していたような，地域住民組織の変容をもってコミュニティ形成を問う，町内会変容モデルに接近していったその理由がよくわかるのである。

❸ 町内会の変容とボランタリー・アソシエーション論――越智昇の町内会論

中田と同様に，町内会の変容と，住民運動の変容の両方が起こることを重視していたのは，越智昇である。越智は住民運動から市民活動への展開をも考慮しており，1990年代以降のコミュニティ論にとっても，有用な示唆を与えるものである。越智の議論を詳しく見ていくことにしよう。

町内会論でいえば，越智は中村と同様町内会文化型論を展開してきた（小山2011）。町内会文化型論は，近江哲男（1958）の町内会論にはじまる。近江は衰退するといわれながらも存続しつづける町内会に対し，日本の基本的な集団の型の1つであり，遺制として捉えるよりも「文化の型」の問題として捉えるべきであるとしたが，文化の型の内実を示したわけではなかった。これに対し，越智は町内会を存続させる文化の型の内実を「親睦」と「分担」に見たのであ

る (越智 1990)。親睦と分担は楽しくなければ文化として成り立たないが，町内会は形骸化して「みんな主義」におちいっている。みんな主義とは，おつきあい程度に参加し，「近所の人がみんな参加するなら，その程度のことはする」という思想や態度を表している (越智 1990)。このように弱化した町内会において損なわれている親睦と分担[4)]の文化型を，コミュニティの形成によって地域社会に取り戻す必要があるとするのである。形骸化した町内会を，面白くてやめられないようなコミュニティ文化型に昇華するにはどうすればよいのか。この契機として越智が期待するのが，ボランタリー・アソシエーションである。

ボランタリー・アソシエーション論はオルタナティブな社会形成の役割を担うものとして佐藤慶幸によって提唱されていた (佐藤 1982, 1986; 越智 1990)。佐藤によればボランタリー・アソシエーションは制度化された既存の組織からは自律しており，それらに対抗的ないし補完的に存続しているという (佐藤 1986)。ここでは，ボランタリー・アソシエーションに参加する個人が自らの生活の意味を問い直し，自己変革をおこすことが想定されている。しかしこの自己変革は，地域の既存組織や，それが担ってきた地域管理機能と対峙せざるを得ないため，共同主体の確立へとつながるはずであると越智は考える。この対峙によりお互いが変容することによって，町内社会の親睦と分担の文化型のコミュニティが形成されるというのが越智のストーリーである。

それゆえコミュニティの形成には，まず地域に福祉的行為とそれを担う組織が多く出現する必要があるが，ボランタリー・アソシエーションが地域のなかで自然に湧き上がってくるわけではなく，また既存の地域社会もはじめからそれを受容しているわけではない。地域にはメンバー個々の満足度に準拠して成り立つ「共楽関係」にある組織が多く，メンバー個々が自分の欲求をある程度犠牲にしても，共通の価値や目的のために尽くすことに喜びを感じる「共苦関係」にあるような組織は少ない。後者のような組織をはじめから増やすことは難しいため，まずは共楽関係にある組織が増えることが求められる。こういった組織が増えることで，これらの活動を財政的に支援したり，公共施設や集会所を開放したりするなど，行政や町内会に変化を起こすことができる (越智 1982)。

越智の思い描くコミュニティにとって，親睦と分担が鍵となることは前に述べた。分担とは，他のことをすることなしに自分のことを満足にすることはできないという思想・態度であるが，奥田によって指向されていた住民運動の特

殊的問題解決型からまちづくり運動への展開は，他の問題をも自分たちの問題として取りこんでいく分担型と捉えることができる。つまり，特殊的な問題関心から出発しながら，他の問題をも解決することなしには自分たちの問題も解決することはできないといった発想への転換が，コミュニティ形成にとって重要となる。それに加えて活動することそれ自体が楽しく互いの関係を密にするような活動にしていくことが，コミュニティ形成の鍵となるのである。

　それでは，多種多様な個別の特殊的目的を持った市民活動が，分担型へ展開するにはどうすればよいのだろうか。越智はこの展開を，新しい連帯の形態としての市民活動の「ネットワーキング」に見ていた。ネットワーキングとは「他人とのつながりを形成するプロセス」（Lipnack and Stamps 1982=1984: 23）を指す言葉であるが，ここでは特に「いくつもの利害にまたがり，さまざまな問題とその解決を通して集まる，有機的なコミュニケーション形成のプロセス」（越智 1986: 273）のことを指すものと捉える。日本の地域においてネットワーキングを考える際，既存の地域組織を無視することはできない。個別のテーマが既存のネットワークにつながるためには，ボランタリーにそれらの組織に参加し，内部から変化を起こす必要がある。しかし，この変化を一方的に押し付けることはできないので，市民活動の参加者が地域において第一次的ネットワークを築くことが課題となる。越智は，ネットワーク形成の成功事例から，地域でのささいな助け合いや，地域の問題処理に気負わず自発的に対応するようなポテンシャリティが，住民のなかにたくさんあることが重要であるとする。また，市民活動の参加者もこの輪のなかに入ることによって，地域になくてはならない人になるというプロセスを示している。このような日常のつきあいレベルのインフォーマルな関係が地域のなかでのネットワークの原点となるのであり，越智はこのようなボランタリーなネットワークを「新しい第一次的ネットワーク」と称する（越智 1986）。

　以上の越智の議論を簡単に整理すると次のようにいえるだろう。越智のコミュニティ形成の構想は，既存の地域組織をボランタリーな市民活動が変容させることで成り立つ。そのために，まずは地域に多様なボランタリー・アソシエーションが生まれてくることが必要であり，特に楽しんで参加できる組織が増殖することが手始めとして重要である。次に，ボランタリーな発意のもと形成された市民活動がうまく軌道に乗るためには，地域のなかの第一次的ネットワークが豊富にあり，市民活動の担い手がこのネットワークに参入していくこと

が必要となるのである。中田が上述の論考以降，町内会などの地域住民組織に地域自治の可能性を見出していったのとは対照的に，越智は町内会などの既存組織の変容と，これを促す長期的に活動を行う市民活動に実質的な意味で可能性を見出していたのである。1980年代当時は，実際にボランタリーな団体が多く発生してきた時期であり，越智はこれらの活動や団体に非常に注目していた[6]。これらの団体が実質的な意味で，地域の担い手として世間に注目を浴びるのは1995年の阪神・淡路大震災まで待たねばならないが，越智はいち早くこれに着目し，コミュニティ形成の未来を託していたのである。

　以上のように1980年代のコミュニティ論においては，町内会が再考されたということがいえるだろう。町内会を再考することは，コミュニティ論が理念型のコミュニティ形成論としてよりも，実体としての地域社会の研究として行われていたともとることができる。そして，コミュニティ研究は地域社会のなかの状況を実証的に取り出したうえで，また新しい理念型のコミュニティを提示することになる。地域社会のなかには，越智がボランタリー・アソシエーションとしていたような市民活動団体が漸増してきていた。越智が示したような，市民活動による既存の地域住民組織を変容させるコミュニティ形成論は，新しいコミュニティ理念型と捉えることができる。その実態を捉える研究は1990年代以降の協働論に引き継がれていくのである。

5．理念型としての協働
―― 1990年代後半から2000年代のコミュニティ論

　越智昇が示したような市民活動の活況は，1995年の阪神・淡路大震災によって注目されることとなる。それ以前から活動の実践者たちが中心となって，市民活動の基盤となる法律の制定に動いていたが，1998年に特定非営利活動促進（NPO）法として成立するのも，震災が画期となった（シーズ 1998）。このような市民活動の動きと時を同じくして，1990年代は地方分権改革がかなり進んだ時期でもあり，地方自治体は企業や地域と協力して公共の福祉にあたる協働施策を打ち出していくことになる。こうした状況から，1990年代以降のコミュニティ論は，震災復興や防災関連の議論，公民連携の協働論とこれらの担い手としてNPO・市民活動論として取り上げることができる[7]。

❶ 被災地・まちづくりの先進地区としての神戸市真野地区

　中田実が示していたような町内会再考によるコミュニティ形成の実証的な研究として，今野裕昭の『インナーシティのコミュニティ形成』(2001) を位置づけることができる。今野の研究は，まちづくりの先進地区として多くの研究がなされてきた神戸市長田区真野地区を舞台としたものである。中村八朗が1970年代に町内会変容モデルの実証例として挙げていたのもこの地区である（中村 1973）。町内会を中心とする地域住民組織が変容することによって，新しいコミュニティが形成されていくという型のモデルとしては，典型的な地区といえる。今野が扱う真野地区は中村が取り上げていた頃から20年，30年と時を経ており，また1995年には阪神・淡路大震災を経験している。真野地区が時代の要請に合わせて変遷しながら，コミュニティを紡ぎ続けてきたことがつづられている。

　かつての苅藻地区，現在の真野地区は中村が紹介していたように，コミュニティ形成の発端として公害追放の住民運動を経験した地区である。この運動の成功後も子どもの遊び場づくり，緑化運動（1971年～），地域医療，地域福祉運動（1976年～），まちづくり運動（1978年～）と運動が継続してきた。当初公害追放運動の中心になっていたのは苅藻防犯実践会であったが，目的により苅藻保育所住民協議会，真野緑化推進委員会，公園管理委員会といった組織によって運動が担われてきた。また，神戸市のまちづくり条例によるハードのまちづくり運動を行う組織としては，まちづくり推進会がその役目を担ってきた。運動の母体としてこれらの組織を連合自治会が強力にバックアップしてきたのであり，役員や担い手は各町の自治会とかなり重複している。

　それにもかかわらずこれらの活動が成功してきた要因として，住民によって調査→問題点の整理→学習→解決法の発見→実践という活動パターンが一貫して行われてきたこと，自治会組織を母体としながらも，すぐれたリーダーシップによって民主化されてきたことが挙げられている。調査，学習過程を経た主体的な自治の実践と，組織の民主的な運営が重要であったということである。またその根底には，葬式の手伝いなどといった昔ながらの「下町的な，濃密な近隣関係に基づく連帯」(今野 2001: 138) が根付いているということがある。これがまさにインナーシティのコミュニティの特徴を形づくるのであろう。

　以上のような運動の過程を経ながらコミュニティ形成を行ってきた真野地区の真価は，はからずも1995年の阪神・淡路大震災における被災と復興過程で発

揮されることになる。発災直後の救出，消火活動に続き，避難所では各町の自治会ごとに炊き出しが行われ，高齢者の友愛訪問のリーダーたちは，担当の高齢者をまわった。発災3日目には地元住民によって学区レベルの災害対策本部が立ち上がり，地区の自治会長の連合体として運営された。この時，食事等の支援物資を対策本部が受け取り，これを地区内で再配分するといった他の地区では見られない活動も行っている。応急復旧期には地域内の仮設住宅建設計画を進め，地元住民優先で入居できるように要望した。避難所が解消されると，小学校災害対策本部を解消し，真野地区復興・まちづくり事務所が設置され，復興支援の地域活動を引き続き行った。倉田和四生（1999）が地域のコミュニティ活動の活発さによって，震災への対応が異なったことを示した際にも，真野の住民が自ら消火活動を行い，自宅にいる人にも救援物資を平等に配布したことが紹介されている。ここでも真野は震災時対応の好例とされ，事前のコミュニティ活動の推進が提唱されている。

　今野が詳述した真野の事例では，町内会や町内会連合会を中心としながら，目的別に新しい組織を立ち上げて主体的な活動を行っていた。その組織原理として，そもそも町内会が民主化されていたことが重要であったと指摘される。奥田道大（1959）によって単一の目的を掲げた地域的機能集団として擬装型地域集団とされていたような組織が，「多様なボランタリーな活動」を行っているということである。中村の言によれば「町内会の換骨奪胎」されたかたちで，従来の上意下達，行政の下部組織といった性格を打ち破り，住民自治を行う地域コミュニティとして成立しているといえ，まさに町内会変容におけるコミュニティ形成のお手本といえる。しかし，最後に今野は次のように指摘する。「地域コミュニティ形成の理論にとっては，地域組織，運動体組織，両タイプの組織が最終的に連携してゆくメカニズムが，理論化される必要がある」（今野 2001: 267）。この指摘は，1980年代に中田や越智によって課題化されたものと同様であると同時に，地域住民組織と運動体組織・市民活動組織との「協働」の仕様の理論化を求めたものと考えることができる。地域のなかで両タイプが存在している以上，この連携の過程はコミュニティ形成において重要な課題となっているのである。

　以上に見てきたように，今野は地域住民組織を中心としてコミュニティが形成される過程を問題にしたといえるが，他方の運動体・市民活動といった特殊的問題解決型の組織が，どのようにコミュニティ形成に寄与していくのかを見

てみる必要があるだろう。しかしながら、越智が注目していたような、市民活動組織が中心となってコミュニティが形成される事例について、研究があまりなされてこなかったのではないだろうか。それゆえ、このような特殊的問題解決型の市民活動やNPOの側から、コミュニティ形成の可能性を見ていくことが本書の扱う主題の1つとなる。ここでコミュニティ形成のもう一方の担い手である市民活動について、もう少し触れておく必要があるだろう。

❷ 市民活動の展開

　1998年に特定非営利活動推進（NPO）法が施行され、市民活動等を行う任意団体が法人格を取得できるようになった。2017年現在、その数は5万2,000を超え、増加の一途をたどっている。このような盛況な市民活動・NPO団体の動きを「運動から活動・NPOへ」という流れで捉える議論がある。高田昭彦（1998）は、1980年代に市民運動が「対立・闘争型」から「提案型」となり、この提案は国家や体制の変革といった達成が困難なものではなく、運動家たちの手の届く範囲でのオルタナティブの提案であり、それによって実現していく社会的責任が運動側にも生じてきたとする。このような実践を行う人びとが、自らの行為を「市民活動」と呼ぶようになったのだという。

　高田は市民運動から市民活動・NPOへの移行の画期を「ネットワーキング」にあったとみる。対立・闘争型の市民運動が1980年代に沈静化したころ、アメリカから輸入されてきたのがネットワーキングの概念であった。リップナックとスタンプスが「もう1つのアメリカ」を形成していくネットワーキングの運動を提唱すると、日本の活動家たちも、これまで別々に特殊的目的を持って運動していたものが、実は「もう1つの日本」を目指す1つの大きな運動であったと自覚していく。個々で運動していた人びとが、全国的なネットワークを組み、異なる目的同士が大きな枠組みのなかでは同様の目的をもっていたということが互いに確認される。それによって、これまで小さくなっていた運動の営みが、全国的な大きなうねりとなっていく。高田はネットワーキングにはそんな意味あいが含まれていたとする。

　このようなネットワーキングの運動を越えて、活動家たちは市民活動を制度化し基盤的に安定したものにさせるための法律の整備と、全国的な中間支援組織の整備へと活動を展開させていった。その矢先に阪神・淡路大震災の発生をみて、政府や政党が急きょこれを取り上げ、法整備へ動いていくという結果に

いたるのである。

　特定非営利活動促進法第一条には,「ボランティア活動をはじめとする市民が行う自由な社会貢献活動としての特定非営利活動の健全な発展を促進し, もって公益の増進に寄与することを目的とする」とある。これまでの行政のみが公共を担うという前提がくずれ, 公益に資する活動を市民活動団体も行っているということが前提にされている。公共に資するとして行われた一方的な開発等に対して, 住民運動が公共性とは何かを問うていた頃とは, 前提が異なっていることがわかる。つまり市民活動・NPOは, 公共の福祉を行政と一緒に担う協働のパートナーとして認識されているということである。

　市民活動を行う市民やボランティアの担い手は,「社会的責任を自覚した個人」(山岡 1997: 27) や,「自分で考え, 自己責任で行動する人」(早瀬 1997: 49) とされている。これを受けて高田は, 市民を「当該社会の公共的課題の解決にむけて自らの意志で積極的に行動する人」(高田昭彦 2003) と捉える。これは, 1970年代目指されてきたコミュニティの担い手とほとんど同じ定義である。考えてみれば,『コミュニティ』報告において,「コミュニティ」はこのような個人や世帯がつくりだすものであり, 地域のなかで既存の組織とは別に形成されるものとして構想されていたのであるから, 市民活動・NPOはまさに「コミュニティ」の担い手であるといえる。そして市民活動・NPOの叢生している現在は,『コミュニティ』報告の理念型としての「コミュニティ」状況が実際となっていると見ることもできる。

　このように, 市民活動・NPOは, 単一の目的をもちながら, その目的を達成するために自らが担い手としての役割を引き受け, 活動を継続していくことを前提とし, またこれが行政と共に公共の福祉の増進を担うものと認められている。このように大きなうねりとなって地域社会に叢生してきた市民活動やNPOが, 実際にどのようにして行政と連携しながらコミュニティ形成の一翼を担っていくのか。また一方で, 越智も指摘していたように, 市民活動が地域で活動を継続していく場合, 既存の地域住民組織との対峙・ネットワーキングが必要となる。地域のなかで市民活動, 地域住民組織, 行政の「協働」をどのように進めたらよいか。まさにこれが今日のコミュニティ形成における重大な課題となっているのである。

6．コミュニティの定義とコミュニティ論の位相

　ここで本章のはじめに保留しておいた本書におけるコミュニティの定義についてまとめておきたい。中村八朗が指摘していたように，包括的なコミュニティを現在では前提にすることができない。そのため，地域性，共同性，相互行為的関係のうちいずれかないしこのうちの2つの特徴をもって，コミュニティを捉えていかざるを得ないのであるが，本書では中村にならい，このようにコミュニティを捉えることはしない。中村は，ある地域を範囲として，「共住を契機に社会関係が結ばれている」，あるいは「共住を契機に共通の問題に直面しこれから相互作用過程に入る，またはすでに集合行動が起こっているような関係」を「限定的コミュニティ」としていた（中村 1973）。前者は，既存の地域住民組織を中心とするような地域コミュニティを指し，後者は特殊問題解決型の組織が中心となるコミュニティ形成を指すものと考えられる。

　このような議論をふまえて，本書では「ある範囲やネットワークのなかで共通の問題や課題が認識されており，それに対して共同で行動していく集合体およびその範域」をコミュニティと考えることにしたい。その問題・課題が，ある地域範囲のなかをどう運営するかということであれば地域コミュニティということになる。一方の特殊問題解決型のコミュニティは，その問題を共有する地域範囲は一定ではないが，課題が共通に認識される範囲がコミュニティの範域となり，これはネットワークの形状をとると考える方が想像しやすい。しかしながら，コミュニティの要素から地域性を排除するものではない。その課題に取り組む人びとには，必ず外在する地域が存在し，そことの関係が意識するにしろしないにしろ生じているからである。それゆえに，特殊的な課題に対するコミュニティについて，地域性，共同性，相互行為のすべてを問題にする必要がある。このようなコミュニティの定義の上では，問題課題を認識し，それを解決するために行動していくこと，つまり「自治」を行う集団であるということが前提になるのである。コミュニティ形成とは，自治を行う集団の形成ということになる。

　最初に「コミュニティ」には多義性があると指摘した。先ほどの「コミュニティ」の定義も決して一般化できるものではなく，本書を進めるにあたって行った独自の定義といえる。このように「コミュニティ」の定義が流動的になっ

てしまうのはなぜであろうか。それは，コミュニティが理念としてのみ存在するのではなく，実体として存在する概念だからである。実体としてのコミュニティは時代や文化などによって変わってしまうものである。それゆえコミュニティに一貫した定義を与えることは困難なのである。

　それでは，このように内容が不確実なものを捉えるコミュニティ論を，一体どのように考えればよいのだろうか。本章でコミュニティ形成論と呼べるようなコミュニティに関する議論を，戦後日本の地域社会の状況をふまえながら概観してきたことによって見えてきたことがある。それは，コミュニティを取り扱う議論が，理念型としてのコミュニティを扱う議論（コミュニティ形成論）と，実体としてのコミュニティ（地域社会）を扱う議論（地域社会論）との応答によって成り立っているということである。つまり，コミュニティ形成論と地域社会論とをコミュニティ論の両輪と捉えることができるのである。そうであるならば，コミュニティ論には結論があるわけではなく，いかに現代的な地域社会の状況を捉えられるか，またこれをふまえて未来のコミュニティを描けるかということが問われているといえるだろう。

　それでは，このようなコミュニティ形成論と地域社会論の応答過程としてのコミュニティ論において，現代の位相はどのようなものであるか。これまで見てきたように，都市化による地域社会の衰退状況に対し，1970年代には『コミュニティ』報告を嚆矢として，学術的にも理念型として示されたコミュニティの形成を目指した議論が盛んに行われた。これに対し80年代は，地域の実態を取り上げる地域社会論としての町内会論に重点が移った。ここでは，町内会を中心とする地域住民組織と，住民運動または萌芽が見られてきていた市民活動とが，お互いに変容することによるコミュニティ形成が，理念型として示されたものと考えられる。1990年代以降は地域社会のなかで協働が大きな課題となってきた。本章で見てきたように，限界を抱えながらも戦前から継続して地域自治を引き受けてきた地域住民組織と，個別課題を自覚した市民が担う市民活動・NPOとが，併存している地域社会においては，必然的な課題である。これら地域住民組織と市民活動に行政も加わって共に地域運営に関わっていく協働がこの時代のコミュニティの理念型であると考えられる。

　コミュニティとは自治を行う集団であると述べた。コミュニティにはR. M. マッキーバー（MacIver［1917］1920=1975）が述べていたように多くのアソシエーションが含まれている。これらのアソシエーションがどのように協働を行い，

コミュニティが直面している課題に対峙するか，このことが問題になっているということである。それゆえ，1990年代以降のコミュニティ論の位相の重要な概念と捉えうる「自治と協働」に焦点をあて，この時代のコミュニティの実態を明らかにする必要がある。

　しかしながら，一部で町内会を中心とする地域住民組織の変容によるコミュニティ形成の事例（今野 2001）は見られるものの，市民活動が地域のなかでどのように立ち回り，活動自身が変容したり，地域社会を変容させたりしているのか，真っ向から扱った議論はいまだ見られない。そこで本書では，1970年代から80年代にかけて活動を開始したような市民活動が，どのように地域や行政とやりとりをしながら活動を続けてきたのかを見ることによって，地域のなかの「自治と協働」状況の実態を検証していく。それではまず，以下にこれまでの日本におけるコミュニティ行政について振り返っていくことにしよう。

注
1) 新睦人『現代コミュニティ論』(1972)，中村八朗『都市コミュニティの社会学』(1973)，園田恭一『現代コミュニティ論』(1978) など多数。
2) 国立市の歩道橋設置反対運動は，道路が生活道路から車中心の道路に変化し歩道橋の架設が住民運動の要求課題になっているなかで，車中心の道路の一般化自体を否定する特異な事例であった。歩道橋反対運動は，通りの公園化から国立のまちづくり構想・計画へとより高次の階梯へ展開を見せた（奥田 1975）。
3) 東京都の「広場と青空の東京構想」がその嚆矢とされる（松下圭一 1971）。
4) 越智は，コミュニティは都市的生活様式における専門処理になじまない課題の解決を志向するものであり，そもそも現在の産業社会のなかで発達した「分業型」ではなく「分担型」であるとする（越智 1982）。
5) 越智は川崎市の「児童館をつくる会」を事例に検討している（越智 1986）。
6) 越智らは横浜市の5,000を超える市民活動について調査研究している（越智編 1986）。
7) 多文化共生やエスニシティ論も加えるべきであるが，本書の主題から外れるのでここでは取り上げない。
8) 今野はまちづくりを「地域住民が組織的（集団的）な活動を通して自分たちの生活環境の向上をはかる活動」（今野 2001: 49）と規定している。

第 2 章

コミュニティ政策

前章では，コミュニティ論を概観してきたが，ここでは，1970年代以降のコミュニティ政策について概括してみたい。1970～80年代までと90年代以降のコミュニティ政策の違いを，玉野和志（2007）は，「コミュニティからパートナーシップへ」と表現している。ここで玉野がいう「コミュニティ」とは，前章でも詳しく触れてきた1969年の国民生活審議会による『コミュニティ』報告に基づいて自治省によって打ち出された，「モデル・コミュニティ施策」を中心とするコミュニティ行政を指している。これに対して「パートナーシップ」とは，1990年代以降の地方分権改革によって打ち出されてきた，行政と対等なかたちで住民や市民が公共を担うという新しい公共論などに基づく，協働施策を指している。コミュニティ政策を住民の自治や参加を目指した政策と位置づけるなら，どちらもコミュニティ政策として差し支えないであろうが，違いはどこにあるのだろうか。まずは，このような日本におけるコミュニティ行政の転換としての「参加から協働へ」の流れをみたうえで，現在のコミュニティ政策としての協働施策の課題を考察し，コミュニティ政策研究の課題についても考えていくことにしよう。

1. コミュニティ政策の変遷──参加から協働へ

❶「住民参加」を標榜した1970～80年代のコミュニティ政策

　前述のように，この時代のコミュニティ政策の中心となったのは，自治省の一連の「モデル・コミュニティ施策」である。これは，自治省が1970年に発表した「コミュニティ（近隣社会）に関する対策要綱」にてはじめて示されたものである。これが，前年の1969年に発表され，第1章第3節❶で詳しく取り扱った国民生活審議会の『コミュニティ』報告に対する，具体的な施策の嚆矢となった。この施策の主な内容としては，全国各地でモデル地区を指定し，その地区の自治体や住民活動を支援して，コミュニティ形成をはかるというものである。住民主体で日常の環境整備を進め，多様なコミュニティ活動やコミュニティ組織の形成を促進することが目指されていた（倉沢 1990）。しかし実際には，コミュニティ・センター建設を主な目的とするものに矮小化していくことになってしまう。[1)]

　実際にモデル・コミュニティとして指定されたのは3年間で全国83地区であ

る。しかしこれ以外にも，宮城県や岡山県など国にならってコミュニティ施策に力を入れていた県では，県内全市町村に県独自のモデル地区を設定し，市区町村でもいくつかに分けた各地区にコミュニティ・センターを設けるなど，それに追随する動きが続いた（倉沢 1990）。結果として，なんらかのコミュニティ施策を実施している市区町村は1989年の時点で90％近くに達している（山崎編 2014）。これらの施策により建設されたコミュニティ・センターは，その名称がさまざまであるため確定することが難しいが，1万か所を越えているとされる（倉沢 2008）。このように，コミュニティ地区レベルの施設の整備が進んだことで，住民の自発的な活動が活性化し，飛躍的に拡大したことは，この時期のコミュニティ行政の1つの大きな成果として評価できる（倉沢 1990；玉野 2007）。

　しかしながら，コミュニティ政策において大きな目標とされてきた，住民参加の促進についてはどうだろうか。自治省のコミュニティ施策は，本来は施設の整備も含めて，住民主体・住民参加で進めることを標榜していたが，従来の単年度における予算執行という行政の慣行上，実際にはきわめて困難であった。住民参加といっても，結局は町内会などの地区の役員層に対して説明会・意見聴取が1，2回行われる程度のものとなった（倉沢 2008）。そしてこれが結果的に，コミュニティ施設の管理についても町内会を中心とする従来の地域住民組織が担っていくことにつながっていった。つまり，コミュニティ協議会を組織化し，施設の管理を行うという時にも，町内会を中心とする各種団体の長が名を連ねる協議会が組織されることになった。求心力を失いつつある町内会などの地域住民組織に代わって，コミュニティ組織が形成されることが，『コミュニティ』報告が提起したコミュニティ行政の大きな目的であったはずである。しかしながら，多くの場合，町内会を中心に組織された協議会では，町内会の長が取り仕切ることになり，コミュニティ協議会整備がむしろ町内会を再組織化させたとの評価にもつながるのである[2]。

　一方で，地区ごとの協議会を町内会とは切り離して組織化したところもあった。東京都目黒区では，22の小学校区を住区として設定し，住区センターの設置とコミュニティ活動の中核をなす団体として住区住民協議会をおいた。この協議会は町内会の基盤とは切り離して設定され，各種団体の連合としての協議会というかたちもとらなかった。公募で実行委員を募り，住区によっては，百数十名の区民が実行委員に名乗り出たという。当時は先進的な取り組みであっ

たが，20年，30年と時を重ね，第2の町内会的な活動となっていることが指摘されている。集まった実行委員は地域活動の経験が少なく，結局町内会での経験を持つ人の勢いが次第に増していき，町内会の運営方式に似たかたちで進行していくようになった。また，参加者が入れ替わらず，役員の固定化・高齢化がおこり，町内会と同様の問題を抱えていくことになったのである（倉沢1998）。

　上記のように，住民が主体的に参加するコミュニティ組織が思惑通りに育ったわけではなかったが，これは住民側にのみ原因があったわけではない。地域によっては，コミュニティ・カルテを作成したり，ワークショップを行ったりして地域の課題を発見し，自治的な解決に向けて活動を展開したところもあった。しかし，このような意識の高いところほど，努力が実行に移されるための権限が，コミュニティ組織に与えられていないことに気がついていくことになる（玉野 2007）。これは，当時のコミュニティ行政が，「あくまで行政の執行過程への住民の参加を標榜するものに過ぎず，政治的政策的な意思決定に踏み込むまでの住民の自治的な参加＝参画を予定していなかった」（玉野 2007：36）ために起きた問題であった。つまり行政が標榜する住民参加とは，行政側が制度的に用意した場への参加というところまでしか想定されていなかったということである。

　コミュニティ施設の建設の際には，1，2回の説明会・意見聴取，施設管理のための協議会の組織化が行われたと前述したが，行政側としては，これ以上の参加を想定していなかったというのが実情なのではないだろうか。実際に住民が課題を発見し自治的な解決に向けて行動を起こすとなると，行政の縦割りを超えた活動になるなど，行政組織の枠組みを越えた対応を取らなければならなくなる。これを支えるような要綱や条例の整備，また上位計画における配慮等が多くの場合なされていなかったということに起因するであろう。行政組織は，下からの課題を拾い上げてこれにすぐさま対応したり，縦割りの部署を越えた対応をとったりすることを最も苦手としている。それゆえ，住民参加を標榜しようとも，政策的な体系に位置づけられた範囲にとどまらざるを得ない。これが結果として，説明会や意見聴取という方法にとどまり，このような行政組織の事情に精通している町内会などの地域住民組織を中心に運用されていくということにつながるのである。以上に見てきたように，1980年代までのコミュニティ政策は，行政側が用意した枠組みのなかへの「参加」が目指され，こ

れにとどまるものであったといえよう。しかしながら，この枠組みからはみ出し，こぼれたおちた住民・市民の主体的な活動が，コミュニティ施設などの資源を利用しながら力をつけていった時期でもあった。

❷「協働施策」への移行の背景

　倉沢進がコミュニティ行政20年を振り返る論文で，「当初の意気込みが，自治省，府県，市町村，そして住民の各レベルで次第に風化し，流行に敏感な職員の間では『コミュニティはもう時代遅れ』という感覚が生まれている」（倉沢 1990: 8-9）と記述しているように，70年代の流れを汲んだコミュニティ行政は，80年代を通して下火になっていった。しかし別の文脈から，コミュニティ行政と捉えうる潮流がやって来ることになる。住民と協働して公共の福祉に資する活動を行っていくことを掲げた「協働施策」がそれである。これにつながる大きな変化として挙げられるのは，行政の財政危機とこれによる新自由主義への流れ，1990年代から2000年代にかけて行われた地方分権改革，そして特定非営利活動促進（NPO）法制定に象徴される市民活動の台頭である。これらの源流が，行政が住民の参加や自治を標榜する協働施策をとっていく流れにつながっていったのである。

　第1の流れとして，1980年代以降経済がグローバル化してくるなかで，先進国における福祉国家が立ち行かなくなり，新自由主義が台頭してきたことがある。日本では80年代後半はバブル景気にわいており，90年代以降これが顕著になってくるが，それ以前から革新自治体の財政危機に対する都市経営論が出されるなど，自治体の財政危機への対応が問題となっていた。この頃から，国営企業の民営化といったように，国の施策においても民営化，民間活力の導入という日本流の新自由主義的な方向が強まってくる。これにともなって，自治体においても同様の路線が取り入れられていく。これがNPMなどの手法の導入にもつながると同時に，民間や住民との協働施策の下地となっていった[3]（玉野 2007）。

　第2の流れとなる1990年代に入って本格化した地方分権改革への取り組みは，「未完の分権改革」（西尾 1999）とされながらも，2000年施行の地方分権一括法にその成果がまとめられた。この一番の成果は機関委任事務制度の全面廃止によって，自治体への国の行政的な関与が縮減されたことである。しかし，財源の移譲など大きな課題を残したことが，「未完」の由来となっている。その後

小泉政権において行われた三位一体の改革によって，一応の決着をみているが，地方自治体の権限は多少増えたものの，それに見合った財源は移譲されないうえ，地方交付税が削減されたという結果となった（西尾 2013）。これにより，地方自治体は，責任をもって取り組まねばならない課題が増えたにもかかわらず，これまでよりもさらに厳しい財政難を抱えることになったのである。この影響を強く受けるところほど，住民に権限を大幅にゆずりわたし，行政は調整役に回るなど，これまでよりも小さな役割しか担うことができなくなった。住民と協働することによってしか，この困難を乗り越えられない状況に追い込まれたのである。

こう見てくると，行政側の勝手な都合が，協働施策にいたらせたと見ることができるが，3つ目の流れとしての市民活動の台頭の状況からみれば，実際に自治的な活動を担ってきた住民にとっての好機とも捉えることができる。考えてみれば，1960～70年代の住民運動を担う住民たちは，自分たちの生活を守るために，「公共」をこの手に取り戻そうと運動してきた。1980～90年代は「運動から活動へ」といわれるように，運動が一過性で終わることなしに，地域で継続的に活動を担う団体がたくさん生まれ，さまざまな課題に取り組んできたのである。これらの活動が正当に評価され，「公共」的活動を担っていると認められていくことになる大きな画期は，1998年の特定非営利活動促進（NPO）法制定である。任意団体だった市民活動団体が，NPO法人格を取得することによって，社会的な信頼を得やすくなり，行政と委託契約を結ぶことも容易になった。協働施策のパートナーとして，地域住民組織と並んでNPOが挙げられることはもはやあたりまえになった。NPO法人数も年々増加し，2000年には3,800だった法人団体数が，2014年には5万を超えている。

コミュニティ行政の嚆矢となった『コミュニティ』報告では，町内会などの地域住民組織に代わって，主体的な住民組織が住民それぞれの得意分野に合わせて叢生してくることが目指されていたが，この状況はすでに達せられていることになる。行政と住民が対等な立場に立つことを前提とする協働施策では，相手となる住民側の力量が求められることになるが，この状況は1970年代とは違い，かなり整備されているということである。これが実際に協働施策を進めていける要因となっている。さらにいえば，従来地域活動を担ってきた町内会をはじめとする地域住民組織の力が，弱まっているかといえばそうでもない。確かに加入率の低下，役員の高齢化など問題課題はあるとしても，解散してな

くなるということはめったになく，行政との協力関係もいまだ健在である。つまり，行政，市民活動・NPO，地域住民組織の協働の下地ができてきており，まさにこれが課題となっているのである。

2．協働施策の現況とその課題

❶ 協働施策の実際

玉野和志によれば，1980年代までのコミュニティ政策に代わる「協働＝パートナーシップ」の政策理念では，「これまで行政が一手に引き受けてきた『公』という観念を見直し，民間企業や民間団体・住民組織なども直接公的な活動を担いうるという観点から，新しく公共領域を構築していくべきだという発想」（玉野 2007: 39）があるという。そのような意味で，協働施策は「新しい公共」論を下地にするものである。

「新しい公共」の語は，短命だった民主党政権時に政策理念として掲げられ，円卓会議を開くなど政策としてかなり力がいれられていた。2010年の「新しい公共」円卓会議による「新しい公共」宣言によれば，「新しい公共」とは，国民，市民団体や地域組織，企業やその他の事業体，政府等が，一定のルールとそれぞれの役割をもって当事者として参加する「協働の場」であるという。これまで国や地方自治体などが一手に公共的事業を企画し担ってきたが，財政危機によりこれを担い切れないということと同時に，そもそも「公共性」が公的機関のみによって担われるという前提が崩れてきたのである。1960年代以降盛んに行われてきた住民運動は，まさに公共性の大義名分による公共事業に対し，住民個々人の権利が奪われることを相対化して，公共性とは何かを真正面から問う運動であった。公共性が国や行政によって一手に引き受けられている事態への反意を示し，公共を住民の側に引き戻す運動であったといえる。しかし，新しい公共論においては，はじめから「公共」が官，民，市民，市民団体が協働して担うものということになっているである。つまり，先の運動は成功したとも捉えうる[4]が，次にこのような皆で担う公共をさまざまな意志・立場をもった担い手間を調整しながら，いかにして行うのかが重大な課題となる。そのため，ガバナンスが重要ということになり，行政側のメニューとしては，協働施策が打ち出されていくことになる。

それでは，行政と市民・住民との協働をどのように理解すればよいか。協

の担い手としてNPO側の立場から，シーズの松原明は次のように整理している（松原 2005）。協働の語源にはパートナーシップとコラボレーションの2つがあり，日本では両方の意味を兼ねて使っている。パートナーシップとは，お互いが契約を結び，各々の特徴に合わせてメリットを持ち寄り，協力して1つの事業を行うことである。コラボレーションはお互いがリソースを出し合って1つのものをつくることで相乗効果を期待するというものである。それゆえ，NPOと行政の協働は，それぞれが持っている資源をどのようにすり合わせて1つの事業をつくっていけるかがポイントになる。そこでは，互いの能力や特性，目的を十分尊重していくことが重要であり，これこそが対等な立場である。

　それでは，実際の施策はどのような方向でなされているか。地方分権改革の進捗の流れをくむ第27次地方制度調査会答申（2003）では，「地域における住民サービスを担うのは行政のみではないということが重要な視点であり，住民や，重要なパートナーとしてのコミュニティ組織，NPOその他民間セクターとも協働し，相互に連携して新しい公共空間を形成していくことを目指すべきである」とされる。新しい公共論をふまえた内容になっており，やはり行政と住民や地域住民組織，NPO等との対等な関係が示唆されている。しかしその一方で，渡戸一郎（2007）が指摘するように，シビアな行財政改革の目標とともに「協働」が掲げられることも多く，協働の内実として事業を民間事業者等に委ねる「民営化・民間委託」の実施を含む場合もある。民営化・民間委託は主に事業者を想定したものではあるが，これが協働というかたちで混同されていけば，地域住民組織やNPO団体に行政の下請けとしてアウトソーシングすることも，協働施策の一環ということになっていくだろう。前出の松原は，外部委託は発注者と受注者の関係であり，対等性は成り立たないと指摘する（松原 2005）。しかし実際には，このような施策も協働施策として位置づけられてしまうことには，注意が必要である。

　このように，協働の概念があいまいであることは，行政と住民が信頼関係を築く上でも重大な問題である。もともと住民側には，財政危機のなかで行政が支えきれなくなった行政サービスを担わせようとしているのではないかという疑念がある。これに対して，対等な立場を重視していこうとする姿勢を示せない限り，住民の疑念を晴らすことはできない。一方で，行政側からみれば，住民が提供するサービスは安定性に欠けており供給量にも不安があるとの指摘もある（牛山 2011）。協働のパートナーとしていかにお互いの信頼関係を築ける

のか。協働の概念規定の共有とともに，この過程を明らかにすることが協働施策を考えるうえで重要となるだろう。

❷ 制度化された協働施策

さて，この時期の具体的な協働施策として，法令や条例等によって制度的な位置づけがなされているという意味で，これまでとは一線を画すのは，地域自治区制度と自治基本条例の制定ではないだろうか。地域自治区制度は2004年の地方自治法改正によって導入された制度であり，一方自治基本条例は各地方自治体が必要に応じて制定しているものである。前者の地方自治法規定の地域自治区の制度を導入している自治体は15しかないのに対して，まちづくり条例とも呼ばれる自治基本条例を制定している自治体は300を超えるとされる。自治基本条例がこんなにも制定される理由としては，第1に2000年の地方分権一括法により機関委任事務が廃止され，自治体が条例によって運営方針を定めることができるようになり，実際にその必要が増したこと，第2に協働施策が進められるなかで，地方自治法などの既存法では，自治体との関係における市民の権利について規定があいまいであることなどが指摘されている（松下啓一 2005）。

他方の地域自治区制度は，第27次地方制度調査会答申（2003）における「基礎自治体における住民自治充実や行政と住民との協働推進のための新しい仕組み」としての，「地域自治組織の制度化」の提案を受けて導入された。地域自治組織とは，「基礎自治体内の一定の区域を単位とし，住民自治の強化や行政と住民との協働の推進などを目的とする組織」とされている。地域自治区には地方自治法に定められた一般制度としてのものと，合併特例法によるものとがあるが，一般制度としての地域自治区は，自治体内をくまなく区分する必要があるなど導入のハードルが高く，先にも示した通り2015年4月現在で15の自治体で設置されているにすぎない（名和田 2009；山崎編 2014）。合併特例法による地域自治区は，地方分権改革と並行して進められてきた市町村合併により大きくなった範域に対して，自治体内分権を行うことによって，住民に身近な自治の制度を担保するために整備されたものと考えられる。しかし，平成の大合併と呼ばれるなかで，2014年度までに650件ほどの合併が行われたが，合併特例法によって地域自治区を設定している自治体は25団体しかないのが実際のところである。

名和田是彦（2007）は，自治体内分権の制度である地域自治区と1980年代ま

でのコミュニティ行政の連続性に着目する。日本では，これまでも明治と昭和の時代に大きな市町村合併が行われてきた歴史のなかで，合併以前の区域に対して自治的な権利を認めてこなかった経緯がある。そもそも明治政府によって町村制が敷かれた際に，それまでのムラをそのまま行政単位とせず，いくつかのムラを合併させて行政村とした。この時にそれまでのムラが行政区となり，町内会・部落会になったとされるが，これはあくまで私的な団体と位置づけられたものである。しかもその後，明治の大合併で7万あった行政村が1万6,000になり，昭和の大合併でさらに3,000強となった。団体自治権をもっていたこれだけの町村が合併されたわけであるが，自治体内分権のようなかたちで，元の町村区域に自治の権利を制度的に分配してこなかったのである。

　自治体内分権とは，自治体の区域を身近なエリアに区分し，そこに役所又はその支所を置き，議会あるいはそれに準ずる住民代表的な機関を置くという仕組みである（名和田 2007）。この定義に照らして，1970年代のコミュニティ行政を，自治体内分権の制度化にはじめて着手したものと名和田は捉える。70～80年代のコミュニティ政策は，各自治体の施策によって自治体内をいくつかの地域に区分したうえでコミュニティ施設を設置し，そこに住民代表的な組織をつくってきた。70年代のコミュニティ政策において，実際には町内会をはじめとする地域住民組織が担い手となってきたのは，これまで公的な自治的権利が与えられてこなかった合併されたムラや行政村の機能を，町内会が代替してきたことにもよると捉えうる。それゆえ名和田は，70～80年代のコミュニティ行政を，合併した町村の自治の権利を分配した自治体内分権の嚆矢と捉えるのである。

　この時のコミュニティ行政では，自治体内分権のような仕組みを，各自治体の施策に位置づけて進めてきたのであり，昨今のように法律に位置づけられるということはなく，条例で定めた例もあまりなかった。現在の地域自治区はこれが地方自治法に位置づけられており，さらに多くの自治体では条例の制定によってこれに準じた制度を導入している。しかし，その内実はどのように異なるのであろうか。制度上ただ正式に位置づけたというだけでは，1970～80年代のコミュニティ行政となんら変わらない結果をうむことになろう。制度の整備に終わることなく，その運用など中身の充実を考えていく必要がある。

　以上に見てきたように，協働施策においては，制度の充実が図られていることは間違いないが，これをどのように実際に運用していけばよいのか，あるい

は協働の概念規定をお互いに理解した上で，住民と行政との信頼関係をどのように構築することができるのか，これらの点が課題となっていることがわかる。

3．コミュニティ政策研究の課題

❶ コミュニティ政策を検証する動き

　上記に見てきたような協働施策の課題に対応して，これまでのコミュニティ施策の成果を今一度検証しなければならないという動きが出てきていることは首肯できる。本書もこのような流れを汲むものであることは間違いない。近年，コミュニティ政策の検証を詳細に行った著作が出されている。広原盛明『日本型コミュニティ政策』（2011）や山崎仁朗編『日本コミュニティ政策の検証』（2014）がそれである。

　広原は1980年代までのコミュニティ行政を「開発主義型コミュニティ行政」，それ以降の協働施策としてのコミュニティ行政を「新自由主義型コミュニティ行政」とする。前者を「地域生活環境の改善によって保守的地域支配体制を維持強化し，地域社会の再統合と存続を図ろうとするもの」（広原 2011: i），後者を，行政責任を棚上げした「地域社会の運命を市場原理の下に『地域まかせ』『住民まかせ』にする放置政策」（広原 2011: 43）であるとし，広原は一貫してコミュニティ政策を批判している。

　一方，山崎らの研究は，自治省コミュニティ施策に連なるコミュニティ政策が，一方では広原が指摘するような統治策であったかもしれないが，同時に自治振興策でもあったことを強調する。コミュニティ政策によってコミュニティ形成に向かった地域社会は，前者の立場から「官製コミュニティ」とのそしりをうけ，後者の立場での議論が重ねられてこなかった。そのため，住民による行政の意志決定過程への参加のあり方等を掘り下げていくところまで，議論が到達できなかったと指摘する。特に昨今の状況からは，新自由主義との共振を批判されるのであるが，その状況はもちろん看過できないとしても，実際に自治や参加の制度化の動きが進展したことは間違いない。この状況を批判するにとどまることなく，これらの制度はどうあるべきかを考えていく必要がある。そのためには，地域コミュニティの制度化の嚆矢として自治省のコミュニティ施策を検証しなければならないというのがこの研究の主題となっている。なかでも，コミュニティ政策研究の課題は「コミュニティ施策の『上から』の主導

的な展開と，これにたいする『下から』の自治活動，すなわち，自治体や住民による，コミュニティを基盤とするボトムアップ型の活動とが相交渉する関連のなかから，自治的なコミュニティ制度を創造していくこと」(山崎編 2014: 334) であるとする。

確かに山崎らの研究では，自治省による「上から」の施策に対し，県または市町村が独自性をもって対応を検討してきたこと，またこれに対し地区による「下から」の自治活動が，これまた独自に施策を理解，利用してきたことがその実証例によって示されている。「上から」の自治省の施策が，あえてコミュニティ活動やコミュニティ計画について具体的な指示を出していなかったことも，この点ではうまく働いているといえるだろう。しかしながら，県・市区町村・住民側もそろって，「コミュニティ」の担い手として当然，町内会を中心とする地域住民組織を想定したところが，皮肉な結果として表れたともいえる。山崎らの研究では，自治省のコミュニティ施策において，モデル地区やその後の推進地区，活性化地区となった地区について，そこにいたるまでの地区の歴史性や，その後の独自な展開が詳述されている。しかしこれを総括してしまえば，「結局は旧来からの自治会・町内会の担い手によって支えられていたり，何年かするうちに同じようなメンバーによって固定され，高齢化と担い手不足に従来までと同じように悩むことが多い」(玉野 2007: 35) といった指摘の具体的な事例であるとも捉えられる。

しかし，このことは決して平凡なものと切り捨てられるべきではない。山崎らの研究で明らかにされているように，モデル地区等に指定された地区では，設置したコミュニティ施設やコミュニティ組織を中心に，さまざまな問題を抱えながらも30年にも渡ってその時代の課題に対処してきたのであり，参加にとどまらない自治の歴史と見ることもできる。しかし一方で，この時の組織のままでは無理が来ていることも確かである。そのことは，県や市町村の施策が「コミュニティ」から「協働」にシフトチェンジしてきていることからも見て取れる。施策は決して上からのものであるだけでなく，「下から」の状況を反映してつくられている。山崎らの研究では，1990年代以降，自治体の施策で「コミュニティ」がいわれなくなり，NPOなど単一目的型の組織との連携がクローズアップされ，「協働」がいわれるようになってきたと批判的に捉える向きがあるが，実際にそのような組織が多く出てきているという実態がそこにはあるのだろう。つまり，自治省のコミュニティ施策に連なるコミュニティ行政

の検証だけでは，その後の展開を読み取ることはできないということである。NPO などの市民活動団体の隆盛や協働の必要性など，1990年代以降の新たな展開を読み取ることをしなければ，今後のコミュニティ行政の展開につなげていくには，片手落ちと言わざるを得ないのではないだろうか。

❷ 革新自治体とコミュニティ政策

ところで，山崎らの研究のなかで異彩を放つのが東京の唯一のモデル地区である武蔵野市の事例である。そもそも国民生活審議会でコミュニティ問題が取り上げられたことは，これに関わった倉沢も述懐しているように，テーマとしてはかなり先取りしたものであった（倉沢 1990）。戦後高度経済成長により尖鋭化した人口の移動や，都市化などの時代的状況によって，地域問題を対象とする学会では，地域社会の衰退が取り上げられていたことは事実としても，当時の実際の地域において町内会が機能しなくなっているという状況にはなかったといえるだろう。コミュニティの形成が実際に問題となっていたのは，人口流入の多かった「大都市郊外の都市化のスプロール地区」（玉野 1998）である。それゆえ，国民生活審議会の「コミュニティ」の提起の上では，大都市の郊外地区が典型的には想定されていたのである。しかし，自治省が出す施策においては，日本全国の地域を対象としなければならないため，対策要綱では都市部と農村部を分けて記載するなど，どちらにも適応できるような仕掛けがなされていた。しかし，山崎らの研究を見る限りでは，人口の増加によるスプロール化した地域であっても，新しく組織された町内会が中心となって，コミュニティ形成を行ったのは同様であるようにみえる。そのなかで，唯一特徴を異にしているのが，東京都武蔵野市の事例である。[7]

武蔵野市は1960年代までにそれまで急増していた人口がほぼ落ち着き，成熟した住宅都市となっているが，人口の流動性は現在でも高くなっている。武蔵野市の特異な特徴としては，町内会が全市をカバーして組織化されていないということがある。それゆえ，はじめから町内会を中心としてコミュニティ組織を形成していくことはできない状況であった。コミュニティ協議会はボランティアの公募市民が担うことになるのであるが，これは，町内会を否定しコミュニティを新たに形成することを提示していた，『コミュニティ』報告を純粋なかたちで実践していることにもなっている。「武蔵野市のコミュニティづくりは，市民参加や市民自治の文脈にコミュニティを位置づけるという点で先進的

であり，また，国や都の補助金に依存しない施設整備と独自施策の展開という点で自立的であった」（山崎編 2014: 82）と指摘されているが，これには，1970年当時武蔵野市は革新市政にあったということが多いに関係していよう。

革新自治体は当初自治省のコミュニティ施策から距離をとり，多くの場合採用していなかったが，その目的である生活環境整備と住民参加は，革新自治体が打ち出していた方針と重なるものである（玉野 1998）。1960年代後半から70年代前半にかけて，東京の西側の郊外でスプロール化したような地域の多くが革新自治体化していた。そして，このような地区こそ国民生活審議会のコミュニティ問題小委員会が都市化の問題を想定していたような地区であり，奥田道大がコミュニティ形成の運動モデルを想起していたような地区である。このようにコミュニティ形成の問題が郊外への視点に偏っていたことは批判されてきたところであるが，今こうしてコミュニティ政策を検証しようという段になってみると，検証された事例が少ないように思われる。それゆえ，山崎らの研究のなかで武蔵野市の事例が特異なものとして浮かび上がってくるのである。

第1章で見てきたように，奥田が提示していたようなコミュニティ形成における運動モデルは，住民運動が沈静化してきた1980年代以降は影をひそめてしまった。しかし，住民運動は市民活動に少しずつ姿を変えていき，現在大きな潮流となっている。今まさに，運動モデルと類型できるような，コミュニティ形成の過去から現在を見てみる必要があるのではないだろうか。その時，住民運動から市民活動に変わってきた動きと，革新自治体がどのように関わってきたのかを見てみる必要もあろう。そこで本書では，1975年の区長公選制復活から2003年までの30年近くも革新自治体が継続されてきた，東京都区部の郊外住宅地として位置づけられる世田谷区の事例を取り上げ，住民自治を基調とした市民活動に基づくコミュニティ形成を扱っていくことにしたい。しかしその前に，自治，参加，協働の本書での考え方をあらためて次節で整理しておくことにしよう。

❸ 自治・参加・協働の捉え方と協働への課題

第1章でもふれてきたように，1970年代のコミュニティ政策が打ち出された背景として，既存の地域的連帯が変化してきたこと，また住民運動が多発していたことが挙げられる。これら2つの事象は，住民自治の形式の変化を如実に表している。行政機能が発達していない時分には，例えば住民が自分たちで橋

をかける，小学校をつくるなど，その費用も労働力も自分たちで捻出し自治的に行っていた。これを戦後も一定程度引き継いできたのは町内会・部落会などの地域住民組織である。しかし，高度経済成長期を経験し，地域で自治的に生活課題を解決することが少なくなってくる。倉沢進がいうように相互扶助システムから専門処理システムへ移行してきたのである。相互扶助システムとは，住民が自分たちの力で問題を解決するシステムであり，一方専門処理システムは，問題の性質ごとに専門家や専門機関が対処するシステムである。専門処理システムでは，高齢者へのちょっとした声かけ，子どもの見守りといった相互扶助システムで担われてきた潜在的な機能を担うことができない。また，専門処理システムの完備は，サービスの受け手専門の住民を生み，地域社会への積極的な参加意欲を失わせる効果も持つ（倉沢 2008）。つまり住民が自治の担い手としての意識や機能を失っていくことになったのである。

　一方で，これまでの相互扶助システムとは異なり，住民の自治的な動きが国家や行政組織に反発するかたちで頻発してきたのが住民運動である。これら2つの地域的現象に対し，新しい住民自治のかたちが国や行政側から提示されたのが，コミュニティ政策であった。一方の地域的連帯が希薄化した地域の状況に対してはこれを鼓舞し，一方の行政に反発するかたちで表れている住民運動に対しては，これを良くも悪くも取り込むようなかたちで住民参加の場が与えられたのである。

　そもそもどうして住民自治が重要であるのか。理由の1つとして，住民自治は戦前と戦後の体制の大きな相違点であり，戦後民主主義体制の土台と捉えられることが挙げられる。明治憲法と現在の日本国憲法の大きな違いは，第2章の「戦争の放棄」と第8章の「地方自治」であり，後者は自治を実践する住民の権利とその自治活動を可能にする制度を保障している（高木編 1973）。この制度として地方自治体があり，これについて地方自治法が具体的に定めているところであるが，憲法までさかのぼれば，その根幹が住民自治にあることは一目瞭然である。しかしこれが，その通りには実践されていないところに問題がある。そもそも「自治を実践する住民の権利とその自治活動を可能にする」（高木編 1973: 5）ほどの権限が，戦後においても地方自治体に与えられていなかったということがある。これについては，1990年代以降の地方分権改革によって改善の方向に進み始めているところであるが，しかしこれが実現したならば，次は本丸の住民自治をどのように進めていくのかということが問題になる。つ

まり，憲法によって保障されている住民自治をいかにして実際に動かしていくかが問われ続けてきたのであり，今後も問い続ける必要があるということである。

このような意味でいえば，1970～80年代までのコミュニティ行政は行政側から制度的に住民自治の場をつくるはじめての動きであった。このような動きをつくり出したのは，やはり住民運動と革新自治体の持っていた時代に対する影響力が大きかったであろう。しかし，この参加の場の提供は，行政がそのような場をお膳立てし，それに参加してもらうというものであった。これは，住民自治が進まない原因である行政側の問題を棚に上げて，自治の担い手としての住民を育てることが目的であり，そのために行政側が施設の設置を含めて場を用意していくというものであった。こう理解すると，この時代のコミュニティ政策は，町内会の再組織化も行い，その後のNPO団体などに連なる住民の自発的な活動を盛り上げたということで，ある意味では成功だったといっていい。

しかしよく考えてみると，そもそも「自治を実践する住民の権利とその自治活動を可能にする」ための組織である地方公共団体に，住民が「参加」をするということはおかしな話である。住民参加とは，もちろん住民自治を尊重した意味でも使われるが，どうしても主体が行政側にあり，これに参加するというニュアンスがある。しかしそもそも地方公共団体自体が住民自治のために存在すると考えるなら，あくまでも住民こそが主体であり，地方公共団体は住民に委任を受けた存在ということになるだろう。

このことを考えると，1980年代までのコミュニティ行政は行政が主体であり，住民は客体である「住民参加」が目指されていたといえる。しかし，1990年代以降の「協働」の本質はこれとはだいぶ異なっている。ここで，協働の概念を規定しておく必要がある。協働とは「ある問題や課題に対して，これに関心のある個人や組織が平等な関係において，それぞれの資源を出し合いながら共に解決に向けて取り組むこと」とここではしておくことにしよう。つまり，協働が目指されている時，まずは取り組む課題が提示されなければならない。これによって誰が協働のメンバーになるのかが決まってくる。行政が協働に関わる場合は，公共の福祉に資する課題ということになろう。それは都市開発の問題かもしれないし，高齢者の介護や子どもの見守りであるかもしれない。住民にとっては生活を送る上で見過ごすことができない課題である。このような課題に対し，興味を持つ個人や団体（ステークホルダーといわれたりする）それぞ

れが主体となって集合し，お互いに平等な立場から解決策を考え，それを共に行動に移していくこと，これが協働の本質ではないだろうか。ここで参加と大きく異なるのは，課題の提示を行政側からだけでなく，住民側からも行えることが前提であるということである。つまり，行政の団体自治の場に住民が参加するというだけでなく，住民自治の場に行政を引きずり込むことが可能なのである。このような協働の本質が実践されていくためには，先に見てきたような1990年代以降の変化によって，行政側から協働の必要性が出てきたことは大きな転換であった。それと同時に，この間住民側も協働の担い手として土俵に上がれる力をつけてきたのであり，それゆえ協働がどちらにとってもテーマとなりえるのである。

　ここで注意が必要なのは，協働施策の本意が，自治省のコミュニティ研究会の委員を務めていた倉沢進が指摘する1970年代のコミュニティ行政の意図と，そう大きくは変わらないということである。つまり，協働の本意が理解されないまま施策が進んでいけば，1980年代までのコミュニティ政策と同様に，意図が伝わらずに矮小化していく可能性が大いにあるということである。特に今日では住民自治が，法律や条例によって制度化されてきている状況がある。制度化されると行政側も住民側もこれに「参加」する意識にどうしても針が振れてくる。そうではなく，どうやって互いが主体性を保ちながら協働の場を確保することができるのか，そのような施策はどういうものであるのか，そのための制度とはどのようなものか，このことを考えていく必要がある。それゆえ，本書では協働の本意を全うするためには，一体何が重要であるのかを考えたいのである。市民と行政が協働していくには，何が課題となってたちふさがり，何を大切にしていかなければいけないのだろうか。

　さてここからは，住民自治を全うしているといえるような東京都世田谷区のまちづくり活動の事例を見ながら，これらの点を考えていくことにしたい。ここで「まちづくり」という言葉を使ったのは，活動者自身や行政の施策等ではまちづくりの言語が使用されるからである。本書では，まちづくりの語をコミュニティ形成と同義と捉えて使用する。それでは次章にて，世田谷区の概要と世田谷区のコミュニティ行政の変遷を見ていくことにしよう。

注
1）　当初の案では，モデル・コミュニティ地区の計画推進にあたり，施設計画と住民団

体の年間活動計画を両輪とするものであったが，自治省のコミュニティ研究会に入っていた倉沢進と松原治郎の社会学者2人が，コミュニティ活動はそれぞれの地域の住民が自主的・自発的に進めるべきものであるとして，活動計画の要綱化に反対した。これは，原理的には正しいものであったが，改訂された対策要綱から活動計画が除かれたため，全国の自治体の担当者に，コミュニティ施策とは，施設建設のことであるとの認識をもたらすことになった（倉沢 2008）。
2）　吉原直樹はこれを上からの仕掛けによる限界であると批判的に捉えている（吉原 1990）。一方で，コミュニティ協議会ができたことによって，町内会の範囲より地域範域の枠組みを広げ，単一的な目的を持った団体も加わるなど新しい取り組みがおこり，町内会を中心とする地域の状況が再編されたと評価することもできる（山崎編 2014）。
3）　このような背景から，協働施策が市民活動を安い労働力として使っているという批判（渋谷 2003）を避けることはできない。
4）　新しい公共論は民主党政権が終わると消沈してしまった感がある。
5）　2015年4月現在の数値。2017年1月では14団体となっている。総務省ホームページ「地域自治区設置状況」参照。http://www.soumu.go.jp/gapei/sechijyokyo01.html
6）　NPO公共政策研究所のホームページ掲載の全国自治基本条例一覧によれば，2017年11月の時点で368団体と報告されている。http://koukyou-seisaku.com
7）　武蔵野市のコミュニティ政策については高田昭彦（2016）で詳述されている。

第3章

世田谷区のコミュニティ政策

ここまで，日本の都市社会学的なコミュニティ論と戦後日本のコミュニティ政策の変遷を見ながら，これらの現代的な位相とその課題を明らかにしてきた。本章以降では，東京都世田谷区のまちづくり活動を事例にこれらの課題への応答を考察していきたい。まずは本章で世田谷区の概況とコミュニティ政策の状況についてみていくことにしよう。

1．世田谷区概況

　世田谷区は，東京23区の西南に位置し，面積58.08 km^2 と23区のなかでは大田区に次いで広い。人口は23区内で一番多く，2015年の国勢調査の結果では90万3,000人を超え，全国の都市のなかでも千葉市や北九州市の政令指定都市に次いで14番目に多くなっている。戦後すぐの時期に31万人だった人口は，毎年2万人程度増加していき，1970年には70万人を超え，この間に人口が倍増した（図3-1）。まさに70年代は，旧住民と新住民がどのように新しいコミュニティを形成していくのかが問題になっていたであろう。その後1986年の79万4,000人をピークに，バブル期の地価高騰の影響で減少したが，1996年から一転して回復し現在も増加を続けている。全体の流れで見れば，途中長期的に停滞時期がありつつも，戦後一貫して人口は増加傾向にあると捉えることができる。

　明治初期，現在の世田谷区域は，東京府荏原郡28村，神奈川県北多摩郡14村に分かれており，人口は1万7,000人余りであったとされる。1889（明治22）年に町村制が施行され，東京府に属する世田谷，駒沢，松沢，玉川村と，神奈川県に属する千歳，砧村が誕生した。その後1893（明治26）年に，千歳，砧村が属する三多摩郡が東京府に移管されている。1907（明治40）年には，世田谷区域内で初めての電車である玉川電車が開通し，その後も大正から昭和初期にかけて京王線・小田急線・大井町線・井の頭線などが続々と開通して交通の便が良くなっていった。1923（大正12）年に関東大震災が発生し，被害の大きかった東京東部の下町の人びとが，地価が安く交通の便がよい東京西部の郊外に移住してきたことにより，世田谷区域も急激に人口が増え，電車が走る沿線は住宅地に変化していった。1932（昭和7）年には，世田谷町，駒沢町，玉川村，松沢村の2町2村が世田谷区となり，東京市に編入され，1936（昭和11）年に

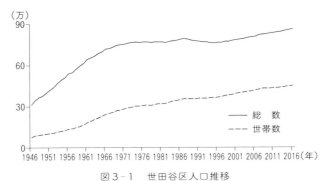

図3-1　世田谷区人口推移

出典：世田谷区「統計書平成28年人口編」よりデータを抽出して作成。

千歳，砧村の2村も世田谷区に編入された。この時から区域は現在と同じであり，その人口は21万人強であった。世田谷区は大正から昭和初期にかけて宅地化・郊外化された古くからの住宅地であるということがわかる[1]。

現在の世田谷区については，成城などの高級住宅地が点在していることもあり，一般的に閑静な住宅街であるというイメージが持たれている。2010年の国勢調査の結果によれば，大学卒業以上の学歴を持つ人の割合が43.7％と東京都全体の35.3％と比較して高く，管理的職業や専門的・技術的職業の上級ホワイトカラーに区分できる職業につく人の割合も24.3％と東京都全体の20.4％よりも高くなっている。「山の手」と呼ばれる東京23区の西側の地域に共通するような，比較的住民の階層が高いという特徴をもつといえるだろう。

世田谷区の人口構成としては，総人口90万3,000人に対し，年少人口比率が11.4％，老年人口比率21.6％となっている（表3-1）。特徴として，高齢化は毎年進んでいるものの，2000年以降年少人口比率が増加傾向にあるということがある。今後の人口推計においても，2023年ごろまで年少人口は増加するものと予測されている[2]。全国的な人口減少と急速な少子高齢化の傾向に反し，世田谷区では若い世代の流入によって，人口増加に加え子どもの割合も増加しているのである。しかしながら，区の面積も広く，人口の多い世田谷区では，地域ごとに特徴が異なることにも注意が必要である。次節以降で詳しく見ていくように，地域行政の観点から区内で総合支所が設置されている5地域（図3-2）では，それぞれ状況が異なる。表3-1は，地域別に人口構成と人口増加率を比較したものである。年少人口比率が8.8％と一番低い北沢地域では，老年人

表3-1　世田谷区内地域別人口構成

	年少人口 (0～14歳)		生産年齢人口 (15～64歳)		老年人口 (65歳以上)		総　数		2010年に対する人口増加率
世田谷地域	23,940	10.4	157,395	68.2	49,430	21.4	249,272	100.0	3.46
北沢地域	12,399	8.8	97,787	69.3	30,938	21.9	150,825	100.0	0.70
玉川地域	25,298	12.1	138,932	66.2	45,530	21.7	222,158	100.0	2.41
砧　地　域	22,041	14.0	102,044	64.6	33,786	21.4	162,075	100.0	5.19
烏山地域	13,341	11.6	77,159	66.9	24,828	21.5	119,016	100.0	3.12
合　　計	97,019	11.4	573,317	67.1	184,512	21.6	903,346	100.0	2.99

出典：2015年国勢調査結果より作成。

図3-2　世田谷区内の5つの地域
出典：「世田谷区データブック1」より転載。

口比率が一番高くなっていることに加え，人口の増加率も0.7％と一番低くなっている。一方で，年少人口比率が14.0％と一番高い砧地域では，老年人口比率が低いと同時に人口増加率も5.2％と高くなっている。このように，人口の構成や増加率だけを見ても，地域ごとにかなり異なる特徴を持っていることも，世田谷区の政策を考える上では重要な視点となる。

2．世田谷区のコミュニティ政策

❶ 世田谷区コミュニティ政策の嚆矢──区長公選制度の復活

　世田谷の住民参加の始まりは区長公選制とともに語られる。つまり団体自治の権限の拡がりによって，住民自治の可能性も拡がったということである。戦後1947年に制定された地方自治法により，東京の区は特別区と位置づけられ，一般の市に準ずる地位が与えられた。しかし，1952年に逆コースともいわれる地方自治法の改正が行われ，特別区は都の内部的団体との位置づけとなり，区長公選制が廃止されたのである。このとき，特別区の事務も制限され，特別区の自治権は大きく後退した。

　1962年，第8次地方制度調査会は都の事務を大幅に特別区に移譲することなど，都と特別区の制度の合理化を求める答申を行った。この答申を受けて1964年地方自治法が改正され，福祉事務所の移管などの事務移管や，地方税法に特別区税が法定されるなど，特別区の事務権能，財政自主権が強化された。その後も区長公選制の復活を目指す市民運動が活発化するなど，特別区の自治権拡充運動が重ねられ，1974年の地方自治法の改正により区長公選制が復活したのである。この時，特別区の事務権能も一般の市と同等の扱いとなるとともに，東京都から保健や都市計画などの事務が区に移管され，自主財源も拡大された。[3]

　1975年，復活した区長公選制度で最初に世田谷区長になったのは，革新系の大場啓二氏であった。この大場区長のもとで1978年に策定された世田谷区基本構想において，まちづくりの主体は区民であるとされ，区民自治がすべての基礎であることが明記される。基本構想実現の方策としては，区民参加，職員参加，自治権拡充が挙げられ，自治にむけて住民も区もともに努力していくことが掲げられた。この住民参加を基調とする基本構想が，世田谷のコミュニティ政策の嚆矢となり，その後28年続いた大場区政によって特徴的なコミュニティ施策が打ち出されていったのである。ここでは特に「街づくり条例・まちづくり協議会」，「都市デザイン室」，「地域行政」，「まちづくりセンター・まちづくりファンド」の4つの施策を取り上げていく。前二者は1980年代から，後二者は1990年代から取り組まれてきたものである。

❷ 1980年代の世田谷区コミュニティ政策

　まず1980年代前半に取り組まれた「街づくり条例・まちづくり協議会」と「都市デザイン室」から見ていくことにしよう。これらは，前述の1978年の基本構想と，翌年1979年に策定された「福祉社会をめざすヒューマン都市世田谷」と題した基本計画に基づくものである。基本構想の基本原則として「区民生活優先」，「区民自治の確立と広域協力の確保」，「科学性と計画性の徹底」が示され，基本計画もこの三原則を貫くとされている。基本計画における「区民参加の推進」の項で，「地方自治を区民のものとするためには，区の政策決定過程への能動的な区民の参加を促進し，全区的な広がりのなかで討議を拡大しつつ区民の合意形成をはかり区政をすすめていくことが有効である」とされ，従来の参加制度に加えて，幅広い多様な仕組みが必要であることが指摘されている。

　住民参加を前提に基本構想および基本計画の実現のプログラムとして重視しているのが「地区計画の推進」と「重点事業」である。ここでいう地区計画は，都市計画法に基づくものではなく，「地域社会の範囲すなわち地区単位ごとに，地区住民の参加を得て策定する計画」とされるものであるが，この時点ではまだ地区計画自体は示されておらず，今後策定していくものとして提案されている。[4]　重点事業には7事業挙げられており，その最初に掲げられているのが，住民参加の防災まちづくりであった。これについては，第6章で事例を詳しく見ていくので，ここでは簡単に紹介しておこう。

　1976年に世田谷区が行った世田谷区既成市街地再整備調査において，北沢1〜5丁目と太子堂2〜5丁目が震災時にもっとも危険な地域であるとされた。両地区ともいわゆる木賃アパートなどの木造住宅が密集する過密地区であり，基本計画の重点事業において，両地区を住民参加による災害に強いまちづくりのモデル整備地区に位置づけたのである。これを受けて，北沢地区と太子堂地区を対象として住民参加による災害に強いまちづくりを推進することになり，1979年に北沢3・4丁目地区，1980年に太子堂2・3丁目地区の住民に対し，防災まちづくりへの参加を呼びかけたのであった。これに応答するかたちで組織化されたのが「まちづくり協議会」である。

　この動きと並行して，1980年に都市計画法が改正され，都市基盤整備のための地区計画制度が制定された。この制度に基づく都市計画の実施手続きには，自治体が条例を制定して対応しなければならなかった。そこで，世田谷区では

住民参加のまちづくりを基本理念とした「世田谷区街づくり条例」を1982年6月に制定したのである。このように，住民参加の手続きを盛り込んだ条例の制定を行ったのは，世田谷区と神戸市が先陣であり，「西の神戸，東の世田谷」と評された。

一方で，1980年に区長の肝煎りで都市美委員会が発足し，その提言を受けて1982年に区の中枢部である企画部のなかに都市デザイン室が設置された。大場区長は都市デザイン室の目的を，美しくて快適なまちづくりを行うために，世田谷の景観を区民と一緒に考え，身の回りの環境を一緒につくっていくことにあるとしている（大場 1990）。背景としては，1960年代後半ごろから都市を施設別・管理者別に縦割りで整備するのではなく，総合的につくっていくことの必要性や，都市の環境をより快適で美しくつくっていくことの重要性が認識されるようになっていたことがある（原 1999）。すでに横浜市では先進的に「都市デザイン担当」が発足していた。

❸ 住民参加と景観を重視した街づくり──都市デザイン室

都市デザイン室は住民参加を取り入れながら，都市の景観を重視した街づくりを行ったのであるが，最初に取り組んだのは桜丘区民センター建設と，これに続く桜丘プロムナードづくりであった（原 2003）。この区民センター建設予定地では，本書の第4章でも取り上げる住民発意の活動である「冒険遊び場」が開設されていた。区民センター建設の際には，このような活動に関わっていた住民も含めた周辺住民による建設協議会がつくられ，建物の内容や形態を検討した。区役所内部でも，都市デザイン室を中心に，営繕，土木，公園，施設管理などの縦割りを超えたプロジェクトチームが組まれ，これに設計事務所も加わって検討を重ねた。その過程では，多数の人びとの多様な意見を生かし，整理しながら1つにまとめていくために，参加者や関係住民が施設イメージを形成しやすいように，毎回協議会等で出される要望を模型にまとめるなどの工夫がなされた。このようなプロセスを経た結果，3分の1を広場として残すことになり，その一部は土のまま残されている。

また，この区民センターづくりは，敷地に施設を建設して終わりというものではなく，周辺の道路の整備も一体的に行ったことに特徴がある。周辺を通り抜ける車がスピードを出しすぎないよう，樹木群でカーブをつくり，歩行者中心であることを視覚的に示すために舗装をレンガで行うなどの工夫がなされた

（原 2003）。電線の地中化も行いプロムナードとして整備され，散歩道やちょっとした広場は子どもの遊び場など多目的に利用されている。このようにハードの公共施設整備を通してソフトなまちづくりを目指す，都市デザイン室の今後の動きを占う事業であった。

同様に，都市デザイン室が関わった特徴ある街づくりとして，梅丘の「ふれあいのあるまちづくり」が挙げられる。中学校の外壁の修繕をきっかけに，隣接する道路も一体的に改修が行われたのであるが，周辺には養護学校があり，普段から障がいのある児童生徒が多く利用していることから，車いすでも通行しやすい道路づくりが目指された。ここでも，住民や利用者の参加の姿勢が貫かれ，車いす利用者も共に計画策定に参画した。その結果，車いすでも利用できる電話ボックスや，縁石と同線上に電信柱や標識がおかれるなどの工夫が凝らされ，車いすでも通行しやすい歩道が完成した（原 2003）。この他にも東京都の管轄だった清掃工場の煙突にはじめて色彩を持たせた「えんとつデザインコンペ」を行うなど，住民参加と役所内横断的な組織化を基本スタンスとして，都市デザイン室は多くの世田谷区内の都市デザインに関わっていったのである。

上記で紹介した住民参加の防災まちづくりや都市デザイン室のように，世田谷区における1980年代のコミュニティ政策によるまちづくりは，区の側から提案され，これに住民を巻き込んでいくスタイルであった。モデル地区によってまちづくりが行われたため，他の地区からはなぜあの地区ばかりという不満が出るという一面もあった。大場区長はこれを「地元の人たちが参画し，議論を重ね，区民と行政がいっしょにすすめた１つの見本」（大場 1990: 50）と表現するように，ここからまちづくりが外側に拡がっていくことを期待したモデル事業としての意味あいが強かったといえる。

一方このような区主導の事業とは別に，住民発意の新しいかたちのコミュニティ活動が同時多発的に現れてきていた。1975年には，第４・５章で詳しく取り上げるプレーパーク活動が産声を上げ，1976年には，ハンディキャップを持つ人も持たない人も同様にボランティアとして参加する第１回「雑居まつり」が開催された。1981年には世田谷ボランティア協会が民間発意で設立され，現在も活動を行っている。1970年代中旬から1980年代上旬にかけては，現在まで継続されていくようなボランタリーな活動が活発に立ち上がってきた時期でもあったのである。

❹ 1990年代の世田谷区コミュニティ政策

　1990年代の世田谷区のコミュニティ政策として特徴的なのは,「地域行政」と「まちづくりセンター・まちづくりファンド」である。これらは,1980年代にモデル事業として進められてきた,点や線としての住民参加のまちづくりを面的に広げていく政策として捉えることができる。

　施策のもととなっているのは,1987年に策定された「世田谷区新基本計画」である。新基本計画では,1978年の基本構想を継承し,「人間尊重と区民生活優先」,「区民の主体性と責任を基礎にした区民自治の確立」,「科学性と計画性に基づく効率的な行政運営の確立」の3点の原則が掲げられており,革新自治体としての基本路線は変わっていないことがわかる。これらを貫く計画の基本方針として「まちづくりは,区民と区政が協働して進めていくものであり,区民と区政は相互の責任に基づく地域社会のパートナーとして関係をつくりあげていくことが必要である」とされ,ここではじめて「協働」という言葉が使われている。区民と区政の協働によるまちづくりはどのようなものであるか,以下の表現にその含意が表れている。「まちづくりの主体は,そのまちで生活している区民自身でなければならない。そのためには,区民の身近な環境において生じる問題を地区全体のものとして捉え,区民の話し合いのなかからその対応を考え,まちづくりへ発展させていくことが必要である」。ここではまちづくりの主体である区民が方針やビジョンを描き,実践的な活動へ発展させる役割を担うものとされている。他方,区は長期的な視点から整備方針を示し,まちづくりに必要な情報や技術を提供するものとされ,まちづくりの主役は住民であり,区はこれを支援する役割という位置づけであることがわかる。

　新基本計画の冒頭の区長の言葉のなかで,「区民参加を積極的に推進し,地域の特性に応じたきめ細かな対応のできる地域行政の仕組み」と「変化する時代のニーズに相応しい自治制度の確立」を目指すとされている。これに対応する制度が「地域行政」と「まちづくりセンター・まちづくりファンド」であると考えられる。

　後者については,本書の第7章で詳しく取り上げるが,ここで簡単にふれておく。新基本計画の都市整備に関する章のなかに1980年代から行われてきた住民参加型の防災まちづくりの推進と並んで提示されているのが,「まちづくりセンター（仮称）」の設立である。これまでの住民参加型のまちづくりは,モデル地区を対象に区が大きく関わりながら進めてきたが,これをそのまま全地

区に拡げていくことはできないため，区民が主体的に活動に取り組んでいくためるものである。まちづくりセンターの設立は，その後専門家を交えて4年をかけて計画が練られ，公益信託の仕組みを利用した「まちづくりファンド」を中心とする，市民が市民を支える仕組みとして構想されていく。これを受けて，1992年にまちづくりファンドを支える組織としての「世田谷まちづくりセンター」が設立され，同年「世田谷まちづくりファンド」が設定されたのである。それでは次に地域行政について詳しく見ていくことにしよう。

❺ 住民自治のための身近な行政制度——地域行政

　1981年に示された世田谷区の地域行政のコンセプトは，「区内を適正な地域に区分して地域の行政拠点を設置し，これを中核として地域の実態に即したまちづくりを展開するとともに，区政への区民参加の促進を図り，住民自治の確立を目指すもの」とされた。当時から政令指定都市にも匹敵する80万人の人口を擁する世田谷区であるため，遠くて大きな行政ではなく，地域に密着した行政を行うことで，住民自治の確立に寄与することが地域行政の目的であった。この基本理念のもと，地域行政制度を展開してきたのである[6]。この頃は，自治体内分権としてというよりも，隣の目黒区などでも住民住区が全区に整備されてきた頃であるから，全区を面的に対象とする世田谷区版の「コミュニティ施策」という位置づけと考えることができる。

　実際に地域におけるきめの細かい施策，サービスを展開するための「地域行政制度」が構築されるのは，1987年の新基本計画でより明確に地域行政の推進が示されて以降である。新基本計画では，「地域からの発想をもとにきめ細かい行政を行っていくために，本所に集中している権限を思いきって地域に分散し，地域を単位とした行政の仕組みをつくりあげていくことが必要」とされた。地域に総合的地域行政機関（地域事務所）を設け，これを核として総合的な行政サービスや，地域の特性を生かしたまちづくりを実施していく仕組みとして，区役所——5か所の地域事務所（世田谷，北沢，玉川，砧，烏山）——出張所の三層構造が示された。

　これを受けて，1992年に世田谷区独自の三層構造による地域行政制度が創設された。これ以降，全区的な課題は本庁で対処するが，5か所の総合支所では地域の課題に対応し，区民に最も身近な課題は27の地区に配置された出張所が

その機能を担う、地域行政制度を推進していくことになる。新しく整備された5つの総合支所には、区民課、地域振興課、福祉事務所、街づくり課、土木課の5課がそれぞれ配置された。さらにその後も、地域行政の充実を図り体制が整えられていく。1995年には、区民参加、地区まちづくりの推進を図るため、出張所に「まちづくり主査」が配置された。1997年には、保健所と福祉事務所を統合した保健福祉センターを設置し、さらに1999年には都市整備関連事務を大幅に移管した街づくり部が設置され、区民部、保健福祉センター、街づくり部の3部制、38課体制となった。また、コミュニティの活性化を図るため、出張所単位に「身近なまちづくり推進協議会」等のコミュニティ組織を設置し、区民主体のまちづくり活動の推進を図ってきた。この他にも、地域懇談会や地区懇談会、地域計画づくりや地区まちづくり計画づくりなど、区民参加の促進に努めてきた。これらの住民自治をバックアップするため、さらにまちづくり担当係長を各出張所に配置するなどその機能の充実を図ってきたのである。

ところで、1990年代の特徴的な施策として挙げた「まちづくりセンター・まちづくりファンド」と「地域行政」は、その後の世田谷区のコミュニティ状況の特色をつくりだしているものと考えられる。世田谷のコミュニティ政策の特徴として町内会との連携は残しつつ、市民活動団体との連携が模索されてきたことが指摘されている（玉野 2011: 13）。地域行政制度では世田谷区域内をくまなく区分し、行政の出先機関である出張所がおかれ、住民組織が設置された。これが従来の自治省のコミュニティ施策と同様に、町内会をはじめとする地域住民組織を強化することにつながったと考えられる。また一方では、まちづくりセンターとまちづくりファンドを通して都市整備の観点から住民参加の制度を整備していったことが、従来のつながりとは別の文脈から行政と市民活動が連携することになり、両者が併存していく下地をつくったものと考えられるのである。

以上のように、革新自治体としてのコミュニティ政策の特徴的なメニューが1990年代までに出され、2010年代の現在まで継続しているものが多いのであるが、2003年に大場区長が引退し、保守系の熊本哲之区長になると、その内実は大きく変更されていくことになる。最後にこの変化について押さえておくことにしよう。

❻ 大場区政のコミュニティ政策のその後

　熊本区長のもと策定された「世田谷区基本計画」(2005)のサブタイトルは「いつまでも住み続けたい『魅力あふれる　安心・安全のまち世田谷』」となっている。基本構想は1994年に大場区長のもとで策定されたものが引き続き変更されていないので，基本的な考え方として「区民主体のまちづくり」，「協働の推進」が掲げられていることには変わりないが，その内実には変化が感じられる。例えば，住民参加による防災のまちづくりとして掲げられ，修繕型のまちづくりが推進されてきた木造住宅密集地域の改修については，「建築物の不燃化や道路，小広場の計画的な整備により，世田谷地域と北沢地域に広がる密集市街地の解消を進めます」というように，住民主体でまちづくりを考えていくというよりも，計画的に進めるというトーン変更が見られる。また，協働の捉え方も，前述の1987年の新基本計画においては，住民がまちづくりのビジョンを考え，これを区はサポートするという，住民主体が貫かれていたが，「計画等について，区民から意見を提出してもらい区の取り組みに反映する仕組みの活用」といった表現に変わり，区民参加のメニューとしては，タウンミーティングやシンポジウム，区政モニターアンケートなどが挙げられている。世田谷区街づくり条例による地区計画への区民主体の提案や，都市デザイン室の行政施設建設への区民参画のように，計画策定への実質的な区民の参加が目指されてきたこれまでの区政運営とは大きな断絶が見られる。

　さて，先に見てきたコミュニティ政策にはどのような影響があったのだろうか。「街づくり条例・まちづくり協議会」，「まちづくりセンター・まちづくりファンド」については後の章でその詳細をみるので，ここでは「都市デザイン室」と「地域行政」のその後を見ておこう。まず都市デザイン室は1982年に企画部都市デザイン室として発足したが，1996年に企画部政策企画課都市デザイン担当になり，政策企画課のなかの一係となった。1999年には都市整備部都市環境課づきとなり，その後課の移動はあったものの都市整備部内の一係として継続されてきた。[9] 都市デザイン室のコンセプトとして，住民参加を掲げるとともに，役所内を横断的に組織化し，都市環境を総合的に美しく整備していくことが掲げられ，そのような取り組みが実際に行われてきた。しかしながら，係への変転，また区の政策企画の中心であった企画部から異動になったことで，役所内の部署を「横断的に」取り仕切り，総合的にまちづくりを行うには困難な状況となったことが推察される。都市デザイン室は大場区長のもとですでに

その役割を縮小させていったのである。

　地域行政については区長交代により大幅な見直しが行われる。2005年に報告された「新たな地域行政の推進について」では，地域行政の課題として，5地域に分散したことによって，意志決定に時間を要し，総合的な対応が困難となっていることや，職員数が多く必要となりコストが高くなっていることなどが挙げられている。これを受けて，5支所に分散した権限を本庁に集中させ，コストを抑える方針がとられることになる。2006年度には，各支所の3部体制が見直され，総合支所長のもとに一本化し，権限が大幅に縮小された。5地域の各支所に権限を委譲し，住民参加で計画から実行まで総合行政を地域ごとに行っていくという構想はここで挫折することになる。

　2005年度にはさらに，「窓口サービス効率化」と「地区まちづくりの強化」を一体的に行うという観点から，出張所改革が行われ，27の出張所を7か所の「出張所」と機能を縮小させた20か所の「まちづくり出張所」に改変した[10]。80万人を超す人口に対して，小さな行政を目指し，身近なサービスを行うという構想も行財政改革の大波によって打ち消されたのであった。

　地域行政が制度化された頃と大きく異なる点は，財政状況がきわめて厳しいということである。大場区政下だった1998年度には4年間の時限条例として行政改革推進条例を制定し，行政改革のための計画として，行財政改善推進計画（2000-2002年）を策定している。この時同時に策定された2000年の基本計画（調整計画）では，「新たな区政運営のしくみ」の章が設けられ「新しい公共」による施策の展開とともに，「行政改革の推進」が掲げられている。後に失われた10年とも揶揄されるこの時期に，これまでと同様の区政運営がかなわなくなったことが読み取れる。

　このように，大場区政下においてもすでに行財政改革に取り組んでいたが，区長の交代はこの傾向を一層つよめ，2003年には学識経験者や区民を委員とする政策評価委員会が立ち上がり，事務事業を点検するようになるなど行財政改革が本格化する。2005年には実施計画とともに，行政経営改革計画（2005-2007年）を策定し，民間活力の活用や，外郭団体の改善，職員定数の削減などを行ってきた。この計画は，地域行政を見直す「新たな地域行政の推進について」と整合が図られており，「本庁組織をスリム化」し「区民に身近な地域・地区で，施策を展開する体制の整備」が図られていた2000年の大場区政下での行財政改革案とは大幅にスタンスが異なっている。外郭団体の改善についても，

「外郭団体改善方針」が示され、リジットに統廃合が進められることになる。

　以上、世田谷区の区長公選制復活後のコミュニティ政策を見てきた。1980年代は区長公選で当選を果たした革新系の大場氏のもと、「住民参加のまちづくり」が掲げられて、区が主導しながら、制度づくりやモデル事業を展開してきた。1990年代は、協働の語が用いられ、モデル事業から全区的なまちづくりへの拡がり、区主導でなく住民主導のまちづくりへの転換がはかられ、その制度整備が行われたと整理することができる。しかしながら、90年代末以降の財政の逼迫は重要な政策課題となり、これらのコミュニティ政策はトーンダウンしていかざるを得なくなった。2003年に保守系の熊本氏が区長になると、行財政改革が本格化され、表向きの看板が外されることなく、実質的には骨抜きになっていった様相が見て取れるのである。前章で検討したように、協働の本質を目指した施策と新自由主義と親和性をもった協働施策が、同じ区で同じ表現を使ったまま変更されていく様子がよくわかる。

　このように、コミュニティ行政を掲げている自治体の内情は、時代によってあるいは首長によって大きく変遷していく。その一方で、世田谷区内には長年コミュニティ政策と並走して、これらの施策に「参加」したり「協働」したりしながら自治的な活動を行ってきた住民組織が多数存在する。多くのメジャーな活動があるが、本書では「プレーパーク」、「まちづくり協議会」、「まちづくりセンター構想」の3つの事例を取り上げて、住民側からの視点で、住民の自治と参加・協働、またその施策・制度について考察していくことにしたい。

注
1) 明治から昭和初期の世田谷区の様子については、『世田谷近・現代史』(1976)、『せたがや百年史　上・下巻』(1992)、「世田谷区政概要2014」による。
2) 「世田谷区基本計画（2014-2023）」より。
3) これは特別区の自治権を確立する上で画期的な改革であったが、都の内部団体的な性格などは改められず、財政面などで特別区が自主性を発揮しにくい仕組みが残った。特別区の自治権についての記述は「世田谷区政概要2014」によるものである。
4) 1987年の新基本計画で分野別施策との二本柱として初めて「地域別計画」が提示される。
5) ハードの整備に重点が置かれている取り組みを「街づくり」と表記する。
6) 世田谷区「今後の地域行政推進について」(2014)より。
7) 同上。
8) 熊本哲之氏は2003年から世田谷区長を2期務めて引退し、2011年には子どもや教育

問題に関心の高い保坂展人氏が区長に当選し2015年から 2 期目を務めている。
 9)　2013年からは都市整備部都市デザイン課となっている。
10)　まちづくり出張所は，その後2009年にまちづくりセンターに改称している。

第 4 章

住民発意の活動と行政との協働
——プレーパーク活動を通したまちづくり

秋の夜長を楽しむイベント「お月見茶屋」（駒沢はらっぱプレーパーク）

小田急線の梅ヶ丘駅の北口から少し歩くと，すぐに羽根木公園の南端にたどりにつく。区立羽根木公園は梅林の名所となっており，毎年2月には梅祭りが行われる。かつて大場区長が区の職員だった時代に梅ヶ丘という地名ながら梅が1本もなかったことから，区議会議員に1本ずつ55本植えてもらったのが始まりだという（大場 1990）。羽根木公園に入ってしばらく右手に向かって歩くと，一風かわった風景に出会う。入り口付近に小屋が建っていて，立て看板がある。入り口が扉で仕切られているというわけでもないのに，なんだか，勝手に入っていいのかわからないような感じを受ける。看板には手書きの文字で「羽根木プレーパーク」と書いてある。勇気を持ってなかに入ってみると，一般的な公園とはまったく異なった世界が拡がっている。手作りの木製の遊具があちこちにあり，作りかけと見受けられるものまである。入り口正面の小屋の屋根からは子どもたちが次々と小さなマットに向かって飛び降りている。少し奥に入っていくと，長老のような人が火の番をしている。お世辞にもきれいとはいえない服装をした若者が子どもと一緒になってなにやら食べ物を作っている。子どもたちは各々自分の世界を満喫していて，物知り顔で，自分の目の前の遊びに夢中になっている。初めて来た人は，勝手に入って遊んでいいのか，どうやって遊べばいいのかと戸惑うかもしれない。しかし，勇気を出して誰かに話しかけてみたならば，いつの間にか自分もその一員となり，ディープな世界にはまっていくのである。それは，大人も子どもも一緒である。

　こんな不思議で興味深い世界は一朝一夕にできあがったものではない。これまで40年にわたって続けられてきた，子どもの遊びに関わる運動と，行政と協働で行ってきた活動がこの世界をつくり上げているのである。本章では，40年来続いてきた行政との協働の過程，また市民運動団体が地域のなかにどのように溶け込んできたのかということを中心に世田谷のプレーパーク活動について見ていくことにしよう。

1．日本で最初の冒険遊び場づくり[1)]

❶「遊ぼう会」発足

　プレーパークが羽根木公園の一画で開設されたのは，1979年のことである。この年，世田谷区の国際児童年記念事業として単年度の計画で実施されたので

あるが，プレーパークの活動は行政主導で始まったのではない。住民の団体が子どもの遊び場に関わる活動を行っていたことが発端である。1975年，子どもの遊びに疑問を持っていた親たちが，経堂の地で世田谷区から土地を借り，住民たちの手で夏期限定の「冒険遊び場」を開催したことにさかのぼるのである。

この子どもの遊び場をめぐる運動は，世田谷区に住むある夫婦が子どもの遊び場についての本に出会ったことから始まる。ある夫婦とは，アレン卿夫人の『都市の遊び場』の翻訳を行った大村璋子と都市計画家の大村虔一夫妻である。2人は本で紹介されている遊び場の様子を見るため，1974年にヨーロッパ視察に出かけた。2児の親でもあった2人は，帰国後に自分たちの子どもが通う幼稚園や近隣の小中学校などで，ヨーロッパ各地の「冒険遊び場」のスライド写真を上映し，仲間を集めたのである。家でゲームをしたり，塾に行ったりする子どもたちが増え，公園など屋外で遊ぶ姿が見られないという状況に不安を抱いていた数名の親たちが，遊び場づくりに賛同して活動がスタートした。

大村夫妻が紹介した「冒険遊び場」とは遊具の固定された通常の公園のようなところではない。子ども自身が創造していくことを前提として，小屋づくり，動物飼育，野外料理など，自分がしたいと思うことのできる遊び場というコンセプトをもつものである。当時の親たちの多くは，子どもの頃に自然のなかで遊んだ経験をもっており，大村夫妻が見せたスライドに自らの体験を重ねあわせ，現代の子どもたちの遊びや遊び場の変化に危機感を覚えたのであった。

スライドを見て遊び場づくりに関心をもった人たちは，世田谷区内を流れる烏山川が暗渠化された後の経堂の空き地に，夏期限定で冒険遊び場を行うために「遊ぼう会」を発足させた。これが1975年6月のことである。「一緒に夏休みの遊び場づくりをしよう」と呼びかけるチラシを作成し，幼稚園や小学校，児童館，商店街などへ配布して，約70名が集まった。参加者のうちわけは，母親28名，父親3名，大学生16名のほか，大学や中学校，幼稚園の先生，児童館職員，医師，弁護士などである。「遊ぼう会」の組織図を作成し，そのなかからそれぞれ好きな担当を受け持った。渉外担当の「あっちこっち」，広報担当の「かわらばん」，会計担当の「くらなししょう」，子どもたちと遊びながら遊びをそれとなく見守る「プレーリーダー」などが配置された。

❷ 最初の冒険遊び場「こども天国」開催──経堂冒険遊び場

遊び場開催に向けての最初の困難は，世田谷区から土地を借りることだった。

区は急ごしらえの任意団体に簡単に土地を貸してはくれなかった。結局，船橋児童館が借主となり遊ぼう会にまた貸しするというかたちで，烏山川が暗渠化された緑道予定地の幅9m長さ90mの細長い土地を，1975年の7月から9月まで借用できることになった。このほかにも遊び場開催に向けて，各担当は短期間のなかで奔走した。渉外担当は遊び場予定地の近隣に対して遊び場づくりの趣旨を説明してまわり，火を使うことを消防署と交渉した。財務担当は，資金集めのために地域の名士宅を訪問し，町内会長の許可を得て資金カンパを呼びかける回覧板をまわしてもらった。大学生たちは，オープニングパーティーの企画を考え，広報担当はパーティーのチラシを印刷して配布した。そして，遊ぼう会発足から2か月もたたない7月26日に経堂冒険遊び場がオープンしたのである。オープニングパーティーには約400名が参加し，子どもたちの投票によって，遊び場の名前は「こども天国」となった。

　こうして日本で最初の冒険遊び場が，経堂の烏山川暗渠後の細長い土地において，住民たちの手作りで始まったのである。それでは，ここで遊ぶ子どもたちにとって遊び場はどのような場所だったのであろうか。「なにをやっても怒られなかった。規制がなくて，小屋づくりをしたときには，ノコギリを使ったり，釘をうったり，ふだんやらないようなことがやれた」(羽根木プレーパークの会 1987: 28)という当時常連だった子の言葉に表されるように，子どもたちにとって，冒険遊び場はまったく新しいタイプの遊び場だった。この遊び場では，「人の迷惑にならなければ何でもできる。シャベルで穴もほれるし，水を流して川をつくり，泥んこ遊びもできる。たき火もできるし，その火でホットケーキも焼ける」(羽根木プレーパークの会 1987: 23)のである。一般の公園では禁止されている行為ができることが魅力である。

　また，冒険遊び場には大学生のボランティアが中心で担っている「プレーリーダー」が常駐していることも大きな特徴の1つである。子どもだけで対処できない事態が起きたときには，プレーリーダーが手助けや助言をしてくれる。しかし，プレーリーダーの役目は遊びを教えることではなく，遊びのきっかけをつくることである。例えば，建築学科の学生であるプレーリーダーが，廃材をもらってきて「リーダーハウス」を建設すると，小屋づくりが子どもたちに人気の遊びになるといった具合である。このようにプレーリーダーはこういう遊びがあると教えるのではなく，自らが遊びを実践しながら，子どもたちを遊びに導いていった。遊び場開催の終盤に行われた子どもたちへのアンケート調

査では，遊び場にやってくる理由として多くの子どもたちが「プレーリーダーがいるから」と応えている。

　一方で，運営に参加する大人たちにとって，冒険遊び場はどのような場であったのだろうか。大人たちもこれまでにない参加形態を楽しんでいたようである。ある母親は，「思いつきで実現していくのが楽しかった。ワンダーランドみたいな感じ，つまり意外性がいつもあって。親の参加も，来られる時に来れば，ということでよかった。無理しなくてもいいから，楽しく関われた気がする。PTAの組織とちがった『遊ぼう会』のゆるやかな組織がよかったと思う」（羽根木プレーパークの会 1987: 20-21）とよさを語る。遊び場活動が，PTAのような既存の組織とは異なり，自由に参加したりしなかったりできること，また規則や規定があるわけでなく，自分たちの自由な発想で物事が進んでいくことに面白さを感じていたようである。他にも，「子どもを通じて親どうしが関わりを持てた。都会では隣り近所でも知らない人が多いのに，1つのことを目的に集まった人の輪が広がるというのがとても魅力だった」（羽根木プレーパークの会 1987: 19）というものや「『遊ぼう会』みたいな活動してると，地域住民だという実感がある」（羽根木プレーパークの会 1987: 20）という意見があり，この運動が子どもたちの遊び場を考え，確保していくことを目的としながら，いわゆる新住民で若い世代の人たちが地域でのつながりを形成していく場ともなっていることがわかる。

　はじめから夏休み期間限定の開催予定だったので，9月には子どもたちと一緒に遊び場を全部かたづけた。9月28日に「涙のサヨナラパーティー」を行い，夏休み限定の冒険遊び場は幕を閉じ，元通りにした土地を区に返還した。翌年の夏，遊び場の常連だった男の子たちが今年もやろうと遊ぼう会の大人に頼み，同じ場所で冒険遊び場が行われた。初年度と異なる点は，彼らを中心に10人ほどが子ども委員会をつくり，遊び場運営に参加したことと，世田谷区が直接遊ぼう会に土地を貸してくれたことである。この2度目の経堂冒険遊び場が終わった1976年の10月には予定されていた緑道工事が始まり，この場所での冒険遊び場は幕を閉じた。

❸ 常設の遊び場づくり──桜丘冒険遊び場

　経堂では2年間にわたり夏休み限定で遊び場を開催したが，子どもたちにとって「遊びは日常」との思いから，遊ぼう会のメンバーは常設の遊び場が必要

であると感じていた。そこで，経堂の遊び場が閉幕した1976年の秋ごろから，長期間開催できる遊び場づくりのための土地探しと資金の検討を始めた。その結果，土地については桜丘にある区民センター予定地（2000 m^2 のうちの半分）を区から借りられることになった。1977年7月から78年9月までの15か月間継続して借りる契約で，期間限定ではあるが常設の遊び場を開設できることになった。その一方で，資金獲得は思うようにいかなかった。民間財団の助成金に応募したが助成は受けられず，世田谷区役所で区長に直接陳情書を提出した。結局，区の健康都市推進モデル団体の1つとして，少しの補助を受けることはできたが，約100万円の費用のほとんどを自分たちで捻出しなければならなかった[2]。

　桜丘冒険遊び場は経堂の遊び場を行った烏山川緑道予定地から1キロほど離れた場所であったため，メンバーの入れ替わりもあった。経堂で中心になって動いていた10名ほどのうち，桜丘でも中心的に関わり続けたのは3名のみであった。残り7名のうち3名は桜丘ではまったく関わらず，遊び場が自宅から離れても最初は関わっていた4名も徐々にイベント時の手伝いに参加するくらいになっていった。一方，桜丘で新たに地域の母親5名が加わり，地域外の母親2名も加わった。

　経堂のときには夏期限定だったので，プレーリーダーを担う大学生が常に来られる状況であった。常設になると，試験期間など大学生が来られない時にも運営側でローテーションを組んで，遊び場に誰かが常駐しなければならない。しかし，「一緒に支えあっていく仲間というのが，思いのほかそう多くは集まらなくて，なかなか大変だった」（羽根木プレーパークの会 1987: 40）というように，ローテーションを組むのが難しかった。「桜丘の遊び場にも何ヶ月間かはかよっていましたが，しばらくして足が遠のきました。目を三角にして子どものために必死に髪ふり乱して，どこかに苦労とか愚痴とかの残る活動は，私はあまり好きではなかったからだと思います」（羽根木プレーパークの会 1987: 38）という経堂で関わっていた母親の言葉に表れているように，経堂と比べて格段に負担が増えたことがわかる。

　組織の形態は経堂のときとほぼ同じだったが，桜丘では週1度「ちえぶくろ会」を開催し，出席者全員で遊び場について話し合う仕組みとなった。さらに月に1度「大ちえぶくろ会」を夜間に開催し，日中のちえぶくろ会に出られない人も参加して話し合いが行われた。ちえぶくろ会への出席者は10名前後，大

ちえぶくろ会への出席者は20名程度であった。この頃のメンバーは，常時動いていた母親が10名，学生が数名，日曜日やイベントのときに動く人が30〜60名，資金集めのために毎月1回行っていた廃品回収への協力者は200名ほどいた。

　遊び場が常設になったことによって，新しい問題にも直面することになる。それは「近隣からの苦情」である。経堂では，夏休みだけの開催であったためか，苦情によってメンバーが悩まされるということはなく，単発的な苦情に対処することで切り抜けられていた。桜丘では1年間の継続ということで，表面化はしないものの，地域には活動に対する苦情や批判が蔓延しており，地元の母親たちを精神的にまいらせた。継続的におこる苦情は「危険」に対するものと「汚さ」に対するものである。汚さに関しては，定期的に掃除をすることである程度対処できた。しかし，「危険だ」という非難は根強く，遊び場で子どもが骨折して入院したりすると，批判の声も一層高まった。

　これに対し，遊ぼう会としては遊びのうえでの「危険」をどのように考えているのか，広報誌などを配布して知らせる努力を行った。その内容は，一見危険な遊びをすることによって，子どもの自分を守る力が育ち，長い目で見ると健全育成につながるというものである。遊ぼう会では，軽いケガはリーダーや居合わせた母親たちが応急手当をし，骨折など大きなケガの場合には，応急手当をしたあと近くの外科医院に連れて行き，子どもの親に連絡することにしていた。こういった対処法について近隣の人たちと一緒に考えたいと，小児科を招いて「遊び場でのケガについての考え方と応急処置法について」の勉強会を開催し，近隣の人にも案内を配布した。しかし，当日勉強会に参加したのは遊ぼう会のメンバーばかりで，批判を言っていそうな人は来なかった。また目安箱を設置して「ご意見を入れてください」と呼びかけたが，何の反応もなかった。他にも，大人数の会合では出てきにくいだろうからと，数人で行うおしゃべり会を開催しても，参加するのは内部の関係者ばかりだった。結局，近隣で苦情や批判を言っていそうな人びとと「遊ぼう会」のメンバーとが顔を合わせて話をする機会をもつことはかなわなかった。

　こういった苦労のなか，予定の期間が過ぎ，1978年9月に桜丘冒険遊び場は閉幕した。遊び場に来る子どもたちは，もちろんその後も遊び場の継続を願っていたし，土地の持ち主である世田谷区もそのまま続けてもよいという見解を持っていたというが，遊ぼう会のメンバーは，自分たちの力だけでこれ以上長期間遊び場を運営するのは無理だと感じていた。そこでどこかの援助を受けた

り協力したりしながら遊び場を運営する方法を模索した。

2. 羽根木プレーパーク開設

❶ 行政との協働事業のはじまり

　桜丘冒険遊び場が閉幕した翌年の1979年は「児童の権利に関する宣言」の採択から20年を記念した国際児童年となっており、世界各国で記念事業が実施された。世田谷区ではこの国際児童年記念事業の1つとして、世田谷区立羽根木公園の一画で「羽根木プレーパーク」を開設することとなった。はじめは記念事業として単年のみの開催の企画であったが、この時に始まった羽根木プレーパークがそのまま羽根木公園のなかで継続してきたわけである。現在、世田谷区内では4つのプレーパークが運営されており、これらのプレーパークはすべて住民によって直接運営され、行政が場の提供と資金助成をするという公設民営のスタイルをとっている。このスタイルの発端となっているのが、1979年の羽根木公園のプレーパーク開設である。

　世田谷区のなかで、国際児童年に合わせたプレーパーク開催を発案したのは、公園課の職員で、経堂の冒険遊び場のころから遊ぼう会と関わりをもっていた本田三郎氏である。本田氏は1972年にヨーロッパの子どもの遊び場事情を視察に出かけた際、冒険遊び場と出会い、日本にはない遊び場の様子に驚き、興味を持っていた。73年にもアメリカ、カナダを視察し、76年にはIPA[3]（国際遊び場協会）の関係でヨーロッパ中をまわっている。こういった経験が下地となり、遊ぼう会の大村虔一氏からの提案もあって、国際児童年の事業として羽根木プレーパークを発案したのである[4]。これを受けて、羽根木公園でプレーパークを開催することになり、世田谷区はプレーパークを行政事業のなかに位置づけた日本で最初の自治体となったのである[5]。

　プレーパーク開設のための準備会には、遊ぼう会の父母とプレーリーダーの有志に加えて、世田谷区側からは、場所の提供担当である公園課、国際児童年の担当課である児童課、人材育成の観点から社会教育課の三課も参加することになった。羽根木プレーパークの会（1987）によれば、プレーパークは「大きな公園の一部を子どもに開放し、禁止事項をできるだけとりはらって、自由な雰囲気のなかで思いきり好きなことをやれるようにした遊び場」（羽根木プレーパークの会 1987: 46）とされる。つまりプレーパークは、行政が管理する公園の

| 第4章　住民発意の活動と行政との協働 |

入り口付近の手作り看板
入り口正面のリーダーハウスからとびおりる子ども

なかに設けられる冒険遊び場ということである。冒険遊び場と内容に大きな違いはないが、プレーパークは最初から行政と運営者の協働のもとでなければ成立しないということである。活動の内容についても行政と交渉していく必要があり、ただ土地を借りていたこれまでの行政との関係とはだいぶ異なってくる。それに加えて、近隣との関係の難しさが浮き彫りになった桜丘の経験をいかし、地元小中学校のPTA役員や町内会長にも呼びかけて準備会に参加してもらった。こうして、準備会が1979年6月から7月の間に6回行われ、79年7月21日に羽根木プレーパークがオープンした。

　1979年は原則的に土日のみの開催予定であったが、オープンから夏休み期間中は月曜日をのぞいて毎日朝10時から夕方5時ごろまで開園していた。この間は遊ぼう会の何人かと、新しく加わった熟年プレーリーダーが実質的にプレーパークを支えた。夏休みの最後には、プレーリーダーたちと地元の母親たちとで「夏休みサヨナラパーティー」を開催し、1,000人もの人が集まった。パーティーの反省会が9月に羽根木公園の管理事務所で行われ、遊ぼう会メンバーや地元の父母、プレーリーダー、区の公園課・児童課・社会教育課の職員など45名が集まった。この反省会が実質的に第1回目の羽根木プレーパーク実行委員会となり、その後毎月1回実行委員会が開かれることになった。このときパーティーの会計をしていた母親がそのままプレーパークの会計係になり、会長は大村虔一氏、広報は大村夫妻で担当することになった。

❷ プレーパークの継続と組織の変化

　1979年に単年度の計画で始まった羽根木プレーパークであるが，住民と行政が協働で行う取り組みとして，メディアで多数取り上げられ，あちこちから視察に訪れるなど注目を集めたことで，翌年以降も継続して開園していくことになった。初年度は，長期の休み期間以外は土日のみの開設であったが，常設で毎日開園をしていくためのより本格的な運営が課題となった。そのため，この年から始まった日本青年奉仕協会の「1年間長期ボランティア派遣計画（通称『ボランティア365』）」参加の青年を常駐プレーリーダーとして迎え入れた。

　その2年目の運営が始まってすぐの頃，プレーパークに遊びに来ていた青年の家に子どもが無断外泊するという出来事があり，これをきっかけにこのような青年とプレーリーダーの識別をどうするかやプレーリーダーのあり方，責任の所在などが問題となった。また他方では，プレーパークで起きた骨折事故をめぐり，保険会社，世田谷区，プレーパーク，子どもの引率者との間で責任問題が話し合われるということがあった。これをきっかけに，現在でも入り口に掲げられている「自分の責任で自由に遊ぶ」というモットーをうたった看板が立てられることになる。

　これらの状況を受けて，実行委員会・役員会の組織を明確化し，規約を作成することになった。地域の人びとやプレーリーダー，行政が一緒になっていた実行委員会を改めて，実行委員会はあくまでも地域住民の自主的な組織という位置づけとした。さらに会長，副会長，企画，広報，渉外，会計，記録担当で役員会を構成することとし，役員は実行委員とプレーリーダーのなかから選出した。PTA規約を手本にして実行委員会の規約を作成し，「子どもたちの創造性，協調性並びに自主性を養う遊び場づくりの運営を円滑に，かつ発展させること」を目的に掲げた。さらに，プレーパークは住民と行政の協働事業なので，区の児童・公園・社会教育・福祉の担当課とプレーパークの役員会とで運営委員会を組織し，2か月に1度会合を開くことになった。運営委員会は，予算や設備，また常駐者についてなど，プレーパーク運営上のさまざまな問題を協議し，実行委員会と行政の相互の意向を伝えあい，意思疎通をはかる場という位置づけとなった。

　さて，前述の1年間フルタイムのボランティアとして派遣される「ボランティア365」のプログラムにより，天野秀昭氏がプレーリーダーとして常駐することになったので，平日も開園できるようになった。毎日開園することになり

プレーパークのモットー「自分の責任で自由に遊ぶ」を知らせる看板

一段と活気のある遊びが展開され，区内だけでなく遠くから遊びに来る子どもも増えてきた。また，他の公園でもこうした活動をしたいという希望が増え，羽根木プレーパークは，全国の公園関係者や子どもの遊びに関心のある人びとから注目された。このような状況のもとで，1981年度も平日に開園することができるように常駐者を2名以上確保したいという声が運営メンバーのなかで高まった。そこで，プレーリーダーとしての資質の高い天野氏を区の職員として採用して欲しいという署名活動を行い，12日間で5,000名の署名を集め，陳情書を実行委員会数名の嘆願文とともに区長に提出した。これにより1981年4月から天野氏が区の非常勤職員として週4日活動できるようになった。それと同時に，引き続き日本青年奉仕協会からボランティア365の派遣を受け，常駐のプレーリーダー2人体制が整った。

ところがこの体制もすぐに大きく変化することになる。1982年10月から世田谷区がプレーパーク事業を世田谷ボランティア協会へ事業委託することになったのである。これまでは，区の児童課がプレーパークの運営面を担当し，資材の購入，ボランティア365の受け入れなどを直接行ってきたが，これらの事業が世田谷ボランティア協会に委託されることになった。地域住民のボランタリーな活動を育てるためには，区が直接行うよりも民間団体が間に入って行う方がよいという判断である。また，1982年6月には，世田谷公園にも「世田谷プレーパーク」が誕生し，プレーパーク事業が将来区内各地に展開することが予

測され，遊び場づくりに関するセンター的機能を持つ機関が必要になってきたためでもあった。1981年12月の運営委員会で児童課から事業委託の件が提案されてから，実行委員会，運営委員会，世田谷ボランティア協会との打ち合わせが頻繁に行われ，新しい体制がつくられていった。区の非常勤職員となっていた天野氏は，世田谷ボランティア協会のプレーパーク担当職員となり，羽根木・世田谷の2つのプレーパークを支えていくことになった。

　世田谷プレーパーク開園後は，天野氏がそちらにも関わることになったため，羽根木では連日開園が危ぶまれる状況が続いた。1983年頃には団体での利用者が多くなり，その対応などで仕事は増えるばかりで，羽根木ではもうひとり常駐のリーダーが必要になってきた。そこで，実行委員会で常駐リーダーとしての仕事内容を検討し，そのための経費は，イベントやバザーの収益，カンパなどを蓄積した自主財源で出せることを確認した。すでにプレーリーダーとして活動してきたメンバーに1984年4月から12月まで常駐リーダーを依頼した。

　一方で，1981年度は実行委員を辞める人が多く，1982年度の活動方針として，仲間づくり，人間関係づくりが目指されていた。実行委員会を拡げていくために，実際に利用している人たちに呼びかけ，プレーパークを拠点にしている自主保育グループ「ひろば」や「ピッピの会」の母親たちの何人かが実行委員に加わることになった。

　自主保育グループ「ひろば」は，1976年に設立されたグループで，プレーパークが平日も開園されるようになった1980年から羽根木プレーパークを拠点に活動を行っていた。活動に必要な備品をプレーパークの物置小屋におき，子どもたちはプレーパークを自分たちの庭のように走り回っている。「ピッピの会」はプレーパークで生まれた母と子が遊ぶ会で，平均して30〜40人，おもに幼稚園に入る前の子どもとその母親が集まっている。参加者は，発足した1981年4月には3家族だったのが，5月には45家族，82年3月には100家族と1年の間にも増えていった。これらの会を終えて子どもが大きくなっても関わっていたいという人たちが，1985年から「遊具作りの会」をつくってプレーパークの遊具を作ったり，燻製をつくったり，草木染をしたりするようになる。この頃から，プレーパークの運営側はプレーパークの場を利用する多くの団体との関わりを意識して持つようにしてきたのである。

❸ 地域のなかでのプレーパーク

　プレーパークでは，地域のなかで活動が浮いてしまわないよう，地域の人びととなるべく交流が持てるように当初から働きかけを行ってきた。その一環として1981年頃から，地域の人びととの交流の場として「第四水曜会」が開催されていた。子どもの遊び場について理解を拡げ，地域との交流を深めるために，毎月第四水曜日におしゃべりや手芸，野外料理をしながら，プレーパークについて語り合うという会である。誰でも参加できる自由な会で，特に区役所の出張所や公園職員，地域の町内会役員，PTA関係者，青少年対策に関わる人びととの交流が深まった。常設になったことで，あいかわらず騒音に関することなど苦情も多く，プレーパークの取り組みが地域のなかで孤立してしまわないように，第四水曜会は1982年に地域交流会へと発展させ，目的を明確化して続けられた。

　こうした地道な活動が少しずつ功を奏していき，1983年頃にはプレーパークの活動が地域に浸透してきていた。理解の輪が拡がって，事故や苦情の処理に追われることがなくなり，動物の飼育や清掃，イベントの手伝いなどにさまざまな人たちが手を貸してくれるようになっていた。プレーパークで遊んだことのある子どもたちが増えてくるなかで，近隣のPTAとの関係もできてきた。これまでも，署名集めや区への陳情書提出時に，近隣の小学校の校外担当などのPTA関係者が支援をしてくれていた。その親たちの働きかけもあり，1984年には小学校のPTA活動の年間計画のなかにプレーパークのイベントの手伝いが組み入れられた。

　世田谷区発行の「出張所だより」（1984年9月発行）には「羽根木プレーパークであそぼう！！」という見出しで，こんな一節が掲載された。「身近に自然があり，子どもたちが，昔私たちが遊んでいたように，木に登り，土いじりをし，水遊びをする。そんなプレーパークは，この地域の宝物です。この宝物を支え，みがいて下さい。毎日，プレーパークに来て子どもたちの相手をしてくれているボランティアの若者たちにも，どうぞ暖かいご理解を。彼らが若さと熱心さのあまり，ちょっと不作法で，少しばかり非常識になることがあったとしても，彼らは子どもたちのために一生懸命なのです」。これを書いたのはプレーパークの近所に住む女性であるという。プレーパークに対する苦情が消えるわけではないが，このように地域のなかで，活動や趣旨に賛同し暖かく見守っている人も少しずつ増えていったのである。

開設6年目を迎えた1984年，常連の子どもたちの数も増加し，利用団体も世田谷全域に及び，区外からの利用も増えて運営も安定してきた。こうしたなか，会長の大村虔一氏が，全国各地で遊び場をつくる活動に取り組むことが多くなり，羽根木を離れて活動したいという理由で会長を辞任し，新会長の体制となった。この年，実行委員会を「羽根木プレーパークの会」，役員会を「世話人会」に改称している。また，規約には「自分の責任で自由に遊ぶ」というモットーを明記し，プレーパークの理念として位置づけ，活動の内容については，地域の住民が誰でも気軽に参加できるようなゆるやかなかたちにあらためた。

　この年は，トヨタ財団の助成を受け，プレーパークの活動を見直しながら記録作成に取り組んだ年でもある。実行委員やリーダーなどで記録作成委員会を組織し，経堂での冒険遊び場からの資料を整理し検討を重ねた。記録作成の研究会は，地域に開かれたものにするため，青少年委員，町内会関係者，隣接小学校PTA関係者，行政などにも呼びかけて行った。それ以外にも，イベントごとにこうした地域の人びとに案内を出し，プレーパークの様子を広く知らせるようにし，地域の理解を拡げる努力を続けた。

　1985年3月下旬，突然プレーパークを縮小する案を含む公園の改修計画が世田谷区により発表された。プレーパーク事業の主体は世田谷区であるとはいえ，実行委員会に区から事前の相談がなかったため，運営に関わるルールの確立が必要であるとの認識を多くの実行委員が持つことになった。一方，計画の地元説明会では，近隣の住民からプレーパークへの苦情が噴出した。特に，たき火による火事の心配とその責任の所在についての言及が多かった。児童課と公園課，実行委員で世田谷消防署へ出向き指導を受けた。行政としては，「危険を想定して，すべてを禁止する方向ではなく，強風や異常乾燥時は火をたかないなど常識的防火対策を強化させる」（羽根木プレーパークの会 1987: 74）ことを確認し，羽根木・世田谷プレーパークは，年中火を使っている場所であることを行政から消防署へ連絡した。火を使うことについて，はじめて公認されることになったのである。この件から，地域のなかでプレーパークが手放しで受け入れられているわけではないということがうかがえる。

　1985年には，イベントとして第1回「プレーパークまつり」が行われ，内部用の機関紙「ニュースレター」と対外的な機関紙「遊気流」が創刊された。こうした広報活動の努力もあり，プレーパークの活動の輪は着実に拡がり，1985年10月時点での登録会員数は140名にのぼった。日常的な活動を具体的に支え

る人材が豊富とはいえない状況ではあるものの、プレーパークを開設して7年、多くの子どもたちと地域の大人たちが関わる団体に成長してきたのである。

❹ プレーパーク活動の拡がり

1979年開設の羽根木プレーパークの成功を受けて、1981年には世田谷プレーパークが開設され、1983年度版の世田谷区実施計画では、84年度に太子堂、86年度は玉川地域につくる計画が立てられていた。この計画通りには進まなかったものの、世田谷区ではこうした遊び場づくりの必要性を重視してきたことは確かであり、1987年の「新基本計画」を受けた実施計画でも、1990年までにプレーパークを全部で4か所設置するとされ、実際に駒沢と烏山にプレーパークが開設された。

(1) 世田谷プレーパーク

プレーパーク運営の担当であった世田谷区児童課が、第2のプレーパークを設けるために動き出し、当時児童課のプレーパーク担当の非常勤職員だった天野氏がこの計画の実行役を担うことになった。児童課長の名前で世田谷公園周辺のPTA、青少年委員、町内会長、民生委員などに呼び掛け、説明会を開き協力を募った。数回の会合を経て「世田谷プレーパークをつくる会」が発足し、近隣の池尻小学校のPTA会長が会の代表を務めることになった。世田谷プレーパークは1982年6月に開園し、オープン後2年間は、週2日(水・日)開園していたが、84年からは常駐者を1人雇い、週5日(水曜日から日曜日)開園している。羽根木プレーパークと運営の形態は同様で、地域の人たちで構成される「世田谷プレーパークの会」と区のプレーパーク担当の職員が出席する「運営委員会」によって成り立つ。「世田谷プレーパーク」の当時の副代表は、「羽根木プレーパークで生き生きと遊んでいる子どもたち、遊び場の解放感、それらを支える大人たちの熱意に心を動かされ、第二のプレーパークをつくる動きに参加」(羽根木プレーパークの会 1987: 185)したという。

(2) 太子堂プレーパーク (1983～87年)

羽根木プレーパークの実行委員も担っていた太子堂地区に住む母親が中心となり、広場や公園がない太子堂のまちに、子どもの遊べる場をつくりたいと、遊び場づくり活動を展開した。1981年の冬から1年半近くの準備期間を経て、

世田谷区内の4つのプレーパーク

1983年に民間財団の資金援助を受けて太子堂プレーパークを住民独自に西太子堂の区立公園にて開園した。実行委員の大人たちが輪番制で遊び場の運営にあたった。プレーパークの運営と並行して,「子どもの遊びと街研究会[7]」のメンバーと, 太子堂地域をフィールドにした遊び場マップや遊び場図鑑の制作も行った。

(3) 駒沢はらっぱプレーパーク

　1984年4月, 静かな住宅街である駒沢の地に遊び場づくりの会が生まれた。緑泉公園の隣の空き地を子どもの遊び場にしようと, 空き地の持ち主と交渉し, 区の公園課が一時借用するというかたちで提供してもらった。1986年から独自にプレーパークを開設し, 会の名称を草と土の空き地であるその場こそ大切と「はらっぱの会」とした。世田谷区は駒沢はらっぱの会が取り組んできた実績を評価し第3のプレーパークに位置づけ, 1989年4月に駒沢はらっぱプレーパークが区の事業としてスタートした。

(4) 烏山プレーパーク[8]

　1995年大村璋子氏の話を児童館の学習会で聞いた人たちで「烏山プレーパー

クをつくる会」の活動を始めた。1年目は継続的にプレーパークを行える場所が見つからず、イベントとして開催していた。翌年、団地自治会の許可を得て、団地内の公園で月1回のペースで開催するようになったが、近所から苦情が出たため、また一から場所を探すことになった。1996年に区の公園予定地で開催できることになったが、その公園が中学校校舎建て替えのための仮校舎建設の予定地となっていたなどの事情が重なり、2003年4月に烏山プレーパークが正式にオープンすることになった。

こうして、最初の区の事業計画からはだいぶ時間が経過しているが、世田谷区内で4つのプレーパークが開設され、現在まで継続しているのである。世田谷区の遊び場づくりは、羽根木プレーパークと出会い、そこを利用したり運営を支えたりした人たちのなかから枝分かれして、進展してきた。プレーパークに魅せられ、自分たちの地域にもと願い、羽根木プレーパークの運営や成り立ちを具体的なモデルにして、それぞれの地域で遊び場活動を繰り広げてきたのである。プレーパークの拡がりは世田谷区内にとどまらず、活動に興味を持った市民や、公共団体の職員、議員などが全国から多数視察に訪れた。こうして、遊び場づくりの活動は、世田谷区をこえて全国にも拡がっていった。

3．現在の羽根木プレーパーク[9]

❶ 現在の羽根木プレーパークの活動[10]

冒険遊び場からプレーパーク創設期の10年間についてこれまでくわしく見てきたが、本節以降では現在のプレーパークの活動を見ていくことにしよう。羽根木プレーパークは現在も当初と同じ羽根木公園の一角で、火曜日以外の週6日、10時〜18時まで開園している。表4-1は2012年度の年間イベントである。毎月さまざまなイベントが開催され、活発な活動の様子がうかがえる。内容についていくつか見てみよう。

まず、5月に行っているガムランコンサートは、バリ島のガムランと舞踏のコンサートである。羽根木プレーパーク内で毎年開催されており、2012年で17回目を迎える。コンサートは無料で観覧でき、手づくりのタイカレーを食べるなどしながら楽しむことができる。8月の夏休みの終わりには、カレーを食べながら野外映画会を行ったり、近くの代田南児童館から人が来て、恒例の水合

戦を行ったりしている。正月には羽つきをして遊び，どんど焼きを行うニューイヤー・プレーパークなどのイベントが行われる。1989年から毎月開催されているベーゴマ・くぎさし大会では，年度末にグランドチャンピオン大会を行って「羽根木の帝王」を決定している。

　3月に行っている子ども商店街は，子どもたちが手づくりでお店を出し，本物のお金で実際に売り買いするイベントである。売るものは技やサービスでもよいが，買ってきたものをそのまま売ってはいけないので，発想豊かなお店が並ぶ。店自体も子どもたち自らが2週間かけて一から建てているため，途中で店が壊れるなどのハプニングも起こるが，毎年30店舗以上約100名の子どもたちが出店する。10月に羽根木公園を舞台として行われる雑居まつりは2015年で40回目を迎える。ハンディを持つ人も持たない人も一緒にまつりを開催することで，楽しみを分かち合い理解しあう場となることを目的として行われている。羽根木プレーパークでは，子どもたちが山車を作って梅ヶ丘商店街へのサンバパレードに参加したり，プレーパーク内でもイベントを行ったりと一緒に祭りを盛り上げている。

　この他にも，近隣にある都立光明特別支援学校の夏まつり「がやがやなつまつり」に事務局・実行委員会への参加も含めて毎年参加したり，小学校の校庭開放のイベントや地域のイベントにプレーリーダーが出張したりするなど，プレーパークから外に飛び出して，地域の人びとや子どもたちとの交流の場をもつことも多くなっている。地域のなかで，プレーパークの存在が認められ，地域の一員として活動を行っている様子がうかがえる。

　現在の羽根木プレーパークでは，子どもの遊び場として主に小学生をターゲットとして行ってきた行事とは少し意味あいの異なる，対象が乳幼児や中高生となっているイベントも行われている。「ちびトコ」は2006年から月に1度平日の午前中に開催されているイベントで，乳幼児とその母親を対象にしている。プレーリーダー，世話人，参加者の母親たちが，こいのぼりを作ったり，流しそうめんをしたりと，季節にあったイベントを一緒に企画して実施している。さらに，「ちびトコ」から派生して2012年にはじまったのが，「0.1.2.3　はじめてシリーズ」である。プレーリーダーが，遊びに来ていた母親たちに「ちびトコ」の告知を行ったところ，7人中7人が平日は働いているのでイベントには行けないとのことだった。仕事をしている人が多いとはわかっていたものの，プレーリーダーは「まさかここまでとは」と衝撃を受けたという。このことか

| 第 4 章　住民発意の活動と行政との協働 | 83

表 4-1　2012年度羽根木プレーパーク年間イベント

	羽根木プレーパークでのイベント　ほか	出張参加したイベント　ほか
4月	そらまめハウス1周年イベント（4/15） ベーゴマ大会（4/29） くぎさし大会（4/30）	近隣小中学校入学式出席（4/6）
5月	すもう大会（5/3） スポーツ大会（5/4） Sケン大会（5/5） ちびトコ（5/17） ガムランコンサート（5/19） ベーゴマ・くぎさし大会（5/27）	
6月	乙護の刃物研ぎ（6/1） ちびトコ（6/11） ベーゴマ・くぎさし大会（6/30）	赤堤小学校「ふれあいサンデー」（6/16） 松沢小学校「子どもまつり」（6/23）
7月	ちびトコ（7/2） ベーゴマ・くぎさし大会（7/25）	がやがやなつまつり（7/21） 光明特別支援学校サマーデー（7/26）
8月	ベーゴマ・くぎさし大会（8/19） 野外映画祭（8/27） 代田南児童館平成水合戦（8/31）	世田谷区民まつり（8/4・5） プレーパークキャンプ（8/7～13）
9月	0.1.2.3　はじめての水遊び（9/1） ちびトコ（9/6） ベーゴマ・くぎさし大会（9/15）	松原小学校「スポーツまつり」（9/29）
10月	ちびトコ（10/1） 雑居まつり（10/7） ベーゴマ・くぎさし大会（10/20）	代田小学校祭り「代田フェスタ」（10/13） あそびの宝島（10/21） 代田小学校野焼き（10/26）
11月	玉ねぎ染め（11/1） ちびトコ（11/5） ベーゴマ・くぎさし大会（11/25）	楽市楽座（11/3・4）
12月	0.1.2.3　はじめてのたき火（12/1） ちびトコ（12/3） 乙護の刃物研ぎ（12/7） ベーゴマ・くぎさし大会（12/16） クリスマスゲリラライブ（12/24）	せたがやボロ市（12/15・16）
1月	ちびトコ（1/10） ニューイヤープレーパーク（1/12） コーヒー染め（1/17） ベーゴマ・くぎさし大会（1/26）	せたがやボロ市（1/15・16）
2月	ちびトコ（2/1） ベーゴマ・くぎさし大会（2/16） 元・子ども商店街（2/17） あそぼうパン（2/24） ワイン染め（2/25）	赤堤小学校「昔遊び授業」（2/9）
3月	ちびトコ（3/4） 0.1.2.3　はじめてのおままごと（3/9） 子ども商店街（3/17） ベーゴマ・くぎさし大会（3/30）	近隣小中学校卒業式出席（3/25）

出典：2012年度羽根木プレーパーク活動報告書より転載。

「子ども商店街」子どもたちが店主に

「ちびトコ」大勢の親子連れ

ら，乳幼児親子向けのイベントを休日に行う必要があると感じ，イベントを始めることにした。このイベントの運営は，リーダーとひろばやピッピの会の母親，そらまめハウスに来ている母親の4～7人が中心となっている。2012年度は季節ごとに3回開催され，各会20～30組程度の参加があった。休日のイベントを始めると，お父さんの参加が急増するという効果もあった。

　表4-1に記載はないが，中高生などの思春期の子どもたちが地域で安心して過ごせる居場所が必要だとの思いから，2011年から毎月行っているのが中高生の夕食会である。中学生以上の子どもたちが学校の終わる夕方から集まって，プレーリーダーとたき火で夕食を作って食べ，夜9時ごろまで一緒に過ごしている。子どもたちのなかには，普段の夕食を外食したり1人で食べたりしている子がいる。この活動もそんなプレーリーダーの気づきから始まった。家族との時間がわずらわしくなる思春期の子たちでも，誰かと一緒にいたい，ちょっとしたことを話したい，自分の役割がほしいといった気持ちを持っている。夕食会では，そんな子どもたちが自然なままでいられる姿が見られるという。親や先生とは違う大人や，ちょっと年上の子たち，一緒にはしゃげる友達，いろ

んな人がいる場，安心できる場が中高生に必要なのではないか。この活動にはこのようなリーダーの思いがある。通常，プレーパークは18時までの開園だが，夕食を共に作り，一緒に食べる時間を大切にしたいという思いから，たき火が遅くまでできるように，リーダーが中心となって近隣住民や区にかけあい，継続することができている。

このように，プレーパークの活動がただ遊び場を開設しているというだけでなく，プレーパークを飛び出して外で活動をしていたり，対象が拡がって乳幼児や中高生向けのイベントを行っているという変化は，プレーパークが現在はNPO法人となって運営を行っていることによる部分が大きい。

❷ 羽根木プレーパークの世話人の現在

上述のように，プレーリーダーはプレーパークを訪れる子どもやその親たちと関わりを持ち，その気づきからイベントを仕掛けるなど，プレーパークの運営上なくてはならない存在となっている。プレーリーダーは現在，NPO法人プレーパークせたがやの有給の職員が担っており，羽根木プレーパークには3名のプレーリーダーが常駐している。このプレーリーダーと一緒に各プレーパークの運営を支えているのは，世話人である。世話人は，地域の人や子育て中の母親，子育てがひと段落した母親などを中心としたボランティアが担っている。羽根木プレーパークの世話人は年によって増減はあるものの20〜30人程度おり，代表の他，会計や広報，各イベント担当など，それぞれ担当の係を持っている。月1回の「世話人会」に出席してプレーパークの運営について決定し，イベントや物づくりなどを実際に行ったり手伝ったりする。また，リーダーが休暇やリーダー会でいない日には，代わりに現場に入る当番も担う。その他に資金調達も世話人の重要な仕事の1つであり，バザーを行ったり，物づくりをしたり，地域のイベントに出店したり，カンパを募ったりして資金獲得の努力を行っている。このように，世話人の役割はプレーパーク開設当初から大きく変わってはいない。

さて，毎月の世話人会には世話人とプレーリーダーが出席する。世話人会には月当番があり，月当番の人は，事前に代表やプレーリーダーと話し合う議題を決めてレジュメを作成し，当日は司会と議事録作成を行う。世話人会は午前10時から始めるが，遅れてくる人もおり，その後も人が入れ変わったりしながら夕方や夜まで行う。現在は単にプレーパークを開園しているだけでなく，先

ほど確認したような新しい活動も増え，活動が多岐にわたっているため，話し合わなければならないことが増えており，時間がかかる。そもそも，プレーパークの運営は誰かの鶴の一声で物事が決まっていくのではなく，全員が納得いくまで話し合う形式なので時間がかかるのである。

　そのようななか，世話人の引き受け手が減少しているため，世話人の負担を軽くする工夫がなされている。2011年度から世話人会を2部制にし，10時から14時は子どもたちのことや，イベントのことなど現場の話を中心に行い，それ以降はプレーリーダーの雇用や行政とのやりとり，法人全体の話など運営の話を中心に行うようにした。2部制に分けたことで，普段は出られるところだけ参加し，年1，2回まわってくる月当番のときはなるべく両方の話に参加しようということになった。

　世話人の担い手が問題となっているが，羽根木プレーパークの世話人は毎年5，6人が入れ替わり，担い手の新陳代謝は上手くいっているようにも見える。プレーパークで活動している自主保育グループ「ひろば」[11]と「ピッピの会」[12]から現在も世話人を出してもらっているため，常に入れ替わりながら小さな子の子育て世代も世話人として関わる状況がつくれているのである。しなしながら世話人のひとりが，「自主保育の人たちでいい感じの人は入ってくるが，育ち始めてこれから力になるかなあという時期に抜けていく」と語っているように，なかなか小さな子どもの子育て世代がそのまま定着しないという課題がある。世話人の世代は多岐にわたっているが，小さな子の子育て中の人と，子育てがひと段落した世代が多く，その間の世代が少ないのが実際のところである。理由の1つとして，少し前までは子育てが落ち着いてパートなどに出るのは，子どもが中学校に入るころであったが，今は小学校に入ると多くの人が勤めに出てしまうということがある。幼児の母親などで，「世話人やるわよ」と言ってくれていた人も，勤めに出てしまうと結局忙しくなってしまう。中間の世代が，面白みがわかってはまっていく前にやめてしまうのが原因としてあるのではないかとのことである。このように新しく中核を担う人がなかなか出てこない状況があり，現在50代の母親層がいつまでも中核から抜けられないということがおきてきている。[13]例えば「ちびトコ」などのイベントでは，世話人のほかに手伝ってくれるスタッフが何人かいて，それぞれの活動ごとに独自に企画を立て行っている。このように個別のイベントの運営を手伝うメンバーは多いのであるが，世話人として中核を担ってくれる人が少なくなってきているのが現状

の課題である。

4．NPO法人プレーパークせたがやの誕生と新しい取り組み[14]

　本章のはじめに見てきたプレーパーク設立当初と現在で大きく変わっているのは，地域の住民によって別々に設立，運営されてきた世田谷区内の4つのプレーパークが，1つの特定非営利活動（NPO）法人となって運営されていることである。2005年に，羽根木，世田谷，駒沢，烏山の4プレーパーク合同でNPO法人プレーパークせたがやを設立した。世話人の話によれば，世田谷区のほうから「直接住民に委託したいから，NPO法人になってくれるとありがたい」という打診があったという。これをきっかけに，4つのプレーパークが集まりプレーパークの運営にとってNPO法人になるのがよいのか，2年間かけて入念に検討した。NPO法人になってから，世話人の意識がプレーパークの運営のみにとどまらず，子どもの遊びをとりまく周りの状況のことも考えて事業化していくというふうに変わったという意見も聞かれる。

　NPO法人の2012年現在の組織は図4-1のような構成になっている。基幹事業としてのプレーパーク事業は，NPO法人になった2005年からは世田谷区から直接委託を受け，区との協働事業として運営している。2012年度の委託事業費は約3,000万円で，その多くはプレーリーダーなどの人件費である。前節で詳しく羽根木プレーパークの様子を見てきたように，羽根木，世田谷，駒沢はらっぱ，烏山の4つのプレーパークが，それぞれの世話人会を中心に活発に活動を行っている。プレーパーク事業のほかに，法人独自の新事業が「遊び」の社会化事業として，いくつか展開されている。NPO法人になっても，子どもたちが自由に遊べる環境をつくるという活動理念に変わりはないが，このように世情を反映した新しい取り組みが行われていることに特徴がある。ここで，これらのいくつかの取り組みについて見てみることにしよう。

❶ 屋外型子育て支援拠点開発事業

　現在行っている新事業の1つとして，「屋外型」子育て支援拠点を目指してきた「そらまめハウス」の取り組みがある。そらまめハウスは，乳幼児親子を主な対象とした多世代との交流ハウスで，2011年に羽根木プレーパーク内にオープンした。遊びを通して子どもの育ちの環境を考えてきたプレーパークが，

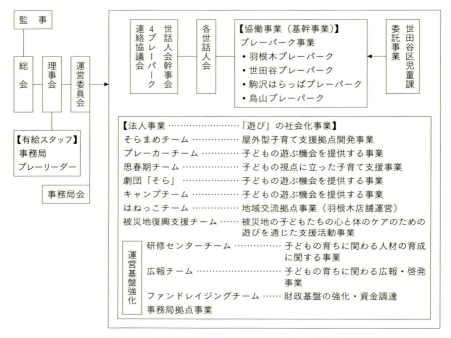

図4-1　NPO法人プレーパークせたがや組織図
出典：2012年度NPO法人プレーパークせたがや事業報告書より転載。

子育て支援に本格的に取り組むための施設となっている。厚生労働省の地域子育て支援拠点事業のひろば型の施設は、これまで屋内施設しかなかったが、全国で初めて屋外型のひろば事業として国の施策のなかに位置づけられるよう、活動を行ってきた。2015年にはこれが認められ、地域子育て支援拠点事業として世田谷区から補助金を受けて運営を行っている。

　このように乳幼児期の子どもと子育てに目が向くようになったのは、30年を超えるプレーパーク運営の歴史のなかで、ここ10年くらいのことであるという。それまでは、プレーパークで活動している乳幼児を対象としている外遊びの会や自主保育のグループがあるので、自然と役割分担のようなかたちになり、リーダーも乳幼児期の子にはあまり関わってこなかった。しかしながら、子育ての環境が変化してくるなかで、子育てが親と子だけの関係になってしまい、ますます難しくなっている現状があり、プレーパークで子どもへの接し方のいろいろな方法を見たり、聞いたりしてほしいという思いが強まっていったという。

| 第4章　住民発意の活動と行政との協働 |　89

左：子どもたちに人気のターザンロープ
右：そらまめハウスと園内の様子

　こうして乳幼児期の子育てについて考えなければという方向に、世話人の意識が向いていき、乳幼児のプレーパーク来園を目的として「そらまめハウス」が構想された。小さな子ども連れは、オムツを換える場所やゆっくりと休める場所がないと遊びに来ることが難しい。そこで、乳幼児の授乳やオムツ換えのための室内スペースと、地域の人びとが交流できるオープンスペースを有し、縁側やデッキがある開放的な建物を「そらまめハウス」として2011年2月に完成させたのである。
　しかし、ここまでの道のりは長かった。法律によって公園のなかに簡単には建物が建てられないため、羽根木プレーパークのなかに施設を建設できるかという検討からはじまった。区の公園課の協力もあり、結局公園内の休憩施設として設置管理許可を受けられることになった。建物建設の費用については、世田谷まちづくりファンドの「まちを元気にする拠点づくり部門」で500万円の助成をもらったが、実際に建設の段階になるとユニバーサルデザインなどの制約が厳しく、800万円ほどの建設費がかかった。一方、子育て支援拠点事業として認められるまでも簡単ではなかった。国の地域子育て支援拠点事業は、もともと屋内が想定されており、屋外型の支援拠点についてはまったく考えられ

ていなかった。「屋外型ひろば事業」がどのようにしたら認められるか、国土交通省、厚生労働省、世田谷区子ども部も交えて話し合ってきた。屋外型が屋内型と異なっているのは、2、3歳児の活発な活動も可能となるということや、父親が積極的に参加できることなどであり利点も多い。子育て支援拠点として「屋外型」を認知させ、全国に普及させたいというモデル事業としての意味も込められていた。

　そらまめハウスがオープンした2011年度は、スタッフを2名常駐させ、室内スペースを週3日開室した。スタッフにはプレーリーダー1名と、8人の世話人がシフトを組んで参加した。オープンスペースに関しては、火曜日のプレーパーク閉園日以外は自由に使えるようになっている。活動費については、2014年度までは世田谷区の子ども基金で助成をもらい週3日開設していた。2011年度はNPO法人として自費でリーダーを1人余分に雇っていたので、そのリーダーに担当してもらうなど、一時は法人が費用をまかない毎日人を配置していたこともあった。しかし法人の資金が底をつき、継続的に人を配置することが困難になったため、2012年には7、8、9月の3か月間開設せずに休んでいたこともあった。その間に、それまで遊びに来ていた人たちが来なくなってしまったのだという。スタッフがいなくてもオープンスペースは使用できるが、そこに建物はあっても、実際人が常駐しているということがやはり重要だということである。リーダーがいると、土を触れなかった子が、1、2時間で触れるようになって夢中で遊んでいるという姿が見られるなど、子どもたちの様子もまったく変わってくる。地域子育て支援拠点事業に位置づけられた2015年度は週5日（日火休み）10時から15時までプレーリーダーと子育て支援者の2人のスタッフが常駐できるようになり、安定的に運営している。

❷ 思春期の子ども支援事業

　次に、思春期の子ども支援事業についてふれる。プレーパークで長年培ってきた、プレーリーダーや地域の大人と、プレーパークで遊ぶ思春期の子どもや親との、関わりや信頼関係を活かし、地域の思春期の子どもと孤立して悩みがちなその親、それぞれを支援する目的で事業を行っている。屋外の遊び場という開放感から中高生世代の子どもたちが気軽に参加できるため、プレーパークが彼らの居場所づくりを行うことには意味がある。各プレーパークでは月に1回（烏山は週1回）夕食会を開催するなど、中高生の居場所づくりのための事

業を行っている。

　思春期事業を本格的に行っていくためには，18時までの運営では無理がある。中高生の活動時間を考えれば，18時以降の活動を中心にしなければならない。これまでの長い活動の歴史においては，時間外の夕方から夜にパーク内で活動していても何も言われない時期もあり，毎日のように中高生などと夕食を作って食べていたこともあったという。最近は，「18時までのはずなのに，夜にやっている」などの苦情が寄せられるようになり，ゆるく自由にやるのは難しくなってきた。羽根木の様子でも見たように，必要性を地域や行政に訴えかけ，時には苦情に対処しながら了承を得て行っている。

　これまでも各プレーパーク事業のなかで中高生も対象となる活動はしていたが，きちんと事業化して，プレーパークとは別に予算をとって行っていくことを目指しているところは，NPO法人になってからの風潮でもある。新事業として区に認められ，予算がつくというところまで現在はいたっていないが，NPO法人になって以降，目的のためにアプローチの仕方を考え，働きかけていくというような変化が団体のなかに起こっているということである。世田谷区では，2013年度から若者支援事業課ができ，中高生の居場所事業の模索を行っている。中高生の居場所を新たに行政がつくっても，そう簡単に人が集まってくるわけではない。プレーパークのようにもともと中高生の居場所として機能していたところを，居場所として指定してくれればいいという思いもある。これについては，協働のよいかたちを模索しながら，今後も働きかけを行っていくことになる。

❸ 出張の遊び場──プレーカー事業

　これまでどちらかといえばプレーパークを開設して，遊びに来てもらうという待ちの姿勢であったが，さまざまなツールを使って，いろんな人に知ってもらうというようにアピールの姿勢が変わってきた。このような変化を表しているのが，プレーカー事業である。

　2009年から始めたプレーカー事業は，プレーカーと呼ばれるワゴン車に遊びに必要な道具を詰め込んで，プレーリーダーが「遊びの出前活動」をプレーパーク以外の公園において実施しているものである。子どもたちの遊びの大切さを伝えながら，プレーパーク活動を宣伝する役割も担っている。駒沢はらっぱでは，独自にプレーリヤカー活動を行い，他の公園などにプレーリーダーが出

張し，地域の人や子どもたちにプレーパークを知ってもらうことを目指している。このように，プレーパーク事業をとってみても，外に向けて発信する姿勢がうかがえる。またプレーカー事業は，既存の公園の活性化や，出張先の地域の人と一緒に協働で遊び場活動を行うことで，その地域での子どもを中心としたネットワークづくりにも貢献している。この活動のための助成金は出ていないものの，区の自然体験遊び場事業になっている。

　地域のなかで小学校に呼ばれて，プレーカーで出張の遊び場を行うこともある。例えば，経堂小学校ではケガが多いという話から，校長に身体を使って思いっきり遊ばせたいと依頼を受けて行った。経堂小学校の保護者で，自分のところにもプレーカーに来てほしいと思っていたという世話人が，中心になって打ち合わせなどを行った。出張の遊び場を行うに当たっては，PTAを巻き込み，前に行った学校の映像を見てもらいながら，ワークショップのようなかたちで，どんなイベントをつくりたいか一緒に企画する。プレーパークがイベントの開催者にならずに，PTAの人たちも一緒につくる側にまわってもらうように誘導している。このように，年に何回かPTA主催のイベントなどに呼ばれることがある。こういった活動も，プレーカーが区の事業になり，担当のプレーリーダーがいればもっと活発にできるが，リーダーが休日を返上して参加するということもあるのが現状である。

❹ プレーリーダーの役割

　プレーリーダーにとって最も大切な役割は，「子どもが本気で遊ぶことのできる環境をつくること」であり，これは今も昔も変わらない。具体的には，遊具や道具類の整備，イベントの企画運営などを行っている。しかしその役割は多様で，ケガをした時の対応や，子どもの相談相手になることのほか，子どもの遊び心を刺激する，子どもの遊びをやめさせようとする声に対応するといった，外からは見えにくい役割も担っている。子どもがいきいきと遊べる場をつくるというプレーパークの目的を具現化している存在が，プレーリーダーであるともいえる。そのため，プレーリーダーはどんな時も子どもの側に立って物事を考え，大人の価値観から子どもの思いを守ったり，また子どもたちともひとりの人として本気でぶつかり合ったりすることもある。こうした子どもたちの思いを守るために，プレーパークの運営に関わる人たちや，地域，行政の人とも連携する必要がある。それゆえ，プレーリーダーは子どもや遊びについて

だけでなく、地域とのつながりの形成など、遊び場をつくり運営していくための特殊な知識や技能が求められている。しかしながら、その役割の意義を理解してもらうのは難しく、単純に遊びのリーダーとして扱われ、子どもたちと一緒に遊んでいる人と認識されてしまう。

　イギリスでは、プレーワーカーとして市民権を得ており、日本でも職業として成立させるために、プレーパークせたがやではプレーリーダーの役割と意義を発信している。プレーリーダーには機能がたくさんあり、かなり重要な役割を担っているが、一言で言い表すことが難しい。プレーリーダーは、ケースワーカーであり、コミュニティワーカーであり、ソーシャルワーカーであり、もちろんプレーワーカーであるという。普段から地域において子どもを見守る機能をもち、震災などの大きな衝撃があったときには、子どものケアに力を発揮するといった隠れた機能をもっている。

　どんな人がプレーリーダーとして入っているかでプレーパークの現場の機能が変わってくる。新米のプレーリーダーであれば、子どもと一緒にいることしかできず、子どもからの発信をキャッチすることができない。それゆえ、子どもも信頼せず、自分から相談もしなくなる。一方さまざまに目配せができるリーダーであれば、1人で来てうまく遊べない子でも、いつのまにか遊びに巻き込むことができる。例えば、遊具にたくさんの子が乗ってしまって危険だという時でも、「あぶないからダメ」と注意するのではなく、リーダーが他のところですごく楽しそうに遊ぶことで、子どもたちが自然にそちらへ流れていくということができる。リーダーの力量によって、子どもに指示するのではなく、うまく遊びに誘導することができるのである。かなり特殊な専門職であるが、資格として整備されているわけではもちろんない。そのため、熟練となって長く続けることは難しい職業である。

　NPO法人プレーパークせたがやでは、プレーリーダーを常勤職で雇っている。現在は、法人全体で9名程度のプレーリーダーがいるので、月2回プレーリーダー会を行っている。そこでは、知識や経験、気づきなどを共有し、子どもの側に立って遊べる環境をつくっていくための方策などを話し合っている。プレーリーダーの休日は4週6日となっており、もちろん他に仕事を持っていない。区の委託費から出ている給料では、世田谷の地で暮らしていくには厳しく、法人で上乗せしている部分もあるが、そう多く負担できるものでもない。区が行っている子どもに関する他の事業の時給などと比べても低くなっている

ので，法人ではこれを改善してもらえるように要望を出している。これを受けて，区としては3年以上継続して勤務している人に対し，手当を出すなどの工夫をしたのだが，少額であり根本的な解決にはならなかった。担当所管の児童課は，委託費についても工夫して案を出すなど協力的ではあるが，区全体の財政状態が厳しく，予算の増額は難しいのが現状である。このような状況なので，経験によってプレーリーダーとしての資質がかなり変わって来るとはいうものの，継続的に勤務することは難しい状況になっている。

❺ 冒険遊び場の全国組織誕生と被災地復興支援事業

プレーパークの運動としての展開という意味における大きな変化は，全国的な組織ができたということである。これが，2003年に設立された「特定非営利法人日本冒険遊び場づくり協会」である。日本全国で主体的に活動する冒険遊び場づくりをつなぐ，ネットワーク型の中間支援組織として活動している。毎日遊び場を常設しているところもあれば，年に何回かのイベントとして行っているところもあり，実際の活動状況はさまざまであるが，2014年時点で冒険遊び場活動を行う団体は約400団体に上っている。

協会の成り立ちは，1998年に羽根木プレーパークの20周年を記念して，冒険遊び場全国研究集会を開いたことにはじまる。その準備を通して，全国から集まった実行委員会のメンバーが，そのまま解散してしまうのはもったいないということで，全国組織の設立への機運が高まった。1999年にIPA日本支部内に「冒険遊び場情報室」として開設し，2003年にNPO法人日本冒険遊び場づくり協会が設立された。このような経緯から，設立当初から2005年に世田谷のプレーパークもNPO法人化するまでの間は，世田谷のプレーパークの世話人やプレーリーダー経験者が，日本冒険遊び場づくり協会の理事を多く務めていた。

協会の目的としては「冒険遊び場づくりの理念と実践の普及を通じて，地域で子どもたちが自由に遊び育つ豊かな社会の実現を目指す」ことであり，そのための3つの指針として，1）遊び観・子ども観を世に問いかける，2）冒険遊び場づくりの魅力をアピールする，3）活動の展開ノウハウを開発する，ことが掲げられている。子どもが遊びを通して学ぶことの大切さを伝えること，また子どもの遊びを保証するために，冒険遊び場が必要であるということをアピールするため，告知などを行うとともに，全国の遊び場活動を行っている団

体のサポートやネットワークづくりを行っている。

　2011年の東日本大震災発生以降，協会が中心となって遊び場づくりによる復興支援を行っている。震災発生後すぐに，被災地である宮城県気仙沼市で遊び場づくりを行い，その運営に取り組んできた。被災地では，避難生活を送ったり，復興への取り組みがなされたりしているが，その過程では子どもの遊びは二の次となり，子どもが自由に遊べる環境が奪われてしまう。しかし，子どもたちは遊びを通して心身を回復していくのであり，その環境を確保することは重要な課題である。また，遊び場づくりを通して，これに賛同する大人たちのネットワークが構築され，コミュニティの回復にもつながる。このような目的から，2011年4月26日に「気仙沼あそびーばー」を開設し，2011年には各地の経験豊かなプレーリーダーを交代で常駐させ，遊び支援，地域の関連活動支援，地域コミュニティとの連携を行いながら復興を支えた。このように協会が開設し当初運営していた気仙沼あそびーばーも，2012年8月より地域住民による運営に移行している。

　気仙沼の他にも，プレーカーを走らせて，あちこちで遊び場づくりに取り組んできた。2012年度は1台のプレーカーで，被災三県の16か所でのべ116日間遊び場を開催している。その後2台のプレーカーが追加され，さらに展開している。その結果，震災前には東北で5か所しかなかった遊び場活動が，2013年6月の時点で30か所にまで増えている。

　NPO法人プレーパークせたがやでは，気仙沼あそびーばーへプレーリーダーと世話人の7名をのべ70日間派遣した。また，被災地への派遣ボランティアのための事前研修を羽根木プレーパークで4回開催し，後方支援も行っている。その他にも，仙台にプレーリーダーを長期派遣し，「NPO法人冒険あそび場――せんだい・みやぎネットワーク」の遊びも支援してきた。プレーパークせたがや独自の活動としては，「福島の子どもたちとともに・世田谷の会」の活動に賛同し，「ふくしまっ子リフレッシュ in 世田谷」の活動において，プレーパークで子どもたちの受け入れを行っている。これは，東日本大震災の原発事故で放射能被害を受け，屋外で思いきり遊ぶことができない福島の子どもたちを，世田谷に招いて外遊びを楽しんでもらうという企画である。「福島の子どもたちとともに・世田谷の会」が企画しているが，プレーパークせたがやもこの会に賛同団体として参加し，実行委員会に加わっている。

❻ NPO法人運営上の課題

　2012年度のNPO法人の事業報告書に掲載されている理事長のメッセージには，運営上の3つの問題が挙げられている。1つには，世話人の減少，2つには赤字決算，3つには事務局の整備不足である。2011年度にPanasonic NPOサポートファンド助成を受けて行った組織診断をもとに，持続可能な組織基盤整備を目指した新中期計画の策定を行い，こうした課題解決にむけて取り組みを始めている。計画策定の取り組みのなかで，これまでの活動を振り返り，組織運営形態の見直しを行ってきた。これが，プレーパークを運営するNPO法人としての団体の役割や意義，目的としての遊びの価値を伝える重要性を改めて確認するきっかけともなったという。

　組織基盤強化を目指す新中期計画に盛り込まれた内容としては，「3つの緊急対策」として，研修センターの稼働，事務局体制・機能の強化（事務局会の定期的実施），世話人会の強化（世話人幹事会の実施・世話人増員のためのワークショップ実施）が挙げられている。また「7つの課題」として，1）組織内部人員のスキルアップの為の研修の実施，2）世話人組織の充実と役割の整理，実行，3）プレーリーダー，職員の賃金確保のための方策決定，実施，4）法人運営資金確保の為の方策実施，5）事務局新体制の実施，6）広報体制の整備，実施，7）外部評価の新規導入が挙げられ，2012年度以降これらへの対応，実施が図られている。

　地域住民の運営によって継続してきたプレーパークにとって，世話人の減少は，最も重大な問題である。各プレーパークの世話人の担い手は，近隣で子育てをしながら関わるという人が多く，子育て中の人も，自分の子どもはもう手が離れているがそのまま関わっている人もいる。なかには，違う地域から活動に共感して世話人会に参加する人もいる。法人のほうは，各プレーパークで長く世話人をやってきて，法人設立の時に関わっていたメンバーが，その後も継続して関わっている。各プレーパークも法人も，今の中核が抜けた後の中間層がいないので，抜けられない状況である。羽根木の例でもみたように，小中高生の子育て中の中間世代が勤めに出るなどして抜けてしまい，中核を担う人材が育たないという状況がある。現場でイベントなどの運営を手伝ってくれる人は多数いるが，リーダーがいないとき当番に入ってくれる人となると担い手がおらず，結局古いメンバー数人でまわすようになってしまう。

　有給で担うスタッフが運営の部分をもう少し動かしていく体制がとれないと，

ボランティアだけではまわらなくなってきている。どうしたら安定的に運営していけるのを考えるなかで、「中核を担う人には、仕事として関わってもらわないと、できないのかもしれない」世話人の1人はこう話した。ボランティアで責任ある役職につくことが、これからの時代難しくなるのかもしれない。途中で抜けてしまう中間層は仕事を持つことによって関わりが薄くなってしまう場合が多い。世代的な状況もあり、仕事として給料を払いながらでなければ人手が確保できないのではないかとの危惧である。現在はNPO法人としてプレーパークを運営している以上、現場の世話人としてだけではなく、法人の運営委員や理事の担い手も必要になってくる。また各現場においても、プレーパーク事業以外にいろいろ活動していくということになると、それをまわしていく人が必要になる。現状では1人でたくさんの仕事を受け持っているということがあり、この負担感がさらに担い手を遠ざけてしまう要因になっている可能性もある。リーダーや事務局などのスタッフの安定雇用をはかり、世話人の仕事を減らすことができれば、もう少し分担してもいいという人が出てくるのではないかと話していた。しかし、現況でも区からの委託金以外に年間1,000万円程度の資金が必要となっており、世話人を中心に資金集めをしている状況がある。まずは、資金面での不安が解消されれば、その部分の苦労が減り、もう少し楽しみながら運営に携わることができるのではないか。資金の安定と事務局の整備は、世話人の減少対策にもつながっているということである。

5. 行政や地域との協働関係

❶ 地域のネットワークのなかでのプレーパークの役割

かつては、不良のたまり場と思われるなど学校との距離があったというが、歴代の世話人が積極的に学校のなかでPTAの役を引き受けるなどしてきたことで、現在はPTAの会長を担っていた○○さんが関わっているところだというように、人でつながっている部分が大きくなってきた。そうして少しずつ学校の対応も変化していき、最近は学校との関係が良好になってきた。学校から授業に関していろいろと頼まれることもあり、子どもたちがプレーパークに来ることもあれば、プレーカーなどで学校に行き、活動を行うこともある。近隣の光明特別支援学校や児童館とも一緒にイベントをしたり、イベントに来てもらったりする。

地域との関係も同様で，プレーパークが地域に根付いてきているのは，人のつながりが大きい。現在のプレーパークと町内会との関係はお知らせを配ってもらうくらいで組織として直接関わっているわけではないが，地元の町内会のイベントを一緒に開催するなどといった関わりがある。これに加えて，プレーパークは基本的に地元の住民が運営しているので，町内会とも人のつながりがあるのである。プレーパークの運営に関っている人はPTAの役員を引き受ける人も多く，青少年委員や青少年地区委員などをその後担う人もいる。これらの子どもに関する地域の役を引き受けた後，町内会役員を担う人もいる。こうして，プレーパークの運営者が地域との関わりをもつなかで，プレーパークも地域のネットワークに組み込まれているのである。最近では，プレーパークが地域ごとの要保護児童支援協議会のメンバーにもなっている。

　2003年に世田谷区と共にプレーパークの法人化が検討された際の「プレーパークNPO法人化検討会報告書」でも，プレーパークの今日的意義は，遊び場として一般にイメージされるところにとどまらないとされる。子ども同士，子どもと大人，大人同士といった多様な人びととの交流の場となり，不登校児など問題を抱える子どもの居場所ともなっているのである。また，近年は保護につながる被虐待児を発見するケースも増えていることが指摘されている。このような事例について以下のような話を世話人の福島智子氏から聞いた。

　　家庭内の問題などに対応できる場合もあるし，未然に防げる場合もある。児童相談所につないだり，親子で逃がしたりというケースもある。実際には，リーダーも世話人も一緒になっていろいろ対応していて，こういうのが一件あると，すごい時間もかかるし，神経もすり減る。子どもがどうも帰らないからおかしいということで，その日のうちに対応しなければならないようなケースもある。そういうのは，35年，また4か所あるから，いろいろなケースがある。

　　直接プレーパークがしている以外にも，プレーパークの運営者たちのいろんな意識とか察知能力も高まるので，自分の子どもの学校とか，そういうところでもおかしいなというアンテナが張れている。だから，他のところで気が付いたケースを，つなげていくということもある。「うちの娘がこんなことを聞いてきたんだけど，どうしたらいいんだろう」というような相談がきたら，「じゃあ，こういうふうにしたらいいよ」というふうにつなぐ。

　　要保護児童支援地域協議会に，羽根木プレーパークは入っていたが，今年からそれぞれの地域で4プレーパーク全部が入ることになった。直接やり取りができるよ

うになると思う。アンテナが張れていない人は，見聞きしてもそのままにしてしまい，ほったらかされてしまうケースもある。リーダーもそうだけど，世話人は何年もやっていくと経験を積むのでいろんな力がついてくる。運営を長くやることによって，いろんなところともつながりができてくる。地域での関係も深くなってくるので，こちらから相談することもあるし，向こうから相談されることもある。

プレーパークは予防的な役割を担っている。一見何もないかのように見えているのは，そういう役割のプレーリーダーとか，そういう役割を含んでいるプレーパークがあるから結果何も起こっていないだけであって，若者の問題もプレーパークによって，いろいろ解消されたりすると問題化しない。問題化しないとカウントされない。予防的にはものすごい力を持っているけれど，それをどうやって表現するか，カウントされないし，わかってもらうのはすごく難しい。

運営者はそこに住んでいるし，ネットワークをたくさん持っているので，キャッチするところが拡い。来た問題にだけ答えるのではなくて，その前の段階でアンテナが張れている。それぞれの情報網，ネットが張れているので，つながっていく，拡がる。行政だけでやると縦割りのためか，なかなかそこまで情報は拡がらない。

プレーパークが地域で長年活動するなかで，子どもの遊びや遊び場に関することだけでなく，子どもの見守りなどを行う子どものことに関するエキスパートとして機能してきていることがわかる。

プレーパークは，地域のなかではじめは「汚い」「危ない」など異端な存在であった。しかし長い間，地域との交流を意識しながら活動を行ってきたこと，また活動者が地域の他の活動も行っていくことによって，プレーパークが「地域の活動」になっていき，「子どものことならプレーパーク」という頼れる存在として地域から認識されるにいたっているといえるだろう。

❷ 世田谷区との関係──施策上の位置づけの変化

これまで見てきたように，プレーパークは住民の活動が先にあり，これを世田谷区が施策に位置づけるかたちで，協働事業として行ってきた。その内実としては，施策に位置づけられ予算化された区の事業を，ボランティア協会に委託し，実際には各地域住民が4つのプレーパークを運営してきた。NPO法人になって大きく変わったことは，世田谷区と直接委託契約をかわし，やりとりをするようになったということである。委託の内容は，例えば羽根木でいうと羽根木公園内の 3,000 m^2 の敷地内において，火曜日をのぞく10時から18時ま

でプレーパークの活動を行うというものである。年に何回か区の担当部署である公園課と児童課とともに，推進協議会を行っている。

　これまでは，ボランティア協会が区から委託を受けていたので，プレーパークの運営側は決まったことを伝えられるだけであったが，NPO法人になり直接区と協議していけるようになった。逆にいえば，区との交渉をどのように行えばよいかということが，現在の課題となっている。これまでは，区と直接の関係がなかった分，あまり干渉されなかったが，今は細かいことも区が把握しようとする傾向があり，こんなことならNPOにならなければよかったという意見もあるという。「協働というのは，ただお金を要求するということではなく，担当部署と一緒に，つくりあげていくものだと思う。そういうふうにやっていくにはどうしたらいいのか，手段があるなら教えて欲しい」とある世話人は語っていた。

　世田谷区との直接の協働関係について考える前に，ここで2005年にプレーパークがNPO法人化した経緯についてもう少し詳しく触れてみよう。先に，区のほうからNPO法人化を検討してほしいと提案があったことにふれたが，これが2003年のことである。この年は大場区長から熊本区長へ交代し，行財政改革も本格化した年である。それまでも1998年に行政改革推進条例が制定され，行財政改革が進められてきたなかで，2000年の世田谷区基本計画（調整計画）では，世田谷区行財政改善推進計画が策定され，「合理的な行政の実現」が目指された。このなかで，区が行っている補助や助成のあり方の見直しが提起され，プレーパーク事業の委託を受けていたボランティア協会への支援についても見直しが検討されている。改善内容として自主財源割合の増加に向けた支援策の検討や，NPO法人格の取得も含めた柔軟な活動への支援をしていくとされている。ボランティア協会自体は1996年に社会福祉法人となっているので，NPO法人化は直接プレーパーク事業を想定していると考えられる。

　そもそも1995年の世田谷区実施計画では，「プレーパーク事業の充実」は単独の事業として挙げられ，1998年度末の目標として5か所のプレーパークの運営が掲げられていた。当時は烏山がまだ開設前であるから2か所の新設を目指していたのである。事業費も4年間で1億3,000万円が予算化されていた。これが1997年の世田谷区実施計画「調整プラン」では，予算は減額されていないものの，実際を見据えたためか運営3か所，新設準備1か所となっている。ここまでは単独事業として挙げられていたのであるが，2000年の実施計画では，

プレーパーク事業は「青少年の地域活動の促進」事業のなかに組み込まれており，実施計画においてプレーパーク事業単独での予算化はされなくなっている。

2003年の世田谷区行財政改善推進年次計画のアクションプランでは，直接的に「プレーパーク事業手法の見直し」が挙げられている。「プレーパーク（3か所）は，活動に携わる区民が主体となった自主組織と区（委託先：ボランティア協会）の協働事業として実施している。今後，子ども施策との連携を図り，一層地域に根ざした活動を強化していくためには，新たな運営方法の構築が求められている」とされ，改善内容として「区民主体の事業運営をより一層推進するため，現行のボランティア協会への委託手法を見直し，NPO法人の設立を含めた体制整備を検討する」と述べられている。これが，区からNPO法人化をもちかけられた背景である。

実際，当時ボランティア協会への委託事業に対して一律の減額がなされ，プレーパーク事業も毎年100万円程度予算が減額されてきていた。当時のプレーパーク事業の主管課である児童課は，このことに危機感を抱き，NPO法人格を取得することによって住民に直接プレーパーク事業を委託する道を模索したものとプレーパーク側には認識されている。こうして2003年度の1年間をかけて，4つのプレーパーク，世田谷ボランティア協会，児童課を含む世田谷区保健福祉部のメンバーによって「プレーパークNPO法人化検討会」が持たれたのであった。

❸ プレーパークNPO法人化検討会

プレーパークNPO法人化検討会では，それぞれの立場からプレーパーク運営の課題が出され，以下に示されるような制度的な矛盾が出てきていることが明らかになった。それは，「プレーパークNPO法人化検討会報告書」の趣旨にも記載されているように，プレーパークという先駆的な取り組みが「区と住民による協働」という手法によってはじめて実現してきたものであり，またこれが「仕組みを整備してから動く」のではなく「まずはニーズに応え，仕組みは後から整備する」という手法の積み重ねであったことによる結果として表れてきたものと考えられる。

検討会は全部で8回行われ，NPOについての勉強会や，課題の確認，現行方式と新形態との比較がなされ，最後に今後の方向性を確認した。検討会を通して，解決すべき中心的課題とされたのは以下の点である。まずはプレーリー

ダーの雇用形態や給与水準の見直しである。当時の区の委託の仕様では，プレーリーダーは1日6時間の臨時職員の扱いとなっており，ボランティア協会もその条件で雇用している。しかし，実際にはプレーリーダーはプレーパークの運営にとって要となる役割を果たしているため，プレーパークがオープンしている10時から18時までの勤務が必要である。そのため，住民側で独自に1日8時間の常勤職員として給与基準を設定し，上乗せして支給を行っていた。この上乗せ額は，2002年時点の烏山を除く3プレーパークの実績で計450万円にのぼり，バザーや寄付金等に基づく資金捻出が限界にきているとされた。このため，委託仕様上のプレーリーダーの位置づけについては，雇用実態に合わせた見直しを検討する必要が指摘された。委託の仕様と実際のかい離はこれだけでなく，委託仕様上プレーパークの開設は10時から17時となっているが，中学生などは夕方から集まってくるため，実態としては20時くらいまでリーダーが勤務しオープンしているということも見られた。区側には管理運営の責任から，このような仕様にない実態を正したいという意向があり，利用時間などについても，委託内容と実態との整合性を図る必要が生じていた。

　しかしながら，区の財政援助団体への予算については全体として削減の方向であり，プレーパーク事業についても予算の増額は難しいとの前提が区からは提示されていた。つまり，プレーリーダーを実態に合わせた雇用契約にするとしても，全体の予算額を増額することは難しいということである。つまり，プレーリーダーの人件費を増額すれば，人件費以外の事業費を減額せざるを得ず，その分を住民側が自主財源で充当する必要が生じる。またその場合には，予算に占める人件費の割合が大きくなり，委託事業として位置づけることが難しくなるため，委託事業ではなく補助事業となることが区から示された。事業費については物品の提供を募ったり，節約したりでき，予算の範囲内で活動することも，助成金の交付を受けることも可能となり，工夫の余地が多くなる。区はこのように考えて，NPO法人の設立によって新しい事業展開をしていくことにより，その可能性が拡がるのではないかと提案した。財源については，区全体の財政状況が厳しいなか，いずれにせよこうすれば確実に確保できるといえるものはなく，現行の枠組みのままの場合であっても，財政援助団体予算の一律削減などがあればその対象となるとした。

　この区からの提案をたたき台として，議論が進められた。事業主体と事業手法について，区からは，委託であれば事業主体は区だが，実際は区が主体的に

判断していない（できない）状態であり、問題があると指摘がなされた。このように実態としては、補助事業に近いのではないかという認識が区から何度か示されたが、住民側からは区が主体的に関わっていることに意義があるということが強調された。補助事業となった場合、区は住民側の自主的な活動を後方支援するかたちとなり、公園の一角を今のような形態で運営することができるのかといった意見も出された。結局、委託は行政が主体、補助は住民が主体という単純な理解、位置づけにあてはめず、住民も区も共に主体となり、真の意味でのパートナーシップを構築する必要があるとの確認がなされた。

　このやりとりから明らかになるのは、協働とはこれに関わる組織や人びとが主体的に関わるものであるが、そのような事業の施行にあてはまるような制度が未整備のまま、現在まで進んできたということである。委託は下請けの関係になるという松原明の整理を第2章で確認したが、プレーパークの場合は仕様が決まったものが降りてきて委託契約するのではない。行政が関わるためもちろん制約が加えられたものになるとはいえ、住民側が開拓してきた内容が織り込まれた仕様になっている。これを区側は問題視し、補助事業の方が実態と合っているという認識を示しているのである。これに対し、世田谷区実施計画に位置づけられ、現在は子ども計画に位置づけられて実施されているプレーパーク事業は、これまでの経緯をふまえても、住民側にとっては区も主体となることが重要であるという認識があるのである。補助事業となった場合には、区が主体としてどこまで退いていくのか不明確であるということが、住民側の不安としてあったということである。ここで見えてくるプレーパークと世田谷区の協働における独特の問題点は、実際に協働関係が成り立っているなかで、これを担保する制度が未整備であるということである。

　以上に見てきたように、2003年度に開かれたプレーパークNPO法人化検討会において、プレーリーダーの雇用の問題や、その上乗せ分の人件費を独自で捻出することの負担が大きな課題となっていたことがわかる。しかし、NPO法人化したことによってこれらがもちろん解決されたわけではなかった。実際にはNPO法人プレーパークせたがやが「これは騙されたのか？」と思ってしまうような事態となる。懸案となっていたプレーリーダーの給与については、当時1日6時間勤務の臨時職員であったものをボランティア協会の非常勤職員と同様の1人月額22万2,600円の基本給とすることを要望し、NPO法人になるにあたって、口頭とはいえ約束したとのプレーパーク側の認識があった。しか

し，2005年4月からのNPO法人での委託を目前にした3月の予算提示の際には，プレーリーダーの基本給が一律17万円に減額されていたという。実際事業費も，2003年の約3,500万円から2005年のNPO法人への委託の際には2,600万円とかなり減額されている。これがその後も継続して行われているプレーリーダーの賃金増額の要望につながっており，現在の運営の課題も引き起こす1つの要因となったものと考えられるのである。

❹ 行政との協働の課題

プレーパークと世田谷区とのこれまでの関係を振り返ると，1975年から4年間行っていた冒険遊び場活動は，区の施設建設予定地を借り受け，予算，人材，運営のすべてを自前で行っていた。これに対し，1979年の羽根木プレーパークからは，区の施策に位置づけられ児童健全育成事業としてプレーパーク活動が行われてきた。そしてこの事業は，1980年からは世田谷ボランティア協会に委託され，実際には各プレーパークの世話人会が運営を担ってきた。2005年からは各プレーパークが一緒になったNPO法人がこの委託を受けて運営を行っている。プレーパーク事業は，世田谷区の施策に位置づけられたものであるとはいえ，住民の活動が先にあり，これを区が認めて制度化したものである。それゆえ，現在も委託といっても，区が決めた仕様書が先にあり，プレーパークの運営がこれに従って行っているのではなく，区がある程度の仕様を示したあと，NPO法人とその内容について協議し決定している。これはまさに，下請けの関係というよりも「協働」関係のなかで運営がなされてきたと捉えられる。

しかし，内実はそうであっても，これが制度上整備されてきたわけではなく，あくまでも委託事業として執り行われている。1985年の公園改修計画に伴い突如プレーパークの縮小が区から提示されたことがあったように，区の事業である以上，一方的な変更などもあり得るのである。このように，制度的な担保がないなかでの協働関係は，お互いの信頼関係によってしか成立し得ない。これについては40年という長い関係のなかで構築されているといえるだろう。例えば，そらまめハウスの建設について設置管理許可が取れるように公園課が一緒に知恵を絞ったり，プレーリーダーの賃金をどうにか増額できるように児童課が工夫を考えたり，担当所管も一緒になって運営に頭を悩ませる場面は多い。しかしながら，NPO法人化後の事業費が減額されていたような，強権的な事態もおこるのであり，活動団体側は常に確固たる信念を持って臨みながら，主

張すべきことについては何度でも交渉していくという姿勢が必要である。そして現在NPO法人化したプレーパークでは，活動の意義を自覚し，乳幼児や中高生を対象とした事業など，区に働きかけて活動を行っている姿が目立つ。行政と協働を行う団体は，その自治的関心の遂行に向けて常に運動を行っていくことが重要であるということである。これは制度が整備されたとしても，その内実が担保できない以上変わらないのではないかと推察できる。

　行政側の対応としては，長年のつきあいのなかで，担当者がすぐに変わっていくと同時に，組織体系も変わってくる。実際，行政としてどのような対応をとるのか，担当者によっても変わるところではあるが，やはり制度上位置づけられていると，この変化の度合いがある程度狭められる。プレーパークに関しては，1979年から一貫して施策に位置づけられてきたことは，活動の継続にとっては多大な影響力を持ってきた。協働の制度を考えていく際には，団体が運動としての体制を維持しつつ働きかけを継続し続けるということと，行政がこれをどのようにして承認し，位置づけるのかということは，同時に考慮しなければならないと考えられる。

　プレーパークの活動は住民発意の活動であり，もとより自治的な活動である。それゆえ，このような特殊的問題解決型の組織と行政や地域との協働が問題となる。これについて世田谷のプレーパークの事例からわかることを最後にまとめておこう。まず地域との関係については，地域のなかで継続して活動を行うことによって，その特殊的問題解決機能が認められていき，また担い手が地域のネットワークに組み込まれていくことによって，「地域の活動」と認められていく様子が見て取れた。一方，行政との協働については，実際に相互に主体的で平等な関係を保ちながら協働を行ってきた稀有な事例として見ることができる。しかしこれは，長い時間をかけて構築してきたお互いの信頼関係によって成り立っているものであり，これを担保するような制度が未整備であることは問題として浮かびあがってきた。このような関係が担保できるような制度がどのようなものであるか，今後検討していく必要があるだろう。しかしながら，その制度が整備されたとしても，その内実を保つには，本章で見てきたような継続的な相互行為が必要であると予想できる。

注
1）　本章1，2節の内容は羽根木プレーパークの会が活動10年の節目に発行した『冒険

遊び場がやってきた！』(1987) によるものである。
2) カンパや募金活動，廃品回収，バザーなどで1年で130万円を捻出した（NPO 法人プレーパークせたがや研修センター 2013）。
3) IPA（International Playground Association：国際遊び場協会）は1961年に「子どもの遊ぶ権利」の実現を目指して創立された。羽根木プレーパークが設立された1979年にこれに関わる人びとが中心となって IPA 日本支部が設立された。IPA は1981年に正式名称を「International Play Association－Promoting the Child's Right to Play：子どもの遊ぶ権利のための国際協会」に変更している（大村編 2009）。
4) 本田氏は，課長をはじめ公園課のなかで賛成者がいない状況下で，本田氏を慕う後輩などに向かって「これは私が本気で取り組みたいことだから，何か問題が出たら私に言ってくれ」と言ったという（大村編 2009）。
5) 1978年の基本構想審議会の会長だった日笠端氏が，住民参加でつくっていくのはよいと推してくれたと大村虔一氏が後に述懐している（大村編 2009）ように，住民参加を目指したコミュニティ政策をとっていた自治体であるからこそ実現したのであろう。
6) 世田谷ボランティア協会は，区内のボランティア活動推進の核として発足した民間団体で1982年10月設立された。
7) この会や太子堂の母親たちの活動については，第6章で詳述する。
8) 烏山プレーパーク設立の経緯については，羽根木プレーパーク（1998）による。
9) 本節の内容に関しては，以下の聞き取りの内容に多くをおっている。(1)2013年1月10日に羽根木プレーパークを視察した際，案内にあたってくれた NPO 法人の理事であり，羽根木プレーパークの元世話人代表である福島智子氏と事務局 W 氏への視察当日と日を改めてお願いした2013年7月25日の聞き取り内容。(2)2013年7月23日に，NPO 法人の運営委員で羽根木プレーパーク世話人首藤万千子氏への聞き取り内容。
10) 羽根木プレーパーク活動報告書（2011，2012年度）による。
11) 前節でも扱った自主保育グループ「ひろば」はあれから現在まで30年以上続いている。月〜金曜日まで，プレーパークを拠点に1年を通じて野外で活動を行い，毎年15家族程度が参加している。0〜6歳までが対象で，3歳児以上は預け合いを行っている。
12) ピッピの会は2011年に30周年を迎え，就園前の0〜4歳児とその親を対象とする外遊びの会として継続している。現在は世田谷区「子育て活動団体補助事業」の助成金を得て，毎週水・金曜日の10:30〜14:30まで活動を行う。会には80〜90人の子どもとその母親が入会している。
13) 2017年現在では，「ひろば」出身の30，40代の若い世代が世話人会の会長，副会長を担っており，担い手の課題は常に抱えながらも，こうして世代交代されていくということなのだろう。
14) NPO 法人プレーパークせたがや事業報告書（2011，2012年度）による。
15) プレーパークせたがやでは，その社会的意義の発信のため，2014年度よりプレーリーダーをプレーワーカーと呼称している。

第 5 章

活動の担い手の視点から考える自治と協働
——プレーリーダーと世話人の語りから

ある日の世話人会の様子（羽根木プレーパーク）

第4章では、プレーパーク活動を行ってきた組織について詳述しながら、行政や地域との協働について考察してきた。ここからは、活動の担い手の視点から、活動を見ていくことによって、本書の主題である自治と協働について考察を深めたい。まずは、プレーパークの象徴ともいうべきプレーリーダーに焦点をあててみることにしよう。

1. プレーリーダーの語りから見える自治と協働

❶ 中高生や若者の居場所づくりとプレーリーダーという仕事への思い
　　　──現役プレーリーダーの視点

　前章でふれたように給与面などの点から、プレーリーダーを継続していくことが難しい状況のなかで、聞きとりを行った2013年当時、羽根木プレーパークでプレーリーダーになって8年目のベテランであった吉田貴文氏に、プレーパークへの思いやプレーリーダーとしての思いを聞いた。吉田氏は児童福祉の専門学校に通っていた頃、新宿の戸山プレーパークの遊ぼう会にボランティアとして参加し、その世話人に誘われて初めて羽根木プレーパークを訪れた。当時は、大人は上から物を言うのが当たり前だと思っていた吉田氏にとって、子どもの目線で語るプレーリーダーの話が印象的だったという。「こういう職があるんだ、こんな人がいるんだ」と衝撃を受けたものの、最初は学童に就職した。しかし、もっと枠のないところだと子どもたちがどういう表情をするのか、どういう遊びをするのか、「Theこども」を見たいという思いから、2005年12月に羽根木のプレーリーダーになった。

・最近特に力を入れている活動

　自分としては、思春期の子を対象にしている思春期の子ども支援事業に力を入れている。楽しいことをして、中高生がもっと来られるようにしていきたい。プレーリーダーになってからの7年の間にも、大人たちの子どもへの目が厳しくなってきていると感じる。羽根木公園でも、何をするわけでもなく中高生が2、3人たまっているだけで警察を呼ばれたりしたことがある。排除していこうという力が働いているが、地域から排除してしまうと、渋谷なども近いから、どうなるかということを考えなくてはいけない。どこの世代も欠けてはいけないのが地域なはずである。

プレーパークに中高生みんなが来なければいけないということではなくて，選択肢の1つとしてプレーパークが居場所としてあればいい。中高生は，公式には月1回夕食会をしているが，週末の夕方などにちょくちょく集まっている。中高生だけではなく，若者や，社会に出て行くことをびびっている子たちも来ている。いろんな子が集まれるように，今はマージャンとか夕食会とかをやっているが，7年前にプレーパークにきた頃は，カードゲームをやっている子が多かった。その後下北沢にカードゲームができる場所ができて，一時期は減っていた。そこでは，ただゲームをするだけになってしまうが，プレーパークに集まっていると，ずっとカードをやっている子もいれば，鬼ごっこに入ってきたりする子もいる。ずっとカードをしていたとしても，見える景色が違うということがある。

中高生はその他にも，雑居まつりの山車をつくったり，いろいろと参加してくれている。今年は，中学生が「羽音ロック」をやりたいと声をかけてきた。メンバーは中学生3人と19歳1人。羽音ロックは4年前までは毎年やっていた音楽祭で，やりたい子がいればということでやっていたが，ここのところ開催していなかった。やりたいと言ってきた子たちは，前にやっていたのを見ていて，中学生になったらやるつもりでいた。1か月半で13回ミーティングをしたが，話し合いの半分はやめるやめないの話で，はじめ7人いたのだが，結局3人はやめてしまった。中学校もバラバラで，家庭や学校での様子や抱えていることなどはお互いにわからず，プレーパークでの様子しか知らない。そういうなかで，自分の気持ちを言えたり，自分の状況が言える場ができたというのは，偶然だけど面白かった。世田谷まちづくりファンドの助成金が取れて開催できたのだが，助成金をとったことよりも，それがよかった。普段は，嫌いな相手もいるが，あまり関わらなかったり，ほうっておいたりしていればいい。だけど，そういうふうに集まると，どうしてもぶつからなければならなくなる。最近の中高生は，親の期待に応えてしまったり，友達の空気を読んでしまったり，自分の気持ちが言えなくなっている子が多くなっている。目的が一緒だというだけで，普段あんまり関わりがない子たちで，言い合えたのがよかった。

プレーリーダーの役割といっても，実際にはリーダーがいることによって何が変わっているのかわからないが，プレーリーダーがいなければ，嫌いな相手とは交じわらない気がする。やりたい気持ちは一緒だけど，それぞれはバラバラという子たちが集まるには，きっかけづくりを大人が仕掛ける。そういうことはしていったほうがいい。遊具で遊べる子など自分たちで遊べる子は，プレーパークという場自体がきっかけになっている。でも，慣れていかない子，何をしていいかわからない子，そういう子にはきっかけづくりが必要である。きっかけのバリエーションはたくさんあったほうがいい。中高生もまさにそうで，自分はマージャンも好きだし，サッカーも野球も好きなので，「サッカーやんない」とか，いろんな方向から声をかけている。プレーパークは誰でも入って

きていい場所ということもあって、ここにいるとすごく気を張っている。野球場とか、サッカー場とかでは、そのメンバーだけなので、実はすごく気が楽で息抜きにもなる。

思春期事業はお金にならない。でも、「金なのか？」という葛藤もある。できないのはわかっているが、居場所づくりのために、本当はここに中高生がいることのできる建物とかがほしい。区内には児童館はあるが、児童館だと外部と区切られている。ドアを開けて入っていかないといけないし、ドアが開かなければ外からは見えない。でもここは違う。プレーパークは区切られていない居場所としてのよさがある。ちょっとのぞきにきて、いるかなと様子を見ることができる。区切られた場所と区切られていない場所、どちらもないとだめだと思う。

- プレーリーダーの仕事について

プレーリーダーには、子どもの遊びのしかけとか、子どもの力になるといった20の役割があるといわれている。でもそこで、「子どもの力になる」とは何なのかと考えると、20の役割があるといわれても、抽象的で実際にはよくわからない。応急手当のマニュアルはあっても、リーダーの仕事はマニュアルが作れるような仕事ではない。普段の取り組みのなかで、子どもたちにしてあげることと、してあげないことがあって、それを常に選んでいる。その時に、何を大切にすべきか、他にもやり方があるなかでそのやり方でよかったのか、役割のなかでのスタンスを選んでいかなければいけない。やり方は違っていていいが、子どもの力になるって何なんだということを、考えるという方向は違ってはいけない。何が正しいのかわからないから、リーダー会をしたり、日々の振り返りをしたりして、考えをつめていく作業が必要になる。子どもを軸において、メンバーと一緒に検証し続けるということが重要になってくる。その時に、自分の価値観と向き合わなくてはいけないから、プレーリーダーになって、3年くらいはすごく疲れる。自分の場合は、その後ごちゃごちゃ考えなくなって、考え方もシンプルになってきた。自分の価値観を疑っていくということが、すごくつらいことで、つらくなってしまう人もいる。

今年羽根木にはプレーリーダーとして新卒の人が2人入ってきたが、今年から世田谷区との決めごとで、経験3年以上のプレーリーダーが現場に1人はいなければいけないことになっている。それならば報酬もあげてくれないと、リーダーの経験を積んで継続していくことは難しい。プレーリーダーになりたいという人は、以前は教師になる前の経験としてとか、別の目標があって数年やるという人もいたが、今はプレーリーダーになりたいという人も来ている。プレーリーダーを職として確立していかなければいけない。でも実際には、プレーパークは全国的に増えていても常設は少ないので、リーダーの雇用がなく、やりたい人がいてもなかなか入って来られない。長くリーダーをやっている人がそのままいると、やりたいと思った子が入れない。また、給料面の問題ももち

第5章　活動の担い手の視点から考える自治と協働　　111

ろんあるが，オーバーワークということも問題で，やる気産業みたいなところがある。オーバーワークでしかやりたいことができないと，やりたくても続かない。実際，自分がいなくなったら，次の人が中高生のことについてやるかどうかはわからない。やらなくてもいいわけだし，そこを意識するかしないかはその人次第で，強制されるものではない。

　自分としては，給料が上がっていかないことに対する不安はある。1人ならやっていけるが，例えば結婚して2人になったら難しい。それは，リーダーの待遇がよくなればいいというプレーリーダーだけの問題ではなく，社会全体の「若者」の問題として取り上げていかなければいけない。今度区に新設された若者支援課では，39歳までが若者として対象となっている。自分は支援する側であり，される側でもある。若者支援のシンポジウムで児童館の職員とつながりができて，支援する側とか，される側とかではなく，とにかく若者たちががんばっていこうと話している。こういうふうに，仲間を増やしていくことで，何かやれそうな気がしている。そして今後はもっと，居場所事業をしているところと連携していきたい。学校や児童館との連携，そのほか若者と出会えるところ。特に児童館との連携については，児童館職員と一緒に研修を行うことなどが必要だと考えている。同じ児童課の管轄なのだから，子どもに関わる人たちが，一緒の考えでなければいけない。

　自分は，プレーリーダーが社会的に認められるためにやっている部分もある。長年の経験があるからこそ，社会的に意義があるんだということを主張できる。プレーリーダーが社会的に認められるようにしていきたい。その一歩として，関東近辺のリーダーが集まって話す機会ができた。集まって，リーダーの資質とか，役割とかを引き上げていく。もっと全体であげていかなければ，世田谷区とだけやっていてもだめだと思う。自分がやめたら，社会的な意義を主張していく人はどうなるのか。でも，自分の今後の心配もあるし，葛藤がある。

❷　プレーパークの意義を具現化するプレーリーダー
　　──常駐の初代プレーリーダー

　現役のプレーリーダーの吉田氏の話から，プレーリーダーとしての価値観の獲得の難しさや，リーダーとして自分が守っていきたいことを進めていく上で，葛藤や困難を抱えていることがわかる。それでは，次に羽根木プレーパークに日本青年奉仕協会の「ボランティア365」によって派遣され，全国で初めての常駐のプレーリーダーとなった天野秀昭氏の語りから，プレーリーダーという存在意義の確立の上で重要であった自治と協働について考えていきたい[2]。天野氏は聞き取りを行った2013年当時，大正大学人間学部人間環境学科特命教授で

あり，NPO法人日本冒険遊び場づくり協会の事務局長・理事を担っていた。現在でも日本冒険遊び場づくり協会の理事を務めるかたわら，最近では，子どもが遊ぶ場にいる大人の育成の機会をつくり，社会に拡げていくための資格制度確立を目指し，「一般社団法人日本プレーワーク協会」を立ち上げるなど精力的に活動している。

• 羽根木プレーパークとの出会い

　プレーリーダーになる前から子どもの遊びについては非常に強い興味があり，むしろその興味があったからプレーパークに出会った。武蔵野美術短期大学在学時に，子どもたちとの関わりから「遊びを通じて表現したいと思う」ことが大事だと考え，その後自閉症児との関わりによって「遊びそのものが表現なんだ」と感じるようになっていった。造形とかそういうようなものは，遊びのなかの1つの方式であって，遊びそのものはもっと包括的な世界で，その「遊びのもつ力」が一体何なのかすごく知りたくなった。遊びに関する仕事を探していた時，ちょうど「一年間長期ボランティア派遣計画（通称：ボランティア365）」の制度がスタートした。そういうところで「こういうことをやりたい」とはっきり言えば自分の思っていることがやれるかもしれないと思った。

　面接で遊びのことをやりたいと言ったら，受け入れ先に名乗りを上げていた羽根木プレーパークから声がかかった。ちょうど羽根木が始まって8か月後のことで，春休みの最中に俺が行った。羽根木プレーパークは，最初は1979年だけでおしまいの予定で始まったけど，翌年も継続が決まって，それなら毎日開きたいという思いを羽根木プレーパークの人たちがもって，それだったら常駐者をとらなくてはというタイミングでちょうど1年間ボランティアの制度が始まった。

　最初はその1年間をボランティアの立場でプレーリーダーとして関わった。当時，ボランティアとして参加していたプレーリーダーは，すでに何人もいた。羽根木の前身である経堂，桜丘と続いてきているから，プレーリーダーと呼ばれていた人には大先輩にあたるような人もいたし，羽根木プレーパークになってから関わり出したプレーリーダーもいて，十数人はプレーリーダーと呼ばれる人がいたと思う。その当時は全員がボランティアで，仕事を持っていたり学生だったりした。そのなかで，俺だけが常駐者だった。

　1年間ボランティアは，1年間という期限がついている。10月ぐらいだったと思うけど「お前来年どうするんだ」とプレーパークの人に聞かれて，何も決めていないと言った。とにかく自分のやりたいことをやって，毎日いろんなことが起こるし，めちゃくちゃ面白いわけだから，来年のことなんて考えている余裕なんてなかった。そしたら，「あんた残らない？」と言われた。残らないかって言われてもこんなんで飯食えるのか

よと思ったけど，自分のやりたいことをやっていけばいくほどもっと知りたいことが出てきて，やればやるほどそういうのが出てくるわけだよね。まぁ若かったからね。羽根木プレーパークに派遣された1年間が，大学4年生の年齢のときだから，あと2，3年はブラブラやっていても，まあなんとかなるかみたいな感じもあった。それで「お願いします」と言ったら，署名活動に入ってくれた。その住民たちの署名活動によって，区の非常勤職員として採用された。その時の採用の条件として出されたのが，プレーパークを新しくもう1つつくることだった。

　その後，世田谷ボランティア協会にプレーパーク事業が委託されることになって，ボランティア協会の職員になった。非常勤職員だから，給料はそんなにもらってない。週4日だけ日給が出て，月に9万7,000円とかだったかもしれない。週にもらっていたのは4日間分だけど，俺は毎日プレーパークに出ていた。自分のやりたいことをしてお金がもらえるってこと自体が信じられなかったから，すごく幸せなことだと思って，額は全然気にならなかった。

- **プレーパーク事業の展開と太子堂のまちづくり**

　プレーパーク事業は，国際児童年を記念した，世田谷区が行う児童健全育成事業の3つのうちの1つだった。他のミニSLや移動動物園の事業とは異なって，プレーパークは問題を抱えながらだったので，上手くいくかどうか役所もハラハラしていた。なんといっても，その当時は住民と行政とが1つの事業を協働するということ自体，全国に例がなかった。つまり遊び場として初めてだっただけでなく，行政と住民との協働事業それ自体前例がなかった。それが上手くいくのかいかないのか，おまけに子どもが自由に遊べる場というのはケガなどが起こりえるわけで，役所としては一番気にかかる責任問題の部分を，本当に住民たちが引き受けるのかわからない。つまらないとか大変とか思ったらさっさとやめてしまうのではないかと，住民に対して不安が大きかった。特にまだ安保闘争の影が残っていた時代だから，当時の住民と行政の関係は協働どころではなくて，どちらかといえば対立するような関係として見受けられた時代だった。そんななかで協働するといっても，「行政は本当に本気なの？」と住民は思っているし，行政は「住民は本当にやるのか？　信頼できるのか？」というふうに思っている。そんな間を取りもったのが，行政側は本田三郎という1人の公園課の職員だったわけで，住民側は大村虔一・璋子夫妻だった。この人たちが住民と行政の両方からお互いに橋をかけあったのだと思う。

　それで，区の非常勤職員として残るための条件として，「もう1つプレーパークをつくる」ことが挙げられた。もう1つプレーパークをつくるというそれ自体は，こういう場所はもっとあった方がいいと行政も思ったからで，そういうふうに変わっていったのは大変ありがたい話で，役所としても認めたのだなというのはあった。でも俺は，常駐

として羽根木プレーパークに残りたいと思っていたわけで，毎日いるからいいわけでね。しかも，まだ22歳だし，つくれと言われても，どうやってつくるのかと正直なところ戸惑った。でもとにかく羽根木プレーパークに来ているいろんな人に，「役所がつくれと言ってるんだけど」と相談していたら，名乗りを上げる人たちが出てきて，それが三軒茶屋・太子堂地区のまちづくりにつながっていく人たちだった。

　役所が指定した場所は世田谷公園だったので，そう伝えると，「それでやりましょう」という話になった。でも，三軒茶屋・太子堂から世田谷公園には国道246号をまたいで行かなければいけない。子どもの足だけで行くのは困難だったので，結局集まっている人たちのなかから，わが子たちの生活の範囲で，なんとか246号線を渡らない場所でやれないかという話が出てきた。三軒茶屋・太子堂地区は，ほとんど空き地がないところで，防災の観点からみても空き地があるのはいいということになり，これをうけて役所も検討した。でも，広い場所がないということとまだまだプレーパークは実験段階だったから，公園の管理事務所があるということが重要だということになった。役所の出先機関があれば何かあってもすぐに対応できるので，羽根木公園が選ばれた理由も管理事務所があることだった。管理事務所があることは絶対条件だという話になって，結局半年ぐらい検討した結果，世田谷公園でないとだめだということになった。

　それならこっちは自分たちでやるわということで始まったのが，三軒茶屋・太子堂地区のまちづくりの流れのもとになっていく。三軒茶屋太子堂ひろばづくりの会（三太の会）をつくって，地主とかいろんな人たちと交渉しながら，駐車場になる予定だった土地を空き地として解放して，そこをプレーパークとして使うといった活動を行った。3か所ぐらいを遊び場の拠点としていたが，みんな狭いからやれることは限られていて，羽根木のように火をがんがん焚くといったようなことは，そのうちの1か所くらいしかできなかった。それでも3か所ぐらいを，広場として残すことに成功している。その活動に，今は千葉大学教授の木下勇氏が学生時代に関わってきて，そのメンバーたちと三世代遊び場マップを作ったりした。その頃，三軒茶屋の再開発の問題が出てきて，遊び場どころの騒ぎではなくなってきてしまった。行政に勝手なことはさせないということだったけど，再開発を推進したい側とか，地権者だとかいろんな利害が入り乱れてすったもんだの紛争があった。そんななかで太子堂のまちでは，自分たちの手で自分たちのまちをもっときちんと見つめ直そうというところで，例えば「きつねまつり」などが提案されて，行われていく。三軒茶屋・太子堂地区の遊び場の取り組みが，太子堂の住民主体のまちづくりをリードし大きく合流していった。

・羽根木公園の3つの市民活動

　世田谷のなかでは，雑居まつりと，自主保育，それと冒険遊び場という非常に面白い活動が，ほぼ同時期に立ちあがり，3つ同時に動いていた。これらすべてが従来の市民

活動の域を越えていた。雑居まつりは，障がいを持つ人たちが施設に入るのではなくて，普通にまちなかに暮らしていくことを最大の課題にしていた。そういう人たちが暮らしていくことのできるまちづくり，それを行政に求めるのではなくて，自分たちの手で実現するということで1976年に始めたのが雑居まつりだった。

　自主保育は矢郷恵子氏が75年くらいからはじめた活動である。子育てをどう社会化していったらいいのか，母として自立していくとはどういうことかを考えるために，子育てを一緒に共有していく仲間を募った。最初は互いの家を行ったり来たりしていたが，活動の場を羽根木公園に移して，プレーパークと合流した。雑居まつりも羽根木公園で行っていた。羽根木公園が，1つの大きな合流地点になって，3つの市民活動が展開していった。しかもどれも行政にお願いをして目的を達成する団体ではなくて，全部自分たちの手でそれを実現するという団体だった。

　プレーパークも行政との協働ではあるが，日常活動は一切行政に口は挟ませないというのを大原則にしている。自己管理をするから好きなことがやれるわけで，行政に日常の管理について口出しをさせたら，プレーパークとしての命綱が断ち切られてしまうと考えているから，自分たちが責任を負ってやるという覚悟がある。こういうふうな，自分たちの手でそういう社会を実現させていくということを言い出した市民活動も，その頃は全国でほとんど前例がなかったと思う。

　羽根木公園でのこれら3つの市民活動は，雑居まつりを除いて自分たちではまちづくりをしているという意識が強かったわけではないが，振り返るとこれらが世田谷のまちづくりを根本的に動かしたと思う。行政からしてみると，住民は信じられるということを納得させたのは羽根木プレーパークだった。そういう意味では，プレーパークの成功が，全国に先駆けて世田谷区にまちづくりハウスとか，まちづくりセンターの設立に道をつけたともいえる。まちづくりセンター初代所長の卯月盛夫氏が，「行政が住民参加に取り組むには，『住民は信じられる』ということが前提になければいけない。世田谷でそういうまちづくりの先鞭をつけられたのは羽根木プレーパークの成功が大きい」ということをはっきり言っていた。俺はそれまではそういう視点はなかったから，卯月さんから，羽根木プレーパークはまちづくりだって知らされたようなものだ。俺たちは，子どもの遊び場をつくっていたのであって，まちづくりをしていたわけではないが，結果的にそういうことにつながっていたということに気がついた。

- **自治の学校としてのプレーパーク**

　そういう意味で，まちづくりの人材としては，明らかにプレーパークで「自治するということがどういうことか」を学んだ人たちが多くを担っている。羽根木だけではなくて，その前の桜丘とか経堂の活動も，まちづくりに関わっていく人材を輩出している。例えば，日本で最初の老人給食を始めた桜丘の「ふきのとう」も，桜丘冒険遊び場のと

きのメンバーの1人が中心となった。自分たちのまちのなかに，独り暮らしをしている老人たちがいっぱいいるということに目を向けて，その人たちが少しでも豊かに生きられるようにと老人給食を始めた。プレーパークを深く体験した人は，自分たちの暮らしを自分たちが自治していくとはどういうことかという問いを持つ。プレーパークはみんなから歓迎されているわけではなく，子どもを自由に遊ばせるのはやめさせろという反対の声といつも一緒に動いている。そういうなかで，反対する人たちの声こそ，どのように運営のなかに反映させていくのかということについて，真剣に話し合ってきている。自治するということを，ものすごく面倒くさい作業を通じながら知ることになる。だから，いろんなところに通用するのだと思う。プレーパークの神髄は，自由と自治で，そこのところが非常に普遍性が高い体験となる。自由は自治する以外に手にいれることができない。与えられた自由はすぐに剥奪されてしまうし，変容もしてしまう。

　遊び自体が，自由と自治から成り立っている。大人たちがそういう言葉を使わなくても，プレーパークにいる大人の姿から，子どもたちはそのようなことを感じているのだと思う。小学校4年生の子が，「ここって僕がやりたいことをしていい場所だよね」というから，「そうだよ」というと，「じゃあ，他の子もやりたいことをやっていいっていうことだよね」と返してくる。そんなこと教えもしなくても，自分だけがやりたいことをやっていい場所ではないということがつながってくる。小学校2年生の子が，「プレーパークってつぶすの簡単だよね」というから，「どうするの」と聞いたら，「その辺の木を2，3本切り倒して，それで火をつけたらおしまいじゃん」って。もう彼らは十分にわかっているんだよね。だからその子たちが一番，「そんなとこで，火を焚いたら危ない」とか言って，そういうことをしようとする子たちに，年上の子にも注意をする。子どもも子どもなりに自治している。

・境界のない自治の担い手の範囲

　だから，誰もが自由にできて，あんなにごちゃごちゃとものがあるのに，ほとんど放火が起こっていないのは，多分いろんな人たちのいろんな思いで，自治されているからだと思う。それは単なる運営に関わるということだけではない。例えば，公園に寝泊まりしている人が，「鍵こじあけようとしていた高校生くらいのやつがいたから注意しといたよ」と言って，夜中に見張っていてくれているということがある。プレーパークには，かまどもあるし廃材もあるから，暖をとるために火を焚くなんていうのはすぐにもできるのに，プレーパークに迷惑をかけてはいけないからと言ってやらない。だからそういうのも，自治のひとつとなっていて，プレーパークにはそういうことを感じさせるものがある。

　それは，使い手が主役であるという徹底した姿勢からくるもので，これが貫けるかというところにかかっていると思っている。どうしても自分たちの思うように使ってほし

いと思うと，ルール化したくなるし，管理したくなる。でもそれをやった瞬間に，主役が管理者にうつる。多少の問題が起こるかもしれないと覚悟しながらも，使い手が自治するということに信頼を置くことが大切なのである。一般の公園は「みんなの公園」だと言われるが，みんなの公園だと言うから，誰の公園にもならない。プレーパークは，「ここは私の場所だ」とたぶん多くの人が思っている。私の場所だから大事にするし，だから結果としてみんなの場所になる。それは，管理者が主役にならないという，主役性の問題だと思う。でも，これはかなり力のいる話で，ルールを決めずにいろんな問題を乗り切って，あそこを守れるかどうかということにかかっている。

　みんなの場所であるから，寝泊まりしている人も含めて誰もはじかれてない。運営側が気づいていないところで，やってくれている人がいる。例えば，公園を掃除してくれている人たちが，「今日もあそこに道具落ちてたよ」と言って，拾っておいてくれたりする。もちろん，道具がなくなったら，プレーリーダーは一生懸命探すが，見つけられない時もある。そういう時に，危険なものが落ちていたという責任問題として追及するよりも，自分たちも見つけたら，それを確保しておく一員になっている。そういうような感じがプレーパークの周りには，ぼわーっと拡がっている。そういうことって，あんまりないと思う。その要因には，拠点を構えていることと，その拠点が常に解放されているということと，両方あると思う。建物のなかだとそうはいかないかもしれない。これが誰もが自由に出入りできる都市公園だということの，大きな１つの成果だと思う。

　役所は例えば，プレーパークに柵を建てろと言う。そうとは知らずにプレーパークに入ってきてケガをして，責任問題を追及されるのを恐れている。特に，夜間と休みの日に入れないようにしたいというのが本音なのだが，そのことでそうした主役性の感覚を失わせる可能性がある。だから，完全な柵ではなく，誰もが自由にまたげる柵で，でも一応場所としては他とは違うということをにおわせるようなものにしようという話をしている。役所は，責任のエリアを定めることが目的だけど，俺たちはそれをグラデーションのようにさせているわけだよね。ただ，一般の公園に対する管理への声が高まるなかで，役所の方は柵がないとプレーパークは守れないと思っている。俺たちから言わせれば，管理者と利用者との境を区切れば区切るほど，責任問題が起こるという話になる。利用者が管理者だとしてしまえば，責任問題は起こりようがない。自分がやりたくてやっているんだということを徹底していけるかどうかが問題だと思っている。

● プレーリーダーと運営者との立場の違い
　やりたいことをできるようにするという部分では，やっぱりプレーリーダーが特異な働きをしてきた。遊び場は子どもが主体なのだが，より正確には遊びに来る「この子」が主体だということ。この子自身のやりたいことが保障されるというのはどういうことなのか，ケガとかいろんな失敗も含めて起こりうることを想定するなかで，でもこの子

がやりたいということをどう保障できるのかということが、いつでも問われている。だけど、世の中全体としては、子どもをしつけろ、管理しろという流れにあるので、そこでぶつかる。プレーパークは子どもをしつける場所ではなく、遊ぶ場所だと俺は言い切って来たけど、それに対する反発も当然ある。プレーパークが始まった当初は、そういう流れがすごくあって、子どもが遊ぶことに価値をおかれていなかった。プレーパークみたいなところはまさに異端として始まっている。全国でもそういう例がないわけで、公園はしっかりきれいに使うべきであるという価値観に支配されていたし、公園に穴を掘ったり木に登ったりなんて言語道断だという声があった。要するに、プレーパークのように使うべきではないという声があがるなかで、プレーパークを維持していこうとすると、そういう社会の声にぶつからざるを得ない。

　俺は、大人のつくった遊び場は胡散臭いと思ってやっていた側だけど、俺も大人だから、絶対的な自己矛盾なんだよね。だから遊び場に大人がいるというのは、つねに問いの連続になる。子どものやりたいことを制限するような、子どもにとって害のある大人が遊び場にいるのでは話にならないわけで、遊び場にいて子どもの力になるとはどういうことなのか、大人がいるからできることはなんなのかを考える。一方では、外の社会からはプレーパークは野放図すぎるという話になる。初期のころは、運営にまわっている地域の側と、現場にいる俺みたいな人間との軋轢はすさまじかった。かといって仲が悪かったわけではないのだけど。「子どもがやりたいと言っているんだからやらせてやればいいじゃないか」というのが単純なこっちの思いだけど、「それをやらせておくことが、地域社会にとってどれだけの反感や苦情を生んでいるかということを知らなければプレーパークはつぶされる」というのが運営者の見方なわけだよね。プレーパークのことをつぶしたくないから、そういう地域の視点を受け入れる必要があるという言い分と、ここは子どもの遊び場なんだから、遊びを我慢させるのであればそんな遊び場あってもなくても一緒だという俺の側の視点とが、いつだっていろんなところでぶつかる。でも、どっちも一理あるわけだから、この両者があってバランスが取れていた。そういう意味では、その意見のぶつけあいのなかで、どうやっていくのが一番いいのかという、次のアイデアが出てくる。

　だから例えば、運営者たちは怒る地域の人に対して「みなさんのおっしゃっていることはわかります。（天野が）若いがゆえに申し訳ない。許してやってください」と言って、全部俺の責任にして地域社会をなだめるということが何度もあった。でも、俺はそれでいいわけだよね。そんなんでも、その子が自由にやれていればいいわけだから。そういうふうに役割を分担して、運営者とプレーリーダーとが、両者の立場を守るっていうかな。それによってプレーパークの自治を進められた。下手に地域よりになると、大人の価値観がなかに入り込んでくるし、子どもの価値観だけで押しきったら軋轢が高すぎてもたないし、だからそれをなかで互いにぶつけ合いながら道をつくっていったんだ

よね。

　俺らプレーリーダーにしても，運営者が地域の声を代弁して言うことは，地域の反対者と直接ぶつかりあう前にシミュレーションしているようなもので，相手がどういう言い分で言っているのか，よくわかるようになる。なかでやっておく事は結構重要だった。運営者は守ろうとして言っているわけだから，つぶそうとして言っているわけではないけど，外からの声はつぶそうとして言ってくるからね。そういう声とちゃんと向き合うためには，なかでやれるというのが素晴らしい話だった。

　逆に言うとこっちは，子どもがやりたいことをやれるような現場として仕立てておくためには，現場の人間として力がないと押し切られてしまうんだよね。反発が多いことを承知でやっているわけだから，そのやり方で現場を守るためには現場での力をつけるしかない。力がなければ，浸食を許すしかない。そこのところは非常にはっきりしていた。いつなくなってもおかしくない時代が，最初の5年くらいは続いていた。ボランティアで来た最初の1年間は，ノー天気に楽しくやっていただけだけど，そのあと区の非常勤職員になりボランティアセンターの職員となって，プレーパーク事業の担当となったときは，プレーパークの外にも出て矢面に立つようになって，いろんな話が聞こえてきた。それまで運営者が受けていたような話を俺自身が直接聞くようになって，ああ，これだけ厳しい風に吹かれていたということがわかった。賛同者はいっぱいいるけど，否定する人間はとことん否定するから，その人たちにどう応えられるかというのは，若さだけでは押しきれない。

　だから，世田谷では運営者とプレーリーダーとを自然に分けるようになった。全国のプレーパークをみると，運営者とプレーリーダーが重なっているところが結構ある。特に毎日開けているわけではないと，ボランティアとプレーリーダーが重なっている。でも世田谷では，プレーリーダーは徹底して現場主義で，その代わり運営者はそこに住んでいる人たちなわけだから，もっと地域社会に目を向ける立場をとっている。

- **子どもの代弁者としてのプレーリーダー像**

　毎日開くようになって，遊び場が活動的になっていくにしたがって，苦情が増える。そのなかで単なる子どもの遊び相手としての大人ではない，プレーリーダーの本当の意味みたいなものを獲得していった。

　プレーリーダー像をつくっていくということについては，「お前が歩いた道をみんなが歩くんだ，だからそのことを考えながら歩け」ということを当時から言われていた。でも当時20代前半で，そんなの考えられないよ。プレーリーダーそのものが日本に前例がないわけだし，もともと外国でいわれているような，イギリスで発展してきたプレーワークとか，それと一緒なのかどうかということも全然わからない。だから別にそれを目指したわけではなくて，それこそ我流だった。だけど，いつもその基準になったのは

子どもだったわけで，それを頼りに自分はやってきた。

　多分，それまでの大人と子どもの関係を転倒させたということが，これまでの大人たちとプレーリーダーの一番大きなスタンスの違いなんだと思う。それまでの指導者といわれる人は，大人社会を背景にして子どもに規範や道徳を説いたり，善悪を説いたりして，そういうものをきちんと子どもが守れるようにしていくというポジション取りをしている。俺は最初から，自分のポジションはそうではないと思っていた。子どもの遊び場にそういう大人がいると，正しいことしか言わないからつまらないし，害にしかならない。俺はそういうことは言ってはならない。逆に，そうした大人に対抗することは，子どもでは無理なんだよね。だから，子どもの遊び場にいて，大人が子どもの役に立つとすれば，子どもに代わって大人社会に対してメッセージを出すということが，遊び場にいるための一番の意味になる。その力をつけられるかどうかが重要になる。どこまで子どものやりたいことを自分が理解して子どもの代弁者たりうるのか，それがいつだって問われていた。それ以外に，大人である俺が子どもの遊び場にいる正当性がないと本気で思っていた。

　だから，プレーリーダーは「なんで子どもがやりたいことを，大人はだめだというのか」という言い方になる。それまでの大人は，公園に穴を掘ってはいけない，木に登ってはいけないと教えていた。でも，登りたいと言うのに，なぜ登ってはいけないと言うのかというのが俺の立場なんだよね。

　羽根木で公園の管理事務所から毎日園内放送で呼び出されていた。子どもが掘った川を早く埋めてくださいとか，火は5時までに消してくださいとか，言われることは毎日一緒なんだけど，改善がないから翌日また言われる。3か月くらい続いたかな。公園課の本田さんから，「管理事務所とどんなことがあってもケンカしたらいかん，それだけは絶対だめだ」と言われていた。ケンカしてはいけないから聞いているしかないんだけど，毎日呼ばれるから，こっちもだんだんつらくなってきた。それで子どもに「公園の人がこの川早く埋めろって言うんだよね」と，ぼそぼそっと言ったら，「あっそ」とか言って，それで終わり。当然埋めないわけで，右から左に流されている。子どもは楽しいから，それはそうだよなと思って，呼び出された時に「一応言っているんですよ子どもには。だけど，子どもは自分たちはやりたいから聞いてくれないし，俺も根本的には楽しそうだなと思ってるから，迫力がないんですよね。本当にやってはいけないと言うんだったら，みなさん来て言ってくれませんかね」と言った。でも，結局毎日は来られない。それでだんだん，「みなさんの言っていることと，子どものやりたいと言ってることと，なんかうまく折り合えるやり方ないですかね」みたいな感じで，相談するかたちになっていった。そうしたら，いつの間にかやれるようになっていた。つまり，向こうも考えてくれたけど，いい案がないんだよ。でも，考えてくれたということは，つまり子どものやりたいことを少し尊重してくれたということでしょ。その前は，公園の立

場からしか言ってない。でも、公園の立場もわかるというような言い方をして、なにかうまいやり方ないですかねと相談をもちかけたら、結果的に公園の人たちも子どもがやりたいと思うことを尊重する視点に立ってくれて、いろいろアイデアを出してくれた。例えば、掘られないように下をコンクリートで固めるアイデアが出たりした。でも、「子どもは支流つくるのが楽しみなんですよね。ダムつくったりね」と返したりして、最初は支流もだめだと言っていたんだけど、そのうち、支流とダムをどうやったらつくれるかを一緒に考えてくれるようになっていた。そうしたらいつのまにか、他にはやりようがないんだねということになって、うまい具合にやれるようになっていた。

　もし、俺がわかりましたと言って引いたら、子どもにその行動をやめさせるということになるという意識は強くあった。俺がここで引き下がって「わかりました」と言ったら、それはイコール子どもに引かせること、俺が引くことではないんだよね。それを俺が今ここで決めてしまっていいのかというのが常にあった。

・遊びの力と遊び場を守る力

　都市化が進んでいくのは、もう後戻りできないわけだし、止めることもできない。そうすると、子どもへの管理やコントロールがますます強化されていく。だから、プレーリーダーが必要とされてきたともいえる。プレーリーダーは、子どものやることを面白がる大人なんだよね。この大人の存在は過去にいない。子どもからすると、やりたいと思って始める自分の行為、それが遊びなんだけど、それが面白がられるというのは、根底から自分の存在を認めてもらえることに匹敵する。子どもは大人のことが実は大好きで、もちろん大人がいなければ生きられない。でも大人からは、いつも大人社会のルールを言われて、指導され、注意を受け怒られることが多かった。だけど、遊ぶことそのものを大人から面白がられたり、喜ばれたりしている子どもというのは、自分自身が尊重されていると心から感じることができる。そうすると、人に対する信頼が高い子ができてくるんだよね。しなやかさというか、追い込まれた時こそ遊んできた力が発揮される。その力は勉強ができる力になるとは限らないけど、でも、自分に対する根本的な信頼になる。大人に面白がられることほど自分自身がこれでいいんだと思える瞬間はないわけで、それは、子ども同士ではだめなんだよね。子どもに対してこの世の中に居場所をつくれるのはやっぱり大人しかいない。大人の力というのは強烈だから、プレーリーダーはそのことも知っていなくてはいけない。

　「楽しい」というのは、苦労を越える力を、もっと高みに登りたいというエネルギーをわかせる。だから、全国で遊び場をやってみたいという人がいたら、俺は「とにかくやってみたら」と言う。「つまんなければやめてしまえばいいんだよ」と言っている。子どもにとって必要かどうかというのは、それはもう必要に決まっている。でも、だからといって自分がつまらなかったら、これはつらいなと思ったら続かない。どんなに子

どもにとって必要でも，その思いだけでやられても，眉間にしわ寄せたおばちゃんがやって来たら子どもなんて寄ってこない。自分が面白いと思っているから，面白い遊び場ができる。つまらなかったらやめてしまえばいいと思えば，結構気楽にできるし，それで始まっているところがすごく多い。

　大人にとっては，運営が壮大な遊びだよ。だって，既存の公園の使い方を自分たちで生み出していくのだし，地域の交流の場を創造していくのだから。だから，ボランティアで関わってるという意識の人はあんまりいないのではないかな。運営に責任をもってあたっている人たちは，ボランティアで関わってるって，ときどきそう思って励まさないとやっていられないときもあるかもしれないけど，結局は楽しいからやってるんだよね。お金ももらってないのに，そんなつらい思いばかりで続くものではないからね。

❸ プレーリーダーの語りから見えてくるもの

　まず，吉田氏の語りからわかるのは，プレーリーダーの思いが，活動の方向性に影響を与えるということである。吉田氏は思春期の子たちの居場所づくりといった，中高生や若者向けの活動に力を入れていると話していた。このようなプレーリーダーの思いが，月に1回の夕食会を催すことにつながっているというだけでなく，普段から中高生が集まれるように，自分の趣味であるサッカーや野球，マージャンなどといったいろいろな角度から中高生にアプローチしていた。これらのインフォーマルな活動が下地となって，フォーマルな活動が継続していくことになるのであろう。NPO法人になってから，インフォーマルに行っていた活動を，フォーマルに位置づけていけるように働きかけを行うようになったということを前章で見てきたが，このような動きもインフォーマルな活動があって成立していくものと考えられる。

　しかしこのような活動は，労働者という立場から考えると，多くの時間外労働を覚悟しなければできないことであり，吉田氏の「やる気産業」という言葉にもつながる。通常業務外のオーバーワークでしか自分がやりたいと思っている課題に対応することは難しいのである。逆にいえば，世田谷区からの業務委託の仕様以上のことを，その時代の問題課題に対処しながら先んじて対応してきたプレーパークは，ボランティアに支えられると同時に有給職員のオーバーワークにも支えられてきたということがあるということではないだろうか。これは，NPOがコミュニティの形成や自治，協働に重要な役割を担っているという側面とともに，考えておく必要がある点である。

また，プレーリーダーの役割を修得していく上で，これまで自分が持っていた価値観と向き合わなくてはならないという指摘があった。子どもがやりたいことや子どもの遊びを守るために，大人が子どもに教えるとか，危ないことはさせない，といった多くの人が習得してきた価値観を相対化する必要に迫られるのであろう。このことは，自分自身のなかでの価値観の変化を起こさせるだけでなく，他人も巻き込んで変化させなければ目的が達成できないという気づきにつながり，主体性の確立のプロセスといえる。吉田氏が，中高生や若者の居場所づくりについて，児童館職員や児童課との連携を模索したり，さらに世田谷区を超えたプレーリーダーのネットワークをつくったりしていくなど，子どもたちの遊びの環境を守るためのコミュニティ形成を目指していたことにつながるものである。

　一方の天野氏の語りからは，世田谷のプレーパークの活動が，自治や協働を実践してきたことによって，ここで学んだ人びとが世田谷のまちづくりの源流をいくつも作り出してきたことがわかる。太子堂のまちづくりに関わっていく母親たちは，羽根木プレーパークを経験し，三軒茶屋・太子堂地区にも遊び場をつくる活動を展開していった。また，老人給食「ふきのとう」の活動は，桜丘の冒険遊び場に関わっていた母親が中心となった。羽根木公園は，現在まで続く雑居まつりや自主保育の活動の場となり，これがプレーパークと折り重なりながら市民の思いで運動・活動を行っていく場となっていた。プレーパークを含めるこれらのいくつかの活動が，交差し枝分かれしながら世田谷のまちづくりの大きな流れをつくってきたのである。また，行政にとっても住民にとっても初めての協働事業としてのプレーパークが，このように成功していったことは，その後の世田谷区内の協働事業の方向性を占ううえで大きな意味を持っていたということもわかる。手探りで始めた協働事業であるが，プレーパークが住民の苦情などに真摯に応えてきた経緯が，行政にとって，住民は信頼できるパートナーであるということを証明した。このことは，住民「参加」から「協働」への政策的な足がかりになったものと考えられる。これが天野氏の指摘にもあったように，第7章で扱う「市民が市民を支える仕組み」づくりにもつながってくるのであろう。

　まちづくりの源流をいくつもつくりだしたプレーパークは，まさに自治の学校であった。自分たちが正しいと思って行っている活動であったとしても，地域のなかには反対意見が必ずある。子どもを自由に遊ばせる場をつくるという

目的で行っているプレーパークであるが，公園で子どもが自由に遊ぶべきではないという意見や，そのような場をつくることによって迷惑をこうむる近隣住民がいる。これらの意見をなるべく取り入れながら，どのように自分たちの志を貫くか。つまり，自治ということは自分たちだけが自由にやっていればいいという類のものではなく，周囲との軋轢を調整しながら行っていくものなのである。つまり自治には周囲との協働が不可欠ということになる。

　また，この自治を行っている人びとが活動者に限られていないところも重要な特徴として挙げられていた。公園のなかで行っているプレーパークを，公園に関わっている人が緩やかに見守っている。天野氏はグラデーションのように拡がっていると表現していたが，目には見えないが濃淡があり，プレーパークに関わったり，ただ見ていたり，通りかかったりしているような人びとがいて，「あなたも当事者なんですよ」という構えでプレーパークはそこに存在するのである。またプレーパークには，公園の近隣に住んでいる人やクレームを言ってくるような人であっても，除外せずに当事者として扱うという徹底した姿勢があり，そういう人たちも巻き込んだかたちで自治を行っていると考えることができる。

　天野氏の語りからは自治と協働の内実が見えてくる。自治をするということは，たとえ同じ目的を持った人びとのなかであっても葛藤が生まれる。プレーリーダーと運営を担う地域住民との軋轢があったと指摘されていたが，目的が同じであっても何を一番に大切にするかなど，活動の内部でも考え方に温度差がある。「その意見のぶつけあいのなかで，どうやっていくのが一番いいのかという，次のアイデアが出てくる」と語られていたように，内部の対立を乗り越えていくということも自治には含まれているのである。１つの活動やアソシエーションの内部も実は一枚岩なのでなく，そのなかで立場の異なる人びとが協働しているということである。つまり自治を遂行するためには，その内部での協働と外部との協働の両方が必要になるのである。自治の概念のなかにはこのような協働が必然的に含まれているということになる。

　一方で，公園管理事務所と天野氏のやり取りを想起すると，行政とプレーパークは協働関係にあるわけであるが，毎日注意されていたというように，対等な立場で事業をよくしていこうと，資源を出し合うような関係とはいえなかったわけである。しかしプレーリーダーは子どもの立場を代弁するという立場であることから，簡単には意見を聞き入れなかったことで，そのうちに相談して

一緒に考えるという関係に変化していった。公園管理事務所は事業を委託している事業主の立場から、協働の立場に引き戻され、もっというなら、自治の担い手に引きずり込まれていくわけである。このように、協働関係が本来の意味で成立するならば、それはもう共同での自治の担い手となっているのであり、こうした関係によってコミュニティが成立してくると考えられるのである。

　天野氏の語りの最後にもあったように、楽しみながら関わるということは、コミュニティをつくり出していくうえで、重要なことである。現代における自治的な活動は、その意義がどんなに重要なものであれ、個人にとってはやってもやらなくてもいいことである。それを、選択して関わっていくには、楽しみながらという態度は重要であり、第1章でふれた越智昇（1982）の言う「面白くてやめられないコミュニティ文化型」につながるものなのではないだろうか。

2．プレーパーク運営の担い手

❶　世話人の事情

　世話人とは、プレーパークの運営をボランティアで担う地域住民で、当初は運営委員と呼ばれていた人たちである。実際の各プレーパークの現場運営は、世話人とプレーリーダーの話し合いにより進められてきた。世話人会は、プレーパークごとに月に1回程度開催され、運営に関する様々なことを話し合っている。歴代の世話人は、各プレーパークの地域住民がそれぞれ担ってきたのであるが、今この世話人の確保が重要な課題となってきている。ここでは、羽根木プレーパークの世話人の事例をふまえながら、どのように世話人が活動に関わっていくのか、どのような思いを抱いているのか考えていこう。

(1)　世話人首藤万千子氏

　話を聞いたのは、NPO法人の運営委員で、羽根木プレーパークの世話人を長く務めている首藤万千子氏である。首藤氏は、プレーパークでの経験を生かして、小学校の校庭づくり活動も行ってきた。その小学校での活動や、羽根木プレーパークのそらまめハウスの建設時にも中心となって活動するなかで、世田谷まちづくりファンドの助成を受け、これがきっかけとなってその後ファンドの運営委員となり、10代まちづくり部門の創設に尽力するなど、活動の幅を拡げている。

• プレーパークに関わるきっかけ

　現在は25歳になる息子，22歳娘，18歳息子と共に1990年くらいからプレーパークに関わってきた。長男が育てにくかったことがプレーパークに関わるきっかけとなった。親子で公園に行くと友達はいたが，よその子にかみついたりするのを申し訳なく思い，もう少しワイルドなところはないかと探して，近所にあった羽根木プレーパークに行き当たった。3歳くらいではじめてプレーパークに行った時，預けあいの自主保育をやっていた。そこの子たちは，かみつかれたら自分もやりかえすような感じだった。周りのお母さんたちも，大げさな反応をせず「なんかやるじゃん」という感じで，すごく気持ちが楽になった。

　そこで自分も自主保育に参加し，係としてプレーパークの世話人になった。入ってみたら，世話人会が面白かった。水場に屋根をつけるか，つけないかで延々議論していたことがその頃の世話人会で印象に残っている。「自然の雨が降るところで，やったほうがいい」という人と，「子どもをおんぶしながら，お皿を何十枚も洗うお母さんの身になれ」という人もいて，意見が分かれていた。PTAなどで何か担当を決めるというときには，みんな下を向いているというのが普通だが，自主的に「できることはやります」という雰囲気が新鮮だった。そういうのが面白いと思い，そのままずるずると活動にはまった。

　基本的にはリーダーと一緒になって遊びながらやってきた。プレーリーダーの天野さんなんかは，「意義」などということを言っていたが，私たちのようにお母さんとして関わる世話人はそういう雰囲気でもない。それはあとあと大切なことだとわかるのだが，その頃は，楽しい活動としてやってきた。でも，プレーパークの活動は，自分の考えとかスタンスを問いつめられる場でもあった。

• 最近のプレーパークとの関わり方

　羽根木プレーパークとの最近の関わりは，子どもも大きくなっているので，地域住民として関わっている。子どもが小さかった頃は，プレーリーダーを家に呼んだり，イベントの時には，やりたいようにいろいろ動いていたときもあったが，今は若いお母さんたちが当事者としてやりやすいほうがいいと思っているので，世話人でもあまり表に出ないようにしている。長い間の関わりから，学校や地域とのつながりはあるから，何かあるときは行くからねという感じにしている。苦情とか，ケガのお見舞いとか，子どもの問題で親と話をしなければいけない時とか，トラブルになった時にはもちろん一緒に考えて動くようにしている。

　子ども同士のトラブルが起きたとき，プレーリーダーは子どもの立場でものを言うが，私は親の立場に寄り添うようにしているし，親との関係をつくる役割だと思っている。例えば，小さい子が隣の子を工具でたたいてしまうようなことがあると，やってしま

た子どもの親はつらくなってしまう。そんな時，「そんなこともあるよね〜」とそこにいるスタッフやわかっている人がフォローに入る。なるべく親ごさんがつらくならないようにフォローするということは，自分のなかで大事にしているし，プレーパークもそういう場所であってほしい。

● プレーパークの活動への意識の変化

以前は活動自体がマイナーで，好きな人たちが楽しめればいいという存在だった。活動に関わり始めた1990年当時はプレーパークに来る人も少なかった。変わった人たちが，好きにやっていればいいという時代だった。それはそれでよかったが，今はいろんな人に来てもらって体験して欲しいというふうに変わってきた。プレーパークの活動が，「みんなにとって必要なんだ」ということを自覚してきた。そらまめハウスの設置も，それまでは泥とかに関係なくきれいに暮らしてきたお母さんが，ちょっと足を止めて，そこをきっかけとしてなかに入れるようにということを意識している。

中高生の活動については，最初は幼児だけを対象にすればいいと思っていたが，自分の子どもが育つのにしたがい，まわりの小中学校にもこの場所が，普通とは違う価値観を伝えられているとわかってきた。プレーパークに来ていない子にとっても，その価値観はなくてはならないものだから，大事なことなんだと思っている。プレーパークに来ている中高生の子たちの話を聞いたり，一緒に遊ぶということはこれまでプレーパークが自然にやってきたことなので，そういう役割も担っているということを外に向けてはっきりと言っていかなくてはいけない。活動自体は，これまでやってきたことと変わらないが，これは必要なことだということを打ち出すようになった。

昔に比べてメジャーになった分，きちんと説明できるようしなければというのもある。各新聞でも子どもの発達や運動能力などいろんな切り口で，プレーパークのような場所が必要ではないのかというふうに取り上げられている。もしかしたら，本当にいろんな意味で，何かを変えていくとか，突破できるような鍵の１つではあるのかもしれないというふうに思っている。

ある時，大学の先生に「日本でこれから社会を担っていく子どもたちの育ちのために，この取り組みは続けてもらわなければ困る」というようなことを言われた。自分としては，自分のため，自分たちのため，地域のためというふうに思っていたが，こういう活動が本当に重要だということを言われて，そうだったのかと思った。たしかに，プレーパークに対して，いろんな人が「ご苦労様です」，「がんばってください」と言って協力してくれる。そういうことなら，自分たちも拡げていく努力をしなくてはいけないなと思った。それは，子どもたちのためにも，大人のためにも必要だし，社会のためにも必要なのかもしれないと思うようになった。

- 組織としての変化

　最近 NPO 法人ではパナソニックの助成金を受けて組織改革に取り組んできた。NPO 法人を設立するまでは、「別にお金をもらっているわけでもないし、ボランティアだから」、「任意団体だからしょうがない」というふうに思っていた。でもそれが、系統的に動くことによって、もっとできることもあるのかもしれないと意識するようになった。

　何かあっても任意団体ということで許されていたところがあったが、信頼できる団体になるということが重視されるようになり、行政の立場にも配慮しながら、できるかぎり区と連絡をとって行うようにしている。例えば、プレーパークは夜開園しないということになっているが、中高生は閉園以降の時間に来る。今まで夕食会を非公式にやっていた時もあったが、きちんと区と連絡をとり、報告をあげるようにしている。グレーゾーンがあるのは大事だが、重要なことなのに、その活動がなかったことになってしまうのはもったいないと思う。プレーパークがやってきた重要な役割を、事業として区にも認めてもらうように働きかけていくということをここ何年かやってきた。これまでは、どんなかたちでもやれればいいという考え方だったのが、大事なことだから意義を訴えていくというふうに変わった。法人になったばかりのころは全然そんなことわかっていなかった。大きく変わってきたのは今回組織改革に着手する前の 2010 年くらいからではないかと思う。

　組織改革の話し合いのなかで、このまま区からの予算の範疇で、プレーパークだけ開設して、それほど事業を他に拡大しようと思わずに、できることをやっていくという選択肢もあるよねという話もした。そらまめハウスについても、別にスタッフを置かなくても、もともと休憩所なんだから、好きなように使ってもらえばいいよみたいな話も実際あった。でもやっぱり、運動としてだけでなく、事業としても成功させなくてはいけないんだということを、結論として出した。

　もともとプレーパークには、やれることはやったほうがいいという考えの人たちが多い。NPO 法人になり、いろいろな可能性が試せるようになってきた。信頼できる団体になるという意味でも、法人になってよかった。今は、認定 NPO をとって、もっと寄付しやすくするというのが課題だが、なれるのではないかと思っている。それだけの取り組みだと私も思っている。認定 NPO をとるにはどうすればいいのか、みんなで勉強している。

- 行政との関係

　公園の事故の責任を問われるとか、他の遊び場で子どもの声がうるさいことで裁判に負けたりということもあり、区の公園緑地課も厳しい立場に立たされている。遊びに来た子どもたちがケガをした時には、みんなすごく理解してくれていて、ほぼトラブルにはならない。でも、開園の時間外にケガをしたりということを公園緑地課は気にしてく

ださっている。プレーパークの苦情についても，直接ではなく行政にいってしまうこともある。区に苦情があった時は，誰が苦情を言っているのかわからないので，こういう対策をしているということを張り紙などで知らせるようにしている。

　行政のなかでのプレーパークの位置づけが難しく，公園緑地課と児童課，プレーパークせたがやの間で話し合いが続いている。こういったやりとりには信頼関係が重要となる。そういうことから，これまであった必要ならば先んじてやるという姿勢から，行政の立場にも配慮しながら，行政と連絡を取り合って実現させていく団体を目指すということにつながっていった。このようななかで，非公式に行っていた中高生の夕食会なども，これは必要なことだからということをきちんと言って，認めてもらってやるというふうに変わった。

　そらまめハウスができたことも大きかった。そらまめハウスの建築許可を取るとき，数々の規制を乗り越えなければならず大変だったが，公園緑地課でもいろいろと工夫してくれて，きちんと手続きを踏んで建物を建てることができた。

• プレーパーク以外の活動

　プレーパークの活動と平行して，世田谷区立守山小学校というところで，10年くらい前から校庭づくりを行っている。総合的な学習の時間を使って，地域住民，保護者，専門家の人たちと子どもたちとでデザインしたり，作業をしたりして，ビオトープをつくるなどのことをした。また，先生たちと一緒に組織をつくって，ワークショップを行ったりと少しずつ進めてきた。

　始めたきっかけはまちづくりの専門家から，ヨーロッパでは地域住民，専門家，学校が一緒になって，まちづくりを環境学習というかたちで行っているという話を聞いたことである。PTA の仲間と「なんかいいよね，どうしてこんなに違うんだろうね」という話になり，何かやってみようということになった。プレーパークでこれだけ行政と対等なかたちを経験して，そういう体制があると感じていたので，学校に活かせると思った。PTA を卒業しても参加できるなど，地域住民が運営に関わるような，コミュニティスクールのようなものにしたかった。その頃から国の方でも地域と連携する教育が打ち出されて，世田谷では地域運営学校に力を入れていた。学校が地域の核になり，それを支える人たちがいて，学校のネットワークから地域もフィードバックが得られるような図式になるといいなと思ってやってきた。小学校の PTA 活動は 8 年くらいずっと関わってきた。小さい学校だったから，やらない年はないという感じだった。

　今，守山小学校を含めて 3 校を 1 校にするという話があり，地域としては 2 校残して欲しいという話をしている。昨日も意見交換会があった。教育委員会は，適正規模にしたいということを根拠にしていてそれもわかるが，小学校に手をつけるということは，相当な覚悟を持ってこなければいけなかったと思う。一番危険な地域なので，地域の人

たちは防災のことを心配している。小学校が防災の拠点にもなっているので、避難所としては残すというが、PTAが入ってこないなかで、どうやってコミュニティをつくっていくのかが大きな問題となる。また、超高齢化地域なので、さらに子育て環境が悪化するということは学校だけの問題ではないということを言っているが、昨日で話し合いも打ち切りということになった。

　下北沢のまちづくり問題をやってきた人たちは、下北沢近辺にファミリーが住むところが本当にないという。このままいくと、都会のなかなのに、少子高齢化を絵に描いたような地域になってしまう。すごく危機感を感じる。本当に町内会のお祭りをやるような人たちがいなくなったら、すごく住みにくい。災害がおきたときにも、それまでのコミュニティが基本になる。そのコミュニティがなくなってしまったら、どんなに支援が来ても動けないような地域になっていってしまう。だから、学校だけの問題ではなく、コミュニティをどう残すのかというもっと大きな問題として話し合わなければいけない。

　今までやってくれていた人に代わって、羽根木町会の何十世帯の班長になっている。回覧板をまわしたり、集金をしたりしている。今関わっている学校統合の話も、町内会長代理として出ている。町内会も高齢化していて、町内会のことは私は協力しようと思っている。プレーパークは地域のなかで独特な目で見られてきたが、高齢の人たちのなかにも大事だと思ってくれる人はいる。そういう人たちがいなかったら続いてこなかったと思う。プレーパーク自体は町内会とは密な関係はとってないが、プレーパークに関わった人たちが、結構青少年地区委員や、青少年委員になっていて、私は新代田の青少年地区委員になっている。地区委員長は羽根木の世話人代表だったFさんだし、プレーパークに関わった人が結構入っている。プレーパークができた頃から協力してくれていた方が、元青少年地区委員長の方で、天野さんとも一緒に動いていた方で、そういう方が地域の人としている。私はそのお嫁さんとすごく仲良しなので、そういう上の世代とのつながりがなんとなくある。地域には割と女の人がサザエさんみたいにそこにいるということも結構あるし、三世代世帯も多い。

・家族について
　夫婦2人とも地方出身。私がいつも疲れて寝ているので、プレーパークのことは夫にどんなにやめろと言われたかわからない（笑）。あと、自分が働いていないということを、自分のなかで解決するのが大変だった。でも、「地域にこんなに解決してないことがたくさんあるのに、それを解決する人がいないのは嫌だ」と自分で納得し、夫も説得した。子どもにも「なんでお母さんがそれをやらなくちゃいけないの」と時々言われた。
　一番上の子が福島の大学に行っていて、東日本大震災で被災した。その子はそのまま福島にいるのだが、いろいろ調べれば調べるほど、これはやっぱりやばいなと思った。福島の状況はこれは尋常なことではない。それも息子に「ほどほどにね」と言われてい

るが，やっぱり保護者として，何もしないわけにもいかないと思って，ネットで出会った保護者の人たちや先生と連絡を取ったり，放射線の測定をしたり，大学の執行部にも会ったりしている。プレーパークもそうだが，子どもに関わってくる問題が，私をいろんなところに連れて行ったり，導いたりするのだと思っている。

　でも，今回の小学校のことや原発のことでも，壁にぶち当たるといろんな仲間が増えるのだなとしみじみ思った。いろんなところに，いろんな活動をしている人たちがいっぱいいる。小学校のことでは，下北沢関係の人とか，学区外の人たちともつながれたので，その人たちと本当に貴重な信頼関係を築けている。若いお母さんたちともつながることができた。福島のことも，今回初めてつながった人たちがいっぱいいる。すごくいいシャッフルになった。みんな必死になるから，そういうことができるのかなって思う。

⑵　世話人荒木直子氏

　荒木氏は自主保育「ひろば」に関わるお母さんで，2017年現在は羽根木プレーパーク世話人会の副会長になっている。石川県出身で，故郷は海と山に囲まれた場所だという。聞き取りを行った2013年当時3歳6カ月だった娘と夫の3人家族で，かつてはフリーの人形アニメーターだったが，人形を作ったり，イラストを書いたりなど，その時頼まれたことをこなす仕事をしている。

・関わるきっかけ

　3年前，子どもを妊娠したと同時に引っ越してきた。この辺の事情をまったく知らない状態で移ってきた。子どもが0歳，1歳くらいのときは，近くの児童館に行っていた。同じような状況の親子が集まるところにはたまには行っていたが，そこで何か次の発展がある感じでもなかった。子どもが歩き始めて公園とかに行くようになった。誰かと一緒というのではなく，子どもと2人で行っていた。公園に行っても，そんなに密な関係にはもちろんならないので，この先どうしたらいいのかなと思っていた。

　ここ（羽根木プレーパーク）の場所は「火とか焚いていたりして戦後みたいなとこあるよ」って，子どもが生まれる以前に人から聞いていた。それでベビーカーで子どもを連れて一回見に来た。そうしたら，お母さんたちがたき火しながら井戸端会議みたいなのをしていて，子どもがはだしで真っ黒になって，鼻水垂らしながら走ってて，かなり衝撃的だった。ちょっとビックリして，入っていいのかわからなくて，声をかける勇気もなく，どんな場所かもわからないまま，いったん入らずに持ち帰った。でも，直感的には絶対ここ面白いな，楽しいなというのがあった。

　その後，遠回りな方法をとってしまったのだけど，羽根木プレーパークをネットで検索して，ホームページで「プレーパークせたがや」がやっているらしいということを調

べた。あそこに子どもと一緒に関わるにはどうしたらいいんだろうと思って見ていたら，「世話人募集中」というのがあって，「なるほど，地域の人が運営していて，その地域の人を募集しているんだ」と思った。これだったら，ゼロのところからでも，子どもと一緒につながれる可能性があると思い，事務所に電話した。それで「1歳半くらいの子どもがいるんだけど，世話人ってなれるんですか」と聞いたら，キョトンみたいな感じだった。あ，なんか間違えたのかなと思ったけど「じゃあちょっと1回お話しましょう」ということになった。子どもを連れて来るから，事務所ではなくて羽根木プレーパークで会って話しましょうということになった。そこで，30何年前からやっていてとか，具体的にどういう人が活動していてここにいるのかというのを聞いた。自主保育の人たちが活動していて，ピッピとひろばというのがあるから，そこのお母さんと話をしてみたらどうですかと言われた。ちょうどその時にひろばの方がいらっしゃって，お話を聞いて，「自主保育ってそんなのあんの？！」とビックリした。なんだか，目からうろこだった。「所属せずに，ここで自分たちでね，わー！」って，「そんなアグレッシブな母ちゃんたちがいるのか」と思った。それで，興味があるので見学よろしくお願いしますということになり，入りはそんな感じだった。

• 自主保育の活動

　娘が2歳の4月から自主保育のひろばに入った。だからもう彼女が2歳の時には，母子参加なので毎日というわけではないけど，ずっと来ていた。自主保育の活動は，9時半から14時まで，月曜から金曜日までの週5日，だいたい小学校と同じスケジュールで行っている。月末に月例ミーティングをして，次の月の予定を決めている。お誕生会と遠出（小さな遠足）は毎月あって，それ以外は「羽音ロック」とか「雑居まつり」とかのイベントが入る月もある。あとは預け合いのお母さんたち同士でシフトを組む。基本的には，子ども2～3人に対して大人1人で担当をしている。1週間に1回ないしは2回くらい当番に入る。足りないところは，OGの方とかに保育者さんとして有給でお願いしている。予算の関係があるので，6回ぐらいまで保育者さんに入ってもらって，あとは自分たちで埋めるようにしている。自分の当番以外は預けているので，買い物に行ったり，洗濯をするようなことは普通にやっている。月謝は，預け合いの人は3,500円，母子参加の人は1,000～2,000円という金額で，プラス区に補助金を申請している。

　自主保育は，楽しいのもしんどいのも全部自分たちでやるからいい。自分たちで運営するのは，しんどいときもあるけど，でもやっぱりつらいのも楽しいのも全部自分で決められるというか，自分のものにできるというところがある。お母さん方も含めて，みんながやっぱりすごく楽しそうにしている。もうここ以外にこれから進路変更するのは私が難しいと思う。特に自主保育は，その時にいるお母さんの好きなことによって，いろんな方向にいく。雑居まつりや，卒会とかで出し物をやる時も，去年はフラダンスを

やっているお母さんが2人いたので,「じゃあフラダンスやっちゃう？」みたいに決まっていく。卒会を担当する人が「バンドやりたい」と言うので,「じゃあバンドやろうか」「練習してきます」みたいな。それで,今年は羽音ロックで「あまちゃん」をやることになっている。

　自分たちがやりたいことをやらせてもらえたりとか,自分が何かの役に立てたりする。私も,説明会とかでパンフレットとかチラシが必要になったときに,「じゃあ私パソコン使って絵も描けるからやりましょうか？」というふうにできる。その時その時で,やれる人がやれることをやるみたいな感じで,まぁやれなかったらやれなかったで,「じゃあそこはやめておこう」みたいなことを,お母さん同士で話し合って決められる。その時にいるメンバーでやれることをやれるだけやるという感じで進んでいくから,これをやらなければいけないみたいなきまりがない。

　この前,ひろばの成り立ちの話を聞いて,長くやっているなかで,人数がすごくいた時期もあれば,少なくなった時期もあったらしい。38年間も,トップがドンといるわけでもなく,ずっと続いているというのが,私にとってはかなり衝撃的で,普通は園長先生とかカリスマな人がいて,その人が取り仕切ってそこにみんな集まって来るみたいなイメージがある。それがなくて,ここまで続いているということがすごく不思議だった。でも結局,毎年ここで子どもを育てたいなと思っている人が何人か来て,本当に少しずつ,つながっていってやっているのだと思う。なんかすごい話だなと思うけど,なくなってないというのはそういうことかなと思う。

● プレーパークという場

　今年からひろばの世話人係として世話人になった。プレーパークの行事とか予定を聞いてひろばで報告する。もともとやっていた方が今年で卒会してしまうので,引き継いで私がやっている。もともと世話人になろうとして話を聞いた人間なので,自然な流れでそうなった。前任の方はもう個人的に世話人になっていて,今後も続けて世話人でいるのではないかと思う。彼女はもうそこにがっつり関わっているという感じになっている。

　プレーパークとの関わりとしては,そらまめハウスで「0.1.2.3」という子どものイベントがあって,そのときにお菓子とコーヒーを置いたりして,ひろばでもお店を出している。お菓子作りが得意な人がいて,ちゃんとオーガニックな美味しいものを作って出している。ピッピさんが豚汁とかを作ってくれる。この時には設営を手伝ったりしている。

　プレーパークのようにこれだけのいろんな人が関わっている場所というのは,他には知らない。田舎だと,町内というのがあって,そこの人はだいたい私のことを知っているという感じではあるけど,東京に来て初めてそういう場所を見た。リーダーとか,誰

かに聞けばみんなのことが分かるし，リーダーや世話人の方が自分の子どものことを知っていてくれる。そういうのが，特にガチガチに縛っているわけではないのに，ちゃんと存在するというのがすごい。そういう場所にいたいと思う。コミュニティってこういうことというような，こんな場所が近くにあるというのは相当幸せだと思う。もし，この場所を知らなかったら，今どんな感じで子育てしてたのかなって，いまいち想像がつかない。

　私がまずそうなのだが，ここで救われている親子がいっぱいいると思う。誰かと関わらずに，子どもは絶対に育てられない。田舎で育ったから，まわりに近所の人とかがいて，つながりがわかりやすかったけど，外から来てここで子どもを育てるとなった時に，もちろん幼稚園とかでつながりはできると思うが，こことのつながりとは少し違うのではないかなと思う。

　人にまかせないで自分でやりましょうよ，責任も自分で取りましょうよというところは，大切なのではないかなと思う。それは子どもにだけではなくて，親にとってもすごく重要だと思う。誰かにまかせておくと，文句を言うだけということになりやすい。でも，自分たちでやっていると，大変なことも自分たちでわかるから，人まかせにしないくせがつく。こういうとこ問題だよねとか，ああしたいよねとか，これできるんじゃないということをここで話したりして，大人が実際それをやっている。それを子どもが，ああ大人ってこういうふうに決めてるんだとか，問題が起こることも失敗したりもあるんだねとか，そこもふくめて全部見ることができる。完璧な姿だけを見るわけではない。それを許せる場所，それをやらせてもらえる場所だから，それはすごく大人にとっても子どもにとっても重要な場所だと思う。あと，いろんな意見があるから，いろんな意見をもっていいんだって，子どもも思える。ここには，いろんな大人がいる。ピシっとして会社に行っている大人だけじゃない，じいちゃんばあちゃん，中高生も含めて，ほんとにいろんな人がいる。そういう失敗とかゆるさも含めて，ここにくればなんか許してくれたり，いてもいいって思える場所が近くにあるというのは，すごく大切でいいこと。

　子どもがちゃんと挑戦したりすることを許してくれる，ここ自体がそういう場所だと思う。なかなかそういうことって，他だとみんな責任問題になってしまうから，ピリピリするんだけど，親もそこからちょっとだけ解放されて，見守ろうという気持ちになれるという所は大切だと思う。

・プレーパークとの今後の関わり
　娘が小学校に上がるタイミングで田舎の実家に戻るかもしれない。ここがなかったら，もっと早い段階で，彼女を田舎に連れて行きたいと思っていたかもしれない。ただやっぱりここが，ひろばがあるので，彼女が小学校に上がるまでいたいと私は少なくとも思っている。ここがそれこそ，40年近く運営されてきているということがすさまじいこと

で，自分の子育てが終わっても，子どもが出たとしても，ここの場所は絶対残しておいてもらいたい。次の人たちのためにもそうだし，自分も楽しみたい。だからもし何らかの事情でここに残るということになった場合は，彼女が小学校に行っても，プレーパークと関わりたいと思う。本当に運営に関わる人で，少し上の世代で下の世代に橋渡しする人が少ない。それは，なんだろう，やっぱり背負うものが大きいのかな。このままだと，次世代，次次世代，地域の住民での運営というのが危うくなってしまう。

　家族の意見とかもあるのかもしれない。お金が発生しないことに，なんでそんなにつぎ込んでるのという，そんなクレームが来るであろうということは，容易に想像できる。お金が発生するなら，まだ仕事としてできるということがあるのかもしれない。「お金じゃないじゃん」みたいに，お金が発生するかしないかが，あまり重要ではないという人がいないとまわらない。でも，東京においてそれはある程度の財力が求められる。これからどんどん厳しくなるからもっとそうなっていくかもしれない。

　自主保育の場合は，お母さんにとってリアルな利益がある。ひろばに関して言うと，自分も見るけど自分の子どもも見てもらえる。ギブアンドテイクが成立している。利害がわかりやすい。自分が無償で働いていることがお互い様になっているのがわかりやすいから，こうやって続いていけるのかなという気もする。プレーパークの運営に関わるのは，もっと精神的な部分があるような気がする。家族にいろいろ言われたりとか，それに打ち勝つには，相当な信念がないと続けられない。でも，難しいけどなくなったら大変だし。誰かがってなってしまうけど，私が移らずに東京にいたら，そこまで頑張りたい。

❷ 事務局の役割

　NPO法人には，事務局として有給の職員がいる。各プレーパークの運営はその地域の世話人と，法人職員であるプレーリーダーが担うが，NPO法人は，法人の理事と運営委員，職員である事務局とプレーリーダーで成り立っている。ここでは，事務局の役割について，事務局のW氏の語りから見てみよう。W氏は2006年からプレーパークせたがやの事務局に入り，就職して8年目である。2004年にプレーリーダーを受けたが落ちてしまい，その後事務局として採用された。それまで豊島区のプレーリーダーとして，週4回登録制のアルバイトのようなかたちで関わっていたという。

・NPO法人で働くということ

　もともと，プレーパークの存在は，22歳くらいまで知らなかった。大学で子どもと工作をしたり，遊んだりするサークルに入っていた。美大で，アニメーションを作りたか

ったので，子どもは何が面白くて，何を怖がったり，何を楽しんだり，わくわくどきどきしているのか知りたかった。外でどろんこになって遊ぶようなサークルで，メンバーの1人が羽根木で遊んでいた子だった。「世田谷にはこんな面白い場所があるんだよ」と1回連れて来てもらった。その時に「これはすごい」と思った。たき火はしているし，木になんかいろいろロープとか張ってあるし。そこではじめてプレーリーダーという職を知って，これは面白いかもしれないと思った。そこから，プレーリーダーを1回受けて受からなかった。そのときにいろいろ調べて，地域住民で運営されていることとかを知った。子どもの遊びの現場にいるプレーリーダーというのを少しずつ知り，NPO法人なんていうのも10年ぐらい前だから，大学を出て就職する先としては，まだまだ一般的ではなく，面白いかもしれないと思った。プレーリーダーではないけど，事務局だけどどうかという話があって，勤めてみようかなと思った。

　これまで活動してきたなかで，良くも悪くも会議で決まったことが変わるということは印象深い。いい意味で言えば，1人1人の意見を大事にするということがある。1人1人がいてこそ，このNPO法人があって，プレーパーク各4つの現場が成立しているというのを意識するとなると，そもそもの個人個人の想いが尊重されないかぎりは成立しないということになる。だから「このタイミングで，今それをひっくり返す？」ということが，いろいろとおこる。でも，どうしてもそれはひけないという話になると，直前でひっくり返ることはよくある。天野さんが「大人こそ冒険遊び場遊び」と，運営するという大いなる遊びをしようじゃないかということを言っていた。遊びのなかでも，自分がやりたいことができなかったり，道具がそろわなかったりすることが，往々にしてあるわけで，そういう苦労を超えるからこそ，何かができたときが楽しいということが，イコール大人にも当てはまるのではないか。いろんな人がいて，いろんな意見があって，1つの意見だけが通るわけではなく，1個1個解決していくことを楽しもうよということが根本なんだろうなというのが印象に残っている。

・事務局と世話人の違い
　NPOによっては「ボランティアさん集まってください」というところもあると思うけど，プレーパークせたがやはそうではないなと思っている。なんというか，みんながやる人だというスタイルだなと。他のNPOと出会うような勉強会に行ったりすると，なんか言っていることが違っているという感じがある。最初は気がつかなかった。ボランティアコーディネーターという上に入る人がいて，ボランティアが集まってきてそこをコーディネートするというよりは，プレーパークの世話人は横並びで，お互いにコーディネートし合っているんだと，途中で気がついた。世話人と職員も横並びで，役割が違うだけというイメージのほうが僕はしっくりくる。それぞれに担っているものも違うから，それぞれに担っている責任も違う。役割も違うから，有給ということでの対立も

起きようがない。

　世話人は僕よりもずっと前からやっている人がいたり，こういうことが大事なんだよと教えてくれる人がいたりして，日々勉強になる。どういうふうに説明したら，会員の人にわかりやすいとか，こういうふうにしたらいいんじゃないかというのは相談に乗ってもらったりする。でも，世話人は基本的に本職や家がある人なわけだから，お金をもらってやっている人間が何を担うべきかということは，日々悩みどころ。過去痛烈に感じたのは，総会の決算で1円も間違えてはいけないというときに，1円を合わせるのは僕かなというのは，思ったりしている。責任はお互い持っているが，仕上げなければいけないという責任がある。役割分担上の責任の区別はあるかもしれないけど，それぞれで責任を負うところは負ってやっている。

　NPOの運営は，チーム戦なので，1つの方法ができたとしても，人が変わると同じ方法が使えるわけではない。作った方法論を組み替えていかなければいけなかったりして，去年と同じ方法ではだめで，そのつどというところが苦労するところであって，マニュアルにできない。できるところはしたいが，日々追われてそれもできないということもある。すごく枝分かれしたものならつくれるのかもしれない。

❸ 運営に関わる人びとの語りから見えてくるもの

　世話人としてプレーパークに関わる人は，子育て中にプレーパークに出合い，自主保育やプレーパークの活動に惹かれて関わるようになる人が多いということがここでもわかる。プレーリーダーは子どもに寄り添う存在であったが，首藤氏が保護者に寄り添うように意識していると言っていたように，世話人は保護者のことを考えるようにしており，ここでも役割分担がなされているということがわかる。

　首藤氏の語りのなかに，最初は「自分のため，自分たちのため，地域のためというふうに思っていた」のが，「社会のために必要なのかもしれないと思うようになった」とある。プレーパークに関わる世話人の母親たちは，はじめはわが子のため，それが仲間もできていき自分たちのため，活動のなかでもう少し周囲との関わりが増えていくなかで地域のためというふうに拡がっていき，やがて自分たちの活動の社会的意義に気がついていく様子がよくわかる。それがさらにNPO法人になったことによって，より意識されるようになり，こういう重要な役割をプレーパークは担っているのだということを声に出して言うようになったのである。

　首藤氏はプレーパーク以外にもさまざまなところで活動の担い手となってい

る。話にも出てきたように，子どもたちが通っていた小学校では，学校の校庭づくりを児童，保護者，教職員，地域住民で行う活動を続けている。これには，プレーパークの経験から行政とは協働してやっていく体制がつくれるのではないかとの考えが根底にある。プレーパークが活動者の主体化を促すとともに，自治と協働の学校として担い手に影響を与えていることがよくわかる。また，この小学校が統廃合の対象となり，町内会長の代理として会合に出席しているが，学校の統廃合を子どもたちだけの問題ではなく，防災拠点としてコミュニティ全体の問題であると捉えていた。プレーパークでの普遍的体験は，地域全体への問題意識へと展開し，地域住民組織との積極的な関わりも生んでいくようである。

世話人を長年担ってきた首藤氏であっても，家族との関わりや自身の仕事との関係から悩んだ時期もあるという。このようなことは，代々の世話人が悩みとして持っていたことであろう。このような事情がより尖鋭化して，現在のプレーパークの課題である世代的に中間層となる世話人の担い手がいないところにもつながっているのではないだろうか。

一方で，荒木氏は自主保育の関わりから世話人となって1年目である。自主保育はプレーパークができてすぐに始まった活動であるが，それが今日まで脈々と引き継がれてきたことがよくわかる。自主保育は幼児を幼稚園などに預けずに自分たちで預け合いを行う。先生のような人や，上に立つ人がいるわけではなく，自分たちで運営していき，自分たちで当番を決めて子どもたちを預け合うのである。まさに自治的活動と言える。ここでは，母親も楽しみながら参加している様子がみてとれる。自分が楽しみながら，できることは引き受ける。前述の天野氏や首藤氏の語りに通底するものである。

荒木氏は，プレーパークのようにみんなが関わり合っているところは，東京に来てから初めて見たという。田舎にいたころの町内というような感覚でありながら，「ガチガチに縛っているわけではないのに，ちゃんと存在する」ものは，第1章で触れた越智昇（1986）のいう「新しい第一次的ネットワーク」のようなものではないかと考えられる。つまり，ここにはコミュニティが存在しているのである。「人にまかせないで自分でやりましょうよ，責任も自分で取りましょうよというところは，大切なのではないかなと思う」というのはまさに自治のことで，これがコミュニティを成り立たせているのである。担い手の問題については，自主保育の場合はギブアンドテイクが成立していて，利益が

わかりやすいとしている。プレーパークのほうは、「家族にいろいろ言われたりとか、それに打ち勝つには、相当な信念がないと続けられない」のではないかとしている。この辺が成立しにくくなっていることが、担い手不足の原因となっているのではないだろうか。

事務局のW氏からは、NPO法人のなかで、有給の職員とボランティアとして関わっている世話人との違いがわかる。しかし、役割は違っていても横並びであるというのが、プレーパークの特徴だという。違いといっても役割を分担してそれぞれが責任を負っている。しかし、W氏の話にあるように、ほかに仕事や家のことがある世話人や運営委員と異なるのは、仕事として関わっているので、どうしても仕上げなければいけない時などは責任をとらなければいけないことである。NPOの運営はマニュアル化できないという話は、NPOは分業型ではなく、分担型（越智 1982）であるからではないとかと考えられる。誰が関わるかによって、運営の方法が変わるため、マニュアル化することができないのである。だからこそ、誰か一人が納得できなければ、すべてが覆ってしまうといったことが起きるのではないだろうか。

3．プレーパーク活動から見える自治と協働の内実

ここで前章からみてきたプレーパークの活動を自治と協働の面から振り返っておこう。プレーパークの活動は前身である冒険遊び場の活動が開始した1975年から現在まで、住民・市民が行ってきた自治的な活動と捉えられよう。しかもその特徴は、自分たちが重要だと思う活動を進めることが、地域のなかでの周りとのコンフリクトを起こす活動でもあったということである。つまり、自らが課題を認識し、これを解決するために自治的に物事を進めるためには、この課題を認識しておらず、むしろ解決行動を疎んじる人びとと対峙することになるのである。これらの周りを取り巻く反対勢力との間で少しずつ理解を深め、こちらの考えを理解してもらったり、また理解してもらえることができずに妥協したりという繰り返しが活動のなかで起こらざるを得ないのである。

一方で、内部での葛藤もある。同じ課題を共有して人びとが集まり、活動を行っていく組織化がなされているとしても、個人個人の思いは少しずつのずれがあるのは当たり前である。天野氏の語りにもあったように、プレーパークの開設当初は、子どもがしたいことをさせたいという天野氏らプレーリーダーの

思いと，近隣からの批判を考慮しながら継続することが重要との運営者らの思いがぶつかっていたという。子どもが自由に遊べる場をつくりたいという思いは一緒でも，運営の方針には大きな隔たりが出てくるということである。このような内部での齟齬，対立関係を時間をかけて話し合うことによって，お互いの溝を少しずつ埋めながら，あるいは埋まらないまま保留にしながら進んできたのである。これは羽根木プレーパークの現在の様子のなかで，毎月の世話人会が午前10時から夜までかかるということにも表れているが，自分の意志で参加している市民活動のなかでは，誰かの意見を誰かが凌駕することはできず，それぞれが自分の意見を主張することが許されている。それゆえ，自治的活動の内部の営みは，多数決方式ではなくどちらかといえば全員が納得するまで話し合うという方式なのであり，だから進み具合は緩やかで時間もかかるのである。事務局のW氏の言にあったように，これでいこうと決まったことが，土壇場になって納得できないメンバーが出て，すべてが覆されてしまうような事態も起こるのである。

　以上のように，プレーパークの自治的な活動の詳細を検討してくると，自治を遂行するにはそれを行う内部でも，また外部との関係でも「協働」が必要となってくるということがわかる。コミュニティを「自治を行う集団」として捉えると同時に，「協働を行っている集団」としても捉える必要があるということである。

　注
1) 2013年8月1日に，羽根木プレーパークにて1時間ほど聞き取りを行った。立場や内容については，その当時のものである。以下の聞き取りの内容についても同様である。
2) 2013年9月4日にNPO法人プレーパークせたがやの事務所にて3時間にわたって聞き取りを行った。
3) 三軒茶屋太子堂ひろばづくりの会については，第6章で詳述する。
4) まちづくりハウスやまちづくりセンターについては第7章で詳述する。
5) 2012年度の途中からサポーターに改称した。
6) 2013年7月23日，羽根木プレーパーク近くの喫茶店にて2時間ほど聞き取りを行った。
7) 周辺の北沢地域には，木造密集地区があり，1980年頃に第6章で詳述する太子堂地区とともに，まちづくりのモデル地区に指定されてきた。
8) 2013年9月19日に羽根木プレーパークにて2時間ほど聞き取りを行った。

9） W氏には，2013年7月25日にNPO法人理事で羽根木プレーパーク世話人の福島氏と一緒に聞き取りを行った。法人についてなどプレーパーク全体に関わる話しだけでなく，W氏とプレーパークとの関わりについても聞いた。

第6章

「住民参加」から「住民自治と協働」への展開
―― 太子堂地区修繕型まちづくり

大人も子どももまちづくりに参加するきっかけをつくった「きつねまつり」

太子堂地区は，東急田園都市線の三軒茶屋駅周辺に位置し，渋谷まで電車で5分という立地であるが，駅前の再開発地域から一本裏道に入れば，狭い路地が入り組んでおり，世田谷の下町と呼ばれるにふさわしい様相を呈している。このようなまちになったのは，もともと農地だったところに，関東大震災後に被災した人びとが移り住んで小さな木造の家がたち並び，畑のあぜ道がそのまま道路になっていったためである（梅津 2015）。また，戦後の復興期には木造賃貸アパートが狭い土地に建設されていき，東京23区のなかでも代表的な木造住宅密集地域（木密地域）となった。そのため，火災時には消防車が入れず，大震災などの災害時の危険が心配される地域である。

　この地域で行われてきた「太子堂まちづくり」は，都市計画などの工学系の分野では「まちづくりの学校」とされ，ワークショップなどの手法を駆使した住民参加のもと，修繕型のまちづくりを行ってきた地域として有名である。今更この地域を取り上げる必要はないのかもしれない。しかし，太子堂のまちづくりは，このようなハードの街づくりのみが注目されるべきではない。防災上の課題から，ハードの街づくりを主な目的として行われてきたまちづくり協議会の活動は，当初からソフトのまちづくりを射程に入れており，コミュニティ形成が目指されてきた事例なのである。しかし，ソフトの「まちづくり」よりも，ハードの「街づくり」は，土地所有などの私的権利も規制の対象とするため，その合意形成はより困難を伴うものとなる。このような困難に1980年代初旬から現在まで真摯に向き合ってきたのが，「太子堂地区まちづくり協議会」

木造アパート（手前）と再開発により建設されたキャロットタワー（右奥）

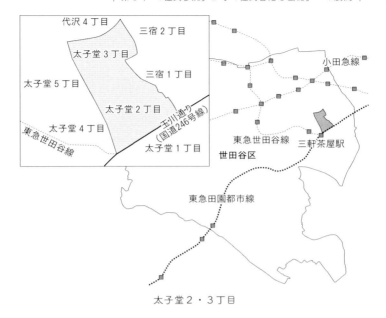

太子堂2・3丁目

の活動である。この活動は、協議会単独で行われてきたわけではなく、地域のなかでさまざまな団体や人びとと連携しながら行われてきた。それゆえこの取り組みは、行政主導の住民参加の街づくりを起点としながら、自治と協働の継続的な取り組みとして捉えることができるのである。しかしながら、長い活動のなかではその課題と限界も持つものであり、自治とコミュニティ形成を考える際の問題を提起してくれる。まずは、まちづくり協議会の活動を詳述し、これと関連をもつ太子堂地域内の活動についてみていくことにする。

1．太子堂地区まちづくり協議会

❶太子堂地区まちづくり協議会の発足[1]

　1975年に東京都によって示された「地震に対する地域危険度」において、世田谷区内では、北東部のはやくから市街地化された地域の危険度が高いことが指摘された。これをうけて、1976年に世田谷区既成市街地再整備調査が行われ、この結果から、世田谷区内では北沢1〜5丁目と太子堂2〜5丁目が震災時にもっとも危険な地域であるとされた。両地域は防災上危険であるだけでなく、

日照条件など居住環境としても問題を抱えていた。これは，道路や公園などの都市基盤が未整備なまま，木造家屋が建てこみ，オープンスペースが確保されていないことに起因するものである。このような既成市街地の問題を解決する方法として，住民主体で計画づくりを行い，この計画に基づいて長期的，継続的に整備していく修繕型のまちづくりの手法が区によって提案されたのである。

　第3章で見てきたように，世田谷区では1978年策定の基本構想において，まちづくりを住民参加で行う方針を打ち出し，1979年の基本計画で重点事業として位置づけられた災害に強いまちづくり事業についても，住民参加で進めていくことが示された。既成市街地では土地建物が細分化しているうえに，権利も錯綜しており，住民の合意を得ることが困難となる。それゆえ，再開発などの規制制度を適用するのは難しいことから，住民の合意に基づく修繕型のまちづくりが目指されたのであった。

　この新しい取り組みに対し，世田谷区は北沢3・4丁目地区，太子堂2・3丁目地区をモデル整備地区として指定した。北沢地区では，1979年に区主催のまちづくり懇談会を行い，1980年には地域住民によるまちづくり協議会が発足し，1981年に「北沢地区まちづくりについての提言」を区長に提出している。一方，太子堂では北沢のようにとんとん拍子でまちづくりは進んでいかなかった。世田谷区は1980年に太子堂2・3丁目地区において「太子堂地区まちづくり通信」を全戸配布し，北沢地区と同様に住民にまちづくりへの参加を呼びかけた。しかし，集まった地区の住民と一緒に，1年半近くかけて7回もの「まちづくり懇談会」を開催することになるのである。

　懇談会において，区ははじめに地区の問題点を指摘し，住民の意向を反映させながら，長期的・継続的に住環境の向上を図っていくことを提案した。区から地区の問題点として挙げられたのは，4m未満の細街路や行き止まり道路が多いこと，木造賃貸アパートが密集していて火災延焼の危険性が高いこと，公園や緑地が少なく住環境が悪いことなどであった。

　一方住民側には，行政に対して強い不信感を持っている人が多いという事情があった。太子堂では，1964年の東京オリンピック開催を契機に地区を横切る国道246号線の地下に東急電鉄新玉川線（現田園都市線）が建設されることになり，地区内に高層マンションが建設され始めた。これにより，1970年代には太子堂において日照権をめぐるマンション紛争が多発していたのである。この時，世田谷区は権限なしとの理由から一貫して逃げ腰の対応をとってきたため，

地域では行政不信が強くなっていたのである。それゆえ行政主導のまちづくり懇談会においても、区が何をしようとしているのか、土地区画整理をしようとしているのではないかなどと住民側には不信がつのり、最初は要求や批判が繰り返されるような事態におちいったのである。このような事態に対し、まちづくり懇談会を担当した行政職員は、住民の批判や要求を真摯に受け止め、住民とともに議論を重ねた。なかには、路地裏までくまなく歩いてチラシを全戸配布するうちに、住民以上にまちの事情に精通する担当者も現われるなど、行政担当者の地域に向き合う姿勢が、住民の心情を少しずつ動かしていったのである（梅津 2015）。

しかしながら、住民から出される意見も決して一様ではなかった。「住みやすい安全なまち」を目指すという点では一致しても、具体的な検討に入ると意見や利害の対立が生じた。行政との関わり方も、どちらかといえば上意下達方式に慣れてきた旧住民と、権利意識の強い新住民とのあいだに温度差があった（梅津 2015）。こうして7回ほど懇談会が開催され1年半が経過したころ、住民参加のまちづくりを推進するためには、地区のさまざまな問題を定常的に討議する母体となる組織が必要との問題提起が区からなされた。これまで行ってきた懇談会形式では毎回参加者が入れ替わり、内容が繰り返しになるため限界がある。住民参加のまちづくりを進めていくためには、段階的に議論を積み重ねていく必要があった。これまで議論に参加してきた住民側からも「自分たちのまちのことは自分たちで考えて行動しよう」と提案がなされ、これに多くの参加者が賛同し、協議会を発足することになったのである。

1982年5月に約30名の住民有志によって「まちづくり協議会設立準備会」が発足し、4回にわたって準備会が開催され、会の目的や、運営の仕方、会則などを納得いくまで話し合った。その後「まちづくり通信」を全戸配布して協議会メンバーを公募し、これに応じた住民によって1982年11月「太子堂地区まちづくり協議会[2]」が正式に発足したのである。事務局は世田谷区都市整備部街づくり推進課が担当し、当初の会員数は50名ほどであった。個人参加を条件に公募したものの、「行政得意の根回しで町会、商店会の役員が多数参加し、区主催のまちづくり懇談会当初の顔ぶれと代わり映えしないメンバーでのスタート」（梅津 2015: 54）であったという。

時間をかけて話し合って作成した会則には、目的として「太子堂2・3丁目地区の防災性能と生活環境の向上をはかり、安全で住みよい文化的なまちづく

りの推進」が掲げられている。会の役割としては，① まちづくりのあり方に関して関係住民等の意見を考慮して協議する，② まちづくりに必要な調査・研究を行う，③ まちづくりの計画案をつくり区長に提言する，④ 区が策定する事業計画等について意見を述べる，⑤ その他まちづくりの活動を進める，ことが挙げられている。また，会則では役員として会長1名，副会長4名，運営委員若干名を選出することになっている。当初会長を地区の連合町内会長にお願いしたが，協議会は道路拡幅などのハード面の調整を行うことから，住民が対立する可能性をはらんでおり，町内会組織となじまないとの理由から断られている（小山 2013）。このため，協議会では会長をおかずに副会長3名と運営委員の合議制で活動してきた。このとき，副会長として若い地主が1名入ってくれたことが，新旧住民をつなぐ意味で非常に重要であったという。この時副会長となり，現在でも協議会の活動を続けている梅津政之輔氏は，連合町内会長に協議会の会長をお願いした理由や，副会長として地主層が入ったことが重要である理由を次のように述べている。「太子堂の土地所有状況を調べた区の担当者から，かつての農家，現在の主な地主7軒の本家，分家が地区全体の2割以上の土地を所有していることを教えられ，町会，地主の協力なしにはまちづくりはできないと判断」（梅津 2015: 56）したとのことである。

　協議会は原則として月1回開催し，必要に応じて運営委員会等を開いていくこととなっている。「自由に誰もが参加できる協議会」という方針であるため，太子堂地区および周辺の関係者ならば，協議会のメンバーでなくても参加できる。これに加えて，地区外居住であってもオブザーバーとして参加できるため，当初は60名以上の参加を得た。協議会では全員一致した内容のみを採択することにしている。また，情報を公開することを基本とし，決議の内容が権利に関わる場合には，住民全員に告知することを徹底している。参加者についても情報公開についても，地域に開いた協議会であることが徹底されているのである。

　さて，1982年に制定された世田谷区街づくり条例によって，太子堂地区まちづくり協議会は，制度的にも位置づけられることになる。街づくり条例では，重点的にまちづくりを進める地区を，区議会の議決で「街づくり推進地区」として指定し，住民の多数の支持がある場合には，地域のまちづくりを進める組織を「認定協議会」[3]とし，協議会に対する支援を行うことや協議会からの提案を尊重することを定めている。太子堂2・3丁目は1984年4月に「街づくり推進地区」に指定され，太子堂地区まちづくり協議会は，同年10月に「認定協議

会」に指定されたため，地区のまちづくりを検討する唯一の公式な組織となった。こうして太子堂地区のまちづくりは，「街づくり条例」による専門家派遣等の各種助成を受け，その後も進められていくことになるのである。

❷「住民参加のまちづくり」の実際

　太子堂地区における住民参加のまちづくりは行政の施策として打ち出されたものであるが，実際には行政側も住民側も手探りで進められていくことになる。世田谷区は，協議会が発足する前の1982年1月に「まちづくり通信」を全戸配布して，都市整備の「太子堂地区ガイドプラン」として3つの案を提案した。内容はいずれも道路整備計画を主体としたものであったが，区としてはいずれかの案を住民に選択させ，その後は区の事業計画として推進するつもりであったと推察されている（梅津 2015）。つまり，区の住民参加のまちづくりとは，この程度の参加を想定していたのではないかということである。実際，協議会発足から1年で解散している北沢地区では，このような区の思惑通りに進んだということがあったのかもしれない。

　しかし，太子堂の協議会では，区の提示したガイドプランがハードの整備に偏っていることを不満とし，これを棚上げして「学習会」と「まち歩き」を行うことから始めることにしたのである。学習会とまち歩きを行うことにしたのには，まちづくり懇談会や協議会設立準備会に参加した住民の意見が，まちづくりに関する知識に乏しかったため，個別の意見をぶつけるにとどまっていたことへの反省が表われている。まずは住民自身が専門的な知識を身につけ，住民主体のまちづくりを進めるための基礎づくり行うことを目的としたのである。学習会では，1年間にわたって都市整備に関する法令，制度の解説，消防署からみた防災の課題，まちの環境とみどりの役割，生活道路のあり方など，専門家などを招いて話を聞いた。これらの専門家への謝礼は，世田谷区街づくり条例や「街づくり専門家派遣要綱」に基づいて区が負担した（梅津 2015）。

　学習会と並行して行ったのが「まち歩き」である。これを提案したのは，当時は大学院生で現在は千葉大学教授の木下勇氏である。木下氏はまちづくり懇談会の頃からオブザーバーとして参加し，協議会が発足するとワークショップの手法を用いることを協議会メンバーに提案した。ワークショップの手法を用いたまちづくりの先駆けともいえるが，当時は協議会のメンバーや住民に馴染みのないワークショップの語を使わずに，「まち歩き」として提案し，協議会

のメンバーを説得したという（梅津 2015）。1983年にはじめてまち歩きを行うと，現状認識を共有し，普段発言しない人の意見を聞くことができる手法であることがわかってきた。そのうえ，多様な意見から新しい創造的な提案を生みだすなど，ワークショップという手法の効果をメンバーが実感することになった。木下氏は自らも太子堂の地に住まいながら，当時太子堂地区で若いまちづくりコンサルタントなどの仲間たちと「子どもの遊びと街研究会」を主宰しており，太子堂にプレーパークをつくる活動や，その延長で三世代の人たちから遊びや遊び場について話を聞く活動を行っていた。まちづくり協議会に対しても，子どもが参加するオリエンテーリングを提案し，子どももまちづくりに参加させるなどして活動に参画してきた。このまち歩きとオリエンテーリングは，翌年から「きつねまつり」として開催され，十数年の間地域のイベントとして親しまれることになる。また，これらがワークショップの手法を用いたまちづくりの先進事例として注目され，集まってきた多くの学生や若いコンサルタントが，太子堂のまちづくりに参加していくことになるのである。まちづくり協議会がこのような外部の協力者との協働の場ともなっていくのであった。

❸ まちづくり中間提案と地区計画策定

学習会やまち歩きなど，ワークショップの手法を取り入れながら知識を共有し，太子堂まちづくり計画の骨子の検討を進めてきた協議会は，2年強の時間をかけて中間提案を作成した。内容は ① 防災活動の推進，② ブロック塀の改良，③ 避難の安全確保，④ 生活道路の整備，⑤ まちかど広場の創出，⑥ 烏山川緑道の再生，⑦ 建て方のルールづくり，⑧ 太子堂きつねまつりの定着，⑨ 花と木の育成，⑩ 太子堂ガイドブックの作成の10項目で構成されている。作成した中間提案を協議会ニュースに掲載して全戸配布し，地区住民から反対意見がないことを確かめたうえで，1985年2月中間提案は世田谷区長に提出された。区はこれを受けて，同年7月に「太子堂まちづくり計画」を行政指導の誘導指針として策定した。

しかしこれまで，地区のなかでも区の指導要綱や誘導指針を守らない業者がいる事例を見てきた協議会は，住民合意のルールを法的に担保する必要があると判断し，地区計画の策定のための検討をはじめる。「建て方のルール部会」を発足し，この部会で具体的な地区計画に関する提案づくりに取り組み，1988年に「地区計画策定に関する要望書」を区に提出した。要望書では，個別の利

害が絡むため一番問題となる道路整備については，2項道路において，建替えの際に道路の中心線から2ｍセットバック（壁面後退）し，4ｍの幅員を確保することを提案するなど，無理のない計画案となっている。これ以外にも，建物およびブロック塀の高さ制限や屋外広告塔など，地域で問題になってきた事項について，独自の規制基準を提案した（梅津 2015）。修繕型を重んじているとはいえ，これらの規制が法的に効力を得ることになるため，協議会のなかにも反対する人がいたが，上記内容でなんとか合意にいたった。またこの合意内容は地域住民の財産権に関わる事項を含むので，協議会ニュースに記載して全戸配布し，地域住民から反対意見がないことを確認してから要望書提出を行った。

　このように，丁寧に議論を積み重ねて合意にいたった内容であったのだが，これを受けた世田谷区は，一部の道路を6ｍに拡幅する計画を盛り込んだ地区計画案を作成したのである。これについて行政が住民説明会を開くと，協議会で合意が得られなかった6ｍ道路の拡幅計画には反対意見が出たため，協議会は沿道の住民に呼びかけて「沿道会議」を開催し，意見の集約を目指した。最初に会議を開いたのは，通称「公園通り」の沿道会議であり，これには地権者の8割が参加した。区が提案する6ｍ道路の拡幅に対して，車の通過交通量が増大し交通事故が増えるという理由で反対する意見が多かった。区の担当課長はこれを真摯に受け止め，2回目の沿道会議では，問題点に配慮した案を提示して協力を求めた。6ｍに拡幅する道路のうち車道を4ｍに限定して両側に歩道を設け，ハンプなどを取り入れ，コミュニティ道路の先駆けとなるような計画図面を提示したのである。これを聞いた理髪店の主人が「近くに代替地を用意してくれるなら協力する」と譲歩したのをきっかけに，他の住民も，建替え時にセットバックする条件ならば，道路の6ｍ拡幅もやむを得ないとして合意にいたった（梅津 2015）。

　次の「円泉寺通り」の沿道会議では，区が先のようなコミュニティ道路様式の図面を提示して説明すると，参加した住民から反対意見が出なかった。これを受けて区は「地区計画案」を都市計画審議会に諮った。こうして「太子堂二・三丁目地区計画」は1990年に施行された。区のまちづくりへの参加の呼びかけから10年がかりで，地区計画の策定にいたったわけである。

❹ 行政の態度変容――三太通りの沿道会議

さて、この地区計画では太子堂 2 丁目と隣接の三宿 1 丁目との境となる「三太通り」も 6 m 拡幅計画の対象にしていた。三宿 1 丁目の住民は屋上広告塔やマンション反対の運動を通して、1988年に「三宿一丁目地区まちづくり協議会」を発足させ、1991年には「三宿一丁目地区における地区計画の策定について」の要望書を世田谷区に提出していた。しかしながら「三太通り」については、太子堂、三宿の両協議会合同の沿道会議が開催されないままになってしまっていた。そのうちに、時間のかかる修繕型まちづくりでなかなか成果が上がらないことに業を煮やしていた世田谷区は、1995年10月に三太通りを強制力のある道路法による道路事業で 6 m に拡幅する計画を提示してきたのである。

これに対して太子堂の協議会は、従来通り区と協議会の共催で沿道会議を開き、地権者の意見を聞くべきであると主張した。しかし、区の担当課長は、区の責任で説明会を開いて沿道住民の了承を得るとして、協議会の提案を拒否したのである。このような対応には、1995年 3 月に世田谷区街づくり条例が改正され、協議会の認定方式が廃止されたことも背景にあったのではないかとされている（梅津 2015）。街づくり条例に規定されていた認定協議会からの提案については尊重せざるを得なかったが、条例による後ろ盾が外れたことによって、協議会の提案が受け流されるような事態が発生したということである。

協議会の提案を無視して行った区主催の三太通り拡幅計画説明会には、沿道住民はわずか 4 名しか出席しなかった。協議会側から、もう一度説明会を開くよう申し入れたが、区は参加者が少ないのは同意しているからだとして取り合わなかった。その後、説明会に出席した人から拡幅計画が沿道住民に伝わると、すぐに地権者 8 割の反対署名が集められ区長に提出された。これをうけて再度開かれた説明会では、沿道地権者の 7 割である40名が参加し、区の説明に激しく反対したため収拾がつかない事態となった（梅津 2015）。

このような状況を受けて、太子堂・三宿の両協議会は、改めて1996年 7 月に独自に沿道会議を開催し、40名の住民が参加した。しかし、行政不信の矛先が協議会にも向けられ、会議の冒頭では、道路の拡幅に反対しているのを知りながら協議会が会議を開くことに反発して、「協議会は行政の手先か」という発言がなされるほどであった。協議会は、三太通りの 4 か所のクランク部分によって消防自動車が通れないこと、また広域避難場所への避難の際に道が狭くて危険なことなどの問題点を説明し、その後 2 年間にわたって話し合いを続けた。

しかし，あまり話し合いが長引くと，区が再度強制力を持った道路事業を推し進めてくる可能性があったため，協議会は行政との妥協案を沿道会議に提案し，参加者の了承を得るにいたった。合意にいたった内容としては，2項道路の解消，消防自動車が通れないクランク部分の拡幅改善，道路構造に住民意見を反映すること，将来6m道路とすることの継続的協議を行うこと，である。この案を地区外の地権者にも郵送して，反対がないのを確認し，1998年8月に同内容を盛り込んだ「共同宣言」と銘打つ協定書に調印するにいたった。この沿道会議では，最初の会議で協議会に反発を表明した人も含めて，会議に参加していた住民のなかから，その後も協議会の運営委員として活動を続ける人も現れている（梅津 2015）。

2．ソフトなまちづくりへの取り組み

太子堂のまちづくりは「修繕型まちづくり」と称され，住民の合意をとりながら，道路や公園の整備といった都市整備を行っていくものであった。住民の合意を得ながら行うためには，個々の建物の建てかえをきっかけに，できるところから徐々に道路づくり，広場づくりなどのまちづくりを進めるということになる。修繕型まちづくりは，住民の合意を前提とするため，住民の主体的な取り組みが不可欠である。しかしながら，一般に多くの住民は実際に自分の家が道路の拡幅などにかからない限り関心を持たない。太子堂のまちづくりは，ハードの面での修繕型のまちづくりにその特徴があるだけではなく，一般の住民をも巻き込むようなソフトの面を対象にする取り組みにも特徴がある。以下でいくつかの事例にふれてみよう。[4]

❶ 太子堂きつねまつり──まちづくりの周知と行政職員との協働

協議会では，まちづくりに対する関心を高め，より多くの人たちにまちづくりへ参加してもらうために「きつねまつり」を実施してきた。太子堂地区まちづくり協議会が発足した翌年の1983年に行ったまち歩きとオリエンテーリングを発展させたもので，太子堂に伝わる「太子堂橋の子連れきつね」の民話からきつねまつりと命名された。1984年に第1回目が実施され，協議会だけでなく地区内の多くの活動団体にも呼びかけて実行委員会を組織し，企画運営にあたった。毎年のイベントはさまざまに工夫が凝らされ，商店会と住民が討論を行

う「青空ティーチイン」，子どもたちの「クイズ大会」，メンコなどの「伝承あそび」，高齢者の「じいさん劇団」による寸劇，地域の音楽教室の先生作詞作曲の「きつねまつりサンバ」の合唱など，毎年楽しい企画が実施された。オリエンテーリングについては，「子どもの遊びと街研究会」が毎年企画を担当した。子どもたちに街づくりの成果をみてもらう目的で行った「ポケットパークめぐりのオリエンテーリング」や，地域の高齢層と子どもたち双方からお化けの語りを聞いて地図をつくり，それをもとにまちでお化けの仕掛け合いをする「街がお化け屋敷オリエンテーリング」(木下 1996) など，子どもが参加できる企画が練られた。こうして，きつねまつりは夏休みの最終日曜日に「ふれあい広場」で行われてきた。しかし，少子化の影響で子どもの参加が少なくなったこと，また，企画運営をしてきた若い人たちが社会人となり，協議会も高齢化したことなどの理由から，12年間続いた祭りは1995年に終止符がうたれた。

　きつねまつりは，子どもも含めた多くの住民のふれあいの場となっただけでなく，まちづくりの周知，啓発に大きな効果を発揮した。また，行政職員も企画から後片付けまで住民と一緒に汗を流すことで，住民と行政の間にわだかまっていた不信感が徐々にうすらいでいくという見えない効果も発揮したという。協議会の梅津氏は，「まちづくりのキーワードとして"共生"とか"協働"とかの言葉が使われますが，私は"きつねまつり"の活動を経験して"協働"を実現するにはともに創造し，ともに働き，ともに汗を流し，ともに感じる過程，言い換えれば"共創""共働""共汗""共感"がなければ本物の協力して働く"協働"にはならないと思っています」(梅津 2015: 68) としている。しかしながら，区議会において議員から「協議会のお遊びに区の職員が参加しているのはいかがなものか」との質問がでるなど，祭りがまちづくりの何に役立つのかと疑問視する声もあったということである (梅津 2015)。

❷ ポケットパーク第1号「とんぼ広場」——住民参加と自主管理

　太子堂のハードの街づくりの成果の1つとして，ポケットパークの整備がある。道路拡張のために取得した土地がそのまま未利用地になってしまわないよう，住民の発意により，花壇などを整備している。ポケットパークは大きな広場や公園のない太子堂2・3丁目地区にとっては延焼緩衝帯として重要な役割を果たしている。これらポケットパークの整備の際にもワークショップ等を行い，地区内外の参加者のアイデアを取り入れ，それぞれ特徴の異なるユニーク

な広場づくりを行ってきた。

　その第1号が太子堂2丁目の防災用地（165m²）「とんぼ広場」である。世田谷区が道路拡幅用地として買収した場所が空き地のままとなり，駅から近いこともあって，ゴミや放置自転車であふれていた。夏には雑草が茂り，近所から協議会に苦情が入った。そこで協議会では，この場所を小さな公園にできないかと区に申し入れたところ，受け入れられたため，近隣住民にも呼び掛けて小公園づくりの話し合いを始めたのである。話し合いではまず，住民参加の手づくり公園であるということ，また自主管理することが確認された。区は公園をタイル貼りにしようとしていたが，参加者のなかに近隣の学校の校庭を土に戻す運動や太子堂でプレーパーク活動をしていた三軒茶屋太子堂ひろばづくりの会（三太の会）の人たちが加わっていたこともあり，この公園も土のまま残すことになった。他に，公園のシンボルツリーについてはじめに桜はどうかとの意見も出たが，毛虫が出る桜ではなくヒメコブシにするなど話し合って決めていった。実際の公園づくりも業者任せにするのではなく，周りの竹垣や看板の作成も住民で行った。

　自主管理が基本との確認を行っていたため，完成後は近隣住民と協議会有志で「とんぼ広場を育てる会」をつくり，掃除や水やり，草取り等を行い，公園の自主管理を行ってきた。1984年の広場完成の際には，オープニングイベントも行い，毎年年末のもちつきを行うなど地域に愛される広場となった。とんぼ広場を育てる会の会長は，公園の隣に住むY氏が担ってきた。とんぼ広場は三軒茶屋の駅にも近く，手入れをおこたれば，放置自転車やごみのポイ捨てなど

とんぼ広場
シンボルツリーが見える

ですぐに汚れてしまう場所にある。Y氏夫婦は，ゴミを捨てようとする人や，自転車を置こうとする人に注意するなどしながら，15年にわたって公園をきれいに維持してきた。Y氏が高齢になった現在は地域で活動する「楽働クラブ」が引き継いで管理を行っている。

とんぼ広場が第1号となったポケットパークは30年間で18か所設置された。木造密集地域の延焼帯になるだけでなく，上記のようにワークショップによる公園づくり（パークショップと呼ばれる）やその後継続される公園の自主管理は，地域のコミュニティ形成につながる活動となっている。

❸ 烏山緑道再生の取り組み──ワークショップの手法による対立の解消

太子堂2丁目と3丁目の間の東西方向に流れていた烏山川は東京都によって1975年に暗渠化され，烏山緑道が整備された。その後，散歩道や子どもの遊び場として利用されていたが，1980年頃には緑道の床面が傷んで水たまりができ，植え込みにゴミが捨てられるなど，住民に親しまれる緑道とはいえなかった。そこで協議会では，烏山緑道の再生計画を検討し，せせらぎのある緑道として再整備する案を，まちづくり中間提案に盛り込んだのである。協議会と活動をともにしていた子どもの遊びと街研究会が行っていた，三世代遊び場マップの取り組みにおいて，高齢者世代から子どもの頃烏山川で泳いだことなどを聞いていたことから，せせらぎの発想となったのである。それに加えて，当時は江戸川区の親水公園が話題を呼ぶなど親水性が注目されていたこともあり，協議会では川の再生をまちづくりの1つの目標においたのであった。この中間提案を受けて，区は早速烏山川緑道の再生計画の予算措置を講じたのである。

ところが，緑道の再生計画が新聞で報じられると，緑道沿いの住民は多数の署名を集めてこれに反対した。せせらぎの計画は誰からも歓迎されるものと考えていた協議会としては，思いもかけない反対であった。行政に対し反対運動を始めた近隣住民のリーダーは，この時はじめて協議会の存在を知ることとなり，協議会が本当に地区住民の意向を反映する組織であるのか，その代表性が問われる事態となった。一方の協議会側からすれば，ことあるごとに通信を発行し，会員有志が全戸配布してきた経緯がある。また区の方でも，まちづくり通信を発行して中間提案の内容を記載し，意見がある場合の返信用カードも付けて配布していた。それゆえ，協議会や区にとっては当惑する事態となったのであるが，いくら丁寧に広報活動をしたとしても，一般の住民が配布された用

現在の緑道

紙に目を通すとは限らず，実際火の粉が降りかからない限りはその程度のものであるということである。

　反対派の人たちに協議会の成り立ちを説明し，住民の誰でも参加できる協議の場であることを伝えて参加を呼び掛け，協議会の広場・緑道部会の活動として，月に1，2回の会合をしていくことになった。反対派の住民が反対する理由は，長年烏山川による水の被害で苦しんだ経験から，せせらぎなど見たくないというものであった。しかし，協議会から現状の緑道のままでよいかと問われると，それは困るということになり，さまざまな苦情が噴出した。当時まちづくり協議会の広場・緑道部会の会長を子どもの遊びと街研究会の木下氏が務めており，協議会側の代表としてその調整にあたった。木下氏は会議室で話し合いをしていても，感情的な対立に陥ってしまう可能性もあると考え，ワークショップの手法を活用し反対派推進派が一緒になって，反対派の主張する問題を，現地の状況を見ながら1つ1つ点検していくことにした。このような方法は，対立する双方が，同じ対象を見て意見を言い合うことができ，具体的に問題を理解するのに役立ったという。また，共同作業を行うことによって，連帯感のようなものが生まれてきたということもある。ある時作業後の夕暮れ時に，予定にはなかった緑道での宴会が開かれたことがあった。暗くなるまで焼き鳥やビールを片手に，両者が初めて打ち解けた雰囲気で話し合ったという。その他にも，実際のせせらぎの事例を見学する会を提案したり，現地の屋外で会合を開いたりするといった工夫を行った。

　協議を8回ほど重ねたところで，8項目の合意事項が確認された。そこで，

協議会側が案を絵に描いて次の会合にのぞむと，これが反対派の人たちの反感を買うことになってしまい，会議を途中でボイコットして出て行ってしまう事態となった。次の日，一軒一軒まわって話を聞くと，集団のなかで表明している反対意見とは別に，実はそれぞれが個別の理由を抱えていることがわかってきた。例えば，既存の建物が接道義務を果たしていないため，建替えに不安があるといった具合である。しかし，この個別の聞き取りから，沿道の敷地は水はけが悪く，建物の土台にも影響を与えていることなどがわかってきた。はっきりとはしないものの，川が暗渠化された際に，雨水の染みた地下の浅い層の流れがせき止められて，水はけの悪さにつながっているのではないかと考えられた。そのため協議会では，せせらぎの地下水利用と雨水利用のアイデアが出てきて，行政が事業化を決めていた案に対して代替案を作成するにいたったのである。

しかし，近くの中学校の温水プールの水を引いて緑道のせせらぎをつくる計画を立てていた行政側は，代替案に難色を示した。今度は協議会と沿道住民の反対派が一緒になって，行政と対立する構図となったが，事業の時間的制約もあり，代替案はあきらめる事になった。完成された緑道は，提案のすべてが活かされたわけではないが，子どもたちのタイル絵や井戸の設置など，住民の提案が具現化されたものもある。また，個別の住宅とせせらぎの関係も，生け垣やバラのアーチ状の出入り口などがつくられることによって，さまざまな顔を見せている。住宅と緑道の接する部分の中間領域をどうするか，行政担当職員が個別に協議を進めた成果である。会合に出ていた沿道の住人で自発的に緑道の掃除や植栽の管理をするようになった人もおり，協議には時間がかかったが，1990年に個性的な緑道が完成した。しかしながら，緑道が整備されたことにより，一本横の道にある商店街を抜ける人が減り，商店街が衰退するという影響ももたらすこことなった。もちろん，商店街の衰退はこれだけが理由とはいえないが，予期せぬ結果がまちづくりの難しさを物語っている。

❹ 楽働クラブ——まちづくり協議会から派生するコミュニティ活動

太子堂地区まちづくり協議会では，防災まちづくりの活動ばかりでなく，より生活に即したテーマでまちづくりを考えるために，1990年からワークショップ形式でさまざまなテーマに取り組んできた。隣の三宿1丁目地区まちづくり協議会と共催で実行委員会をつくり，高齢社会や環境などをテーマに，地区外

の人びとや専門家を交えて話し合ってきたのである。この取り組みを行うことになった背景としては，協議会では防災を課題として，主にハードの面を対象にしたまちづくりを進めてきたのであるが，防災機能を高めるという視点だけでは，いろいろと問題が生じることに気がついてきたということがある（梅津2015）。例えば，木造の賃貸アパートがコンクリートのマンションに建て替わることは，防災機能の向上という観点からはよいことであるが，木賃アパートに住んでいた独り暮らしの高齢者が行き場を失う。まちづくりを行うことによって，既存のコミュニティを壊し，こうした「まちづくり難民」を出してはならないとの思いから，1990年に「老後も住みつづけられるまちづくり」をテーマにしたワークショップを主催した。1988年から世田谷区では「まちづくりリレーイベント」を毎年開催していた。折しもリレーイベントの1990年度のテーマが「長寿社会と環境」だったこともあり，協議会はイベントに自主参加を申し込み，これから資金を得てワークショップを行った。91年も「ゴミゼロ社会を目指したまちづくり」ワークショップを世田谷区リレーイベントの一環として行い，92年は「環境共生施設づくりをめざす三太ワークショップ」を同年に発足した世田谷まちづくりセンターの「まちづくり活動企画コンペ」に入選して行っている。

　協議会では，1990年のワークショップのテーマである「老後も住みつづけられるまちづくり」の実施にあたり，専門家などに協力を要請し，区の広報紙に掲載して区民の参加を呼びかけた。ワークショップは1990年7月から翌年の3月まで11回実施したのであるが，定員40名を予定していたところ，20歳の大学生から84歳の高齢者まで70名の参加者が集まった。関心のあるテーマごとにグループに分かれて議論を重ね，最後の回ではその成果を報告し合った。そのなかの1つとして，「楽働クラブをつくる」という提案がなされたのである。このグループのメンバーは，ワークショップ開催途中の1990年11月から，他のグループの地元住民などメンバーを募って，花植えの活動を始めた。報告会では，楽働クラブの提案について，参加していた大学生が「高齢者の人たちがみんな元気で，いろいろな知識や技術を持っていることを知り，これをまちづくりに生かすべきだと考えた」と発表した。

　その後，1992年4月に区の助成を申請するために正式に「楽働クラブ」が発足し，区が買収した「街づくり事業用地」に花を植える活動を本格的に始めた。はじめは5名から始まった活動も，現在の会員数は30名弱を数えることになり，

活動内容も拡がっている。公園や緑道の花壇づくりのほか，園芸講習会，季節ごとの新年会，お花見，お月見など，楽しみながら会員の親睦をはかっている。楽働クラブの活動経費は年会費1,000円を集めているほか，世田谷区と公園6か所の管理協定を結び，公園の管理を行って委託費を受け取っている。このほかにも，花壇の花植え管理は8か所担当している。

　楽働クラブが花植えを行っている様子を見た三宿小学校の先生から，子どもたちに花植えを教えてほしいと依頼を受け，総合的な学習の時間に緑道の花壇の花植え指導を1995年から行っている。学校ではお礼にクラブのメンバーをふれあい給食に招待し，子どもたちとの交流が生まれている。花壇の整備などをしていると，「ご苦労さま」など自然と近隣の人が声をかけ，参加するようになる。また，この活動にならって三宿の高齢者のグループが緑道に新たな花壇をつくって管理を行っている。楽働クラブの会員のなかにも運営の仕方を覚えて，自宅近くの広場で新しくグループをつくり，花植えを始めた人もいる。その他にも，3人以上のグループをつくって未利用の街づくり事業用地に花植えを始めたところが5か所にのぼり，活動が拡がりを見せている。

3．現在の太子堂地区まちづくり協議会の活動と課題

　これまで見てきたのは，1990年代前半くらいまでの活動の様子であったが，その後の太子堂地区まちづくり協議会の活動はどうなったのだろうか。協議会の梅津氏が「そのまちに住みつづけるかぎり"まちづくりはエンドレスの活動"でなければならない」(梅津 2015: 19) と述べているように，現在まで協議会の活動は続いている。狭い地域のなかにも，予期せぬ問題が起こるものであり，引き続きまちづくり協議会はその中心になって解決にあたってきたのである。

❶ 新たな課題──国立小児病院跡地利用の検討[6]

　太子堂3丁目にあった国立小児病院が，区内の国立大蔵病院と統合することになり，その跡地3万3,000 m^2 の利用が問題となった。協議会がこのことを知ったのは1997年のことである。近隣の三宿2丁目の法務省研修所8,000 m^2 も移転することがわかり，これに接する東京都住宅供給公社の団地と，中学校や小学校の敷地を合わせると，東京都が広域避難場所の指定の条件としていた

10 ha 以上の面積となるため，協議会は小児病院跡地を防災の拠点として確保するように世田谷区に要望した。太子堂地区の広域避難場所は，当時は太子堂1丁目の昭和女子大学一帯が指定されていたが，高架に高速道路が走る国道246号線を渡らなければならないため，避難は困難と考えられていた。協議会の要望だけでは実現は難しいと考え，連合町内会にも協力を依頼し，署名2万8,300名を集めて区議会に請願したが，廃案となった。このため，協議会メンバーは2001年に当時の厚生大臣に面談し，太子堂の防災まちづくりへの協力を要請したところ，小児病院跡地を都市住宅整備公団（現都市再生機構 UR）に払い下げることが内定済みであると判明した。

厚生省は2002年3月に UR と譲渡契約を結び，土地を整備して民間企業に譲渡することになったが，水銀土壌汚染，残存医療廃棄物などが発見され，民間事業者への正式譲渡は大幅に遅れた。この間に，協議会は「跡地周辺まちづくり意見交換会」を開催し，区と共催の「汚染調査結果報告会」を開いて除染対策を厚生省から近隣住民に説明させた。また，協議会，区，UR，町内会で構成する「跡地開発検討会議（通称四者会議）」を開いて，広域避難場所の確保や建物の高さ制限について，UR が跡地を民間に譲渡する公募条件までも討議し，避難場所として 3,500 m^2 の確保，建物の高さを最高 35 m に制限するなどを UR に認めさせた。世田谷区は，こうした討議を反映して2003年3月に「国立小児病院跡地周辺まちづくり計画」を策定して広域避難場所実現の具体的整備内容を決定した。後に四者会議には，UR から払い下げをうける住友不動産と東京建物，隣接の団地の建て替えを行う東京都住宅供給公社，建設事業者も参加してもらい，緑化計画，駐車台数，敷地内道路，景観問題など幅広い検討を行い，合意した事項を元に2007年3月に世田谷区と事業者との間で協議書を締結した。

このような動きと並行して，このマンションの外周道路計画が，幅員6mと8mの双方向道路となっていることがわかり，マンションには約600戸1,200人が入居し，500台以上の駐車台数の計画であったことから，周辺環境へ及ぼす影響が大きいことが判明した。道路が新設されれば，既存の渋滞する都道から，道路の狭い太子堂・三宿地区に入る通過交通の増大が予想された。そこで協議会では，国土交通省が公募していた「くらしのみちゾーン」の指定を2003年に受け，道路対策の検討を行った。この制度は，国交省が新道路5カ年計画を機に，従来の車優先の道路政策から人優先のみちづくりをテーマに立ち

あげたものである。指定を受けると、協議会は世田谷区職員、都市計画の専門家、住民の三者で構成する「くらしのみち研究会」を発足させた。活動資金には、ハウジング＆コミュニティ財団の助成を受け、地元小中高校の協力を得て「ひやりマップ」を作成し、コミュニティ道路づくりの先進地区を見学に行くなどした。

さらに、太子堂地区まちづくり協議会は、「新設道路懇談会」を開催して太子堂、三宿地区の住民に研究会でまとめた提案の説明を行って同意を得た。警視庁、消防署との交渉には世田谷区とURにも参加してもらって了承を得て、2005年に道路計画の変更を世田谷区に正式に提案した。こうして、6mと8mの双方向の外周道路計画を、車道は5m幅に狭めて一方通行の道路計画に変更し、自動車のスピードを抑えるハンプやボラードを設けた道路を実現することができたのである。

以上のような国立小児病院跡地の大規模な集合住宅の建設など、地区の状況が大きく変化したため、協議会は、地区街づくり計画の見直しを区に要望し、2008年に国立小児病院跡地周辺一帯を広域避難所とする方向性と整合するものに変更された。その後、東日本大震災を受けて東京都の広域避難場所指定が見直され、「太子堂円泉ヶ丘公園・三宿の森緑地一帯」として広域避難場所指定を受けた。これに伴って、協議会は、2012年より地区街づくり計画の見直しを再度検討し、2016年にも地区街づくり計画が改定されている。

❷ 沿道会議のその後[7]

共同宣言により休止されていた三太通りの沿道会議は、2004年に再開することになる。2003年に「三宿一丁目地区計画」が施行されたが、この計画によって、太子堂と三宿の境界である三太通りの三宿側の住民のみが、3mのセットバックを強制されるという不公平が生じてしまったのである。再開された沿道会議では、拡幅整備に積極的な区の姿勢に対し、住民の反発も表明されたが、共同宣言から6年がたち住民の意識には微妙な変化があった。遺産相続などの個人的な事情に変化があり、単純に反対せずに、セットバックした場合の助成条件などに関心を示す人が現れたのである。このような状況のなかで、世田谷区は個別にヒアリングを行い、6m道路への拡幅について8割以上の理解が得られたとした。これを受けて、多くの住民の関心は用地補償などの条件に移っていった。それと同時に、街づくり課主催で「三太通り・デザインワークショ

ップ」が7回開かれ、車道は4m、歩道は2mとし、自動車のスピードを抑制するためのハンプを設けることなどを決めたのであった。

このように6m道路拡幅計画に対して条件交渉のような空気が強まると、区はさらに道路法に基づく強制力のある「道路事業」の導入を提案した。これに対して、建替え時のセットバックを行う修繕型で合意してきた住民は、だまし討ちにあったように受け取る人もいたが、沿道会議で強く反対する意見は出なくなっていた。すべての住民が賛成したわけではなかったが、区は大方の理解が得られたとして、2008年7月に三太通りの道路事業を決定したのである。

このような対応を不信に思った梅津氏が調べてみると、1998年に建設省から出された「防災街区整備地区計画の積極的活用について」の文章のなかで、「一部の地方公共団体において地区計画の策定は住民等の全員合意が必要としている場合があるが、これは都市計画として不適切な運用姿勢であり、大方の理解があれば一部に未同意者がいたとしても積極的に決定手続きに入るべきである」との指示が出ていたということである。これは、太子堂地区まちづくり協議会のスタンスを真っ向から否定するものであるが、このような国の方針に、これまでは区の住民主体・住民参加のまちづくり施策が盾となっていたと考えられる。しかしながら、2003年からの熊本区政のもとでは、木造住宅密集地域の改修については、密集市街地の「解消を進める」ことが重要課題と捉えられるにいたっており、このような国の圧力が直接地域に影響を与えるようになったとも考えられるのである。

❸ 協議会活動の課題

これまで見てきたように、ハードの整備の面からだけ見ても、太子堂2、3丁目という狭い範囲のなかで、地域に影響をおよぼすような事象がたびたび起こる。まちづくり協議会を中心として地区計画策定にいたったとはいえ、その後も地域のまちづくり活動が終わるわけではないのである。特に太子堂のまちづくりは修繕型まちづくりであり、長期的に少しずつまちが整備されていくことがはじめから想定されている。そのため、行政側からは効率が悪く、完成時期が見通せないとの批判を受けるという（梅津 2015）。その一方で、協議会に参加しない地域住民からは、建物の高さの制限や最低敷地面積などの制限をかけられて私権が侵害されているという批判がでたり、行政の手先ではないかとの見方がなされたりすることもある（梅津 2015）。

太子堂地区まちづくり協議会の会員数は発足当時からのべで148人となっているが，そのうち3分の1はすでに亡くなっているという。現在の会員数は60人で，主に活動を行っている6人が運営委員となっている。1995年以降規約上は残っているが，副会長も置かないことにして，6名の中心メンバーが運営にあたってきた。運営委員6人のうち2人は一級建築士，2人は不動産業，1人は主婦である。年齢は，30代半ば1人，後は60～70代で，1980年のまちづくり懇談会から参加しているのは梅津氏だけで，他に協議会発足時から参加している人が1人いるのみである。毎月1回の会議に出席しているのは8～12人程度で，運営委員6人とプラス数名しか出席していないが，必ず区の職員が出席している（小山 2013）。沿道会議などの事例のように，協議会では，問題が起こるたびに，個別になるべく現場近くで関係者を交えて協議するスタイルをとってきた。地区全体のまちづくりには関心がないのが普通であり，自分の身近に火の粉がふりかかってから考えるのが大多数という状況では，むしろそれが自然なスタイルではないか。協議会運営に携わるメンバーはこのように考えて，現場協議を進めるようになったが，毎月の会議への出席者が少ない点が，行政から問題にされるのである。

　協議会として，街づくり計画や地区計画への要望を提出するなかで，住民が主体的にこれを行うためには，建築基準法や都市計画法といった法律だけでなく，区の要綱なども理解しておかなければならない。発足からすでに30年を迎える協議会において，長年にわたり行政職員や専門家と話し合いを重ねてきたことから，中心メンバーは大変な知識量を持っており，運営委員と会員との知識や意識のギャップがうまれ，それが課題となる。学習や知識の共有を重ねて，その力量をつけていく協議会メンバーがいる一方で，協議会の議論は難しいといって欠席する人が増えていく。出席していなければ，知識の差はさらに拡がっていくという悪循環に陥る。知識が少ない住民に向けて基礎的なことから説明をはじめていては議論が先に進まず，かといって専門的な議論ばかりだと新しい人が参加しづらくなり，一般的な住民からは協議会が遠い存在となっていくというジレンマを抱えていくことになる。こうして協議会の定例会出席者が少数で固定化し，また時間の流れとともに高齢化していくことになった。住民と行政の協働には，それにかなう住民の力量も求められることになるが，この力量を住民がつけていったとしても，これに関わる住民に制限がかかってしまうというジレンマに陥るということである。

4．まちづくり協議会と協働してきた市民活動

❶ 三太の会と子どもの遊びと街研究会

太子堂地区まちづくり協議会が活動を始めた頃，太子堂のまちで子どもの遊びに関する活動が行われていた。太子堂の協議会にも関わっていた木下勇氏が主催していた，子どもの遊びと街研究会である。この会の最大の成果は「三世代遊び場マップ」と「三世代遊び場図鑑」づくりである。これらの活動は，羽根木プレーパークに通っていた母親たちが，1981年に三軒茶屋太子堂ひろばづくりの会（三太の会）をつくり，太子堂にもプレーパークをつくろうという運動をしていたことが発端となっている。三太の会は，小学校のコンクリートの校庭を土に戻す運動を行い，空き地では定期的に冒険遊び場活動を行っていた。建築や都市計画が専門の学生やデザイナーたちが，この三太の会と活動を共にしながら，子どもの遊びと街研究会を発足し，調査や研究を行いながら，彼女たちの運動をサポートしたのである（子どもの遊びと街研究会 1991）。

ほどなくして三太の会が冒険遊び場活動を行っていた空き地を区が買収し，児童遊園として整備することになる。高齢者が多かった近隣住民たちは，すべり台やブランコがあるような，一般的な児童遊園の整備を要求したのに対して，三太の会や子どもの遊びと街研究会のメンバーは公園について考えるワークショップを開催した。誰でも参加可能として呼びかけたものの近隣住民の参加は得られなかったが，参加者たちによって羽根木プレーパークのような公園が構想され，この案をもって行政と交渉し了解を取りつけた。しかし，行政主催の説明会が開かれると，町内会のメンバーが動員され，人数的にも行政との関係という点においても近隣住民が優位に立ったのである。説明会は3度開かれたが，まったく主張の異なっていた三太の会と町内会は対立を深めることになってしまった（木下 2007）。三太の会と子どもの遊びと街研究会のメンバーは，そもそも地域の人たちのなかには，町内会を通さず行政に要求をすること自体を，まちの秩序を乱すことのように感じる人もいるということを知ることになったという（子どもの遊びと街研究会 1991）。

結局空き地に土を残すことはかなわず，ダスト舗装の一般的に整備された公園となり，三太の会としては不本意な結果となったが，その場所で遊び場を継続することはできることになった。ちょうど民間財団の助成金を獲得すること

ができ，三太の会は太子堂プレーパークとして活動を継続することになった。子どもの遊びと街研究会の木下氏もこの時，太子堂プレーパークのプレーリーダーとして活動した。しかし，上記のように整備された公園では，火をおこすことも地面を掘ることもできず，また地域住民との軋轢が続いていたため，大きな音を出すこともできなかった。空き地で活動していた時に来ていた子どもたちもそのうちにあまり来なくなり，結局1984年から3年しか活動は続かなかった。

　このように，地域住民との関係が良くなかったことから，関係の改善を目指して行ったのが，三世代遊び場マップづくりである。三世代遊び場マップとは，子ども，親，祖父母の三世代から遊びの体験を聞き取り，それぞれ世代ごとに3つのイラスト入りの地図にまとめたものである。子どもの遊びに理解を示さない町内会長など高齢の住民たちに，どうしたら理解してもらえるか議論しているうちに，彼らも昔は子どもだったということになり，子ども時代の遊びの話を聞こうということになったという（木下 2007）。民間財団の研究コンクールから準備期間の資金を得て，半年で各世代20人ずつ計60人近くの人から聞き取りを実施した。これをB2判の色刷りの地図に仕上げたものがコンクールの金賞を受賞し，さらに研究資金を受けることになった。結局3年間で太子堂の地で育った人びと総勢150人から遊びについての話を聞きとり，これが最終的に『三世代遊び場図鑑』(1999) としてまとめられている。

　三世代の時期の設定は，1982年当時の小学4～6年生の子どもを基準に，その父母世代として昭和30年代，祖父母世代は昭和初期に遊び盛りだった世代を対象とした。3世代それぞれ担当グループに分かれ，まちへ出てヒアリングを行った。子ども世代については，通りで遊んでいる子どもに対してインタビューを行い，時には子どもの案内で秘密基地などを見せてもらうこともあった。これに対して，太子堂で育った父母世代，祖父母世代の人を探すのが大変で，三太の会のネットワークから情報を得て，その家を訪ねていき話を聞いた。1人に話が聞けると，他の人を紹介してもらい，次第に対象者が増えていった。三太の会と対立していた町内会の役員たちは，太子堂で育った人が多い。旧家である彼らの家に何度も訪れ，頭を下げてやっと話を聞くことができた。話を聞くなかで，はじめはいぶかしく思っている人も，子どもの頃の思い出を語るなかで，普段思い出しもしないことを思い出してくる。そうしているうちに，後に会の活動を応援する人もでてきたという（木下 2007）。

遊びを調べることによって，まちの変化や子どもたちの変化を如実につかむことができた。昭和初期には烏山川で泳いだり，魚をとったり，広い原っぱで虫とり，花つみ，凧揚げもできたという。戦後の昭和30年にはずいぶん宅地化が進んでいるが，広い庭が多く，家も生け垣などでしか仕切られていないので，近所の子がどこの庭にも入って遊ぶことができた。しかし，高度成長期後には，その庭にアパートを建てるなど土の上で遊べる環境が減少した。調査当時の1980年代の子どもたちは，それでもたくましく，路地で遊んだり，家と家の裏のブロック塀を渡ったりと，まだまだまちを遊び場にしている様子もうかがえた。しかしながら，友達とまち合わせて自転車で移動して遊ぶため，同年齢の子たちと遊ぶことが多く，かつてのように近所の異年齢集団で遊ぶことは少なくなっている。父母，祖父母までの世代では，路地から仕事の様子を見ることができ，路地に縁台を出して涼む大人がいる横で子どもたちが遊ぶなど，大人が子どもを叱ることができるつきあいがあった。それが，1980年代では路地で遊んでいるのがうるさいと学校に通報されるなど，地域の大人との直接的な関係が薄れていく。このようなまちの変化が遊びを通して発見できる研究であった（子どもの遊びと街研究会 1999）。

❷ さまざまなワークショップの開催[8]

木下氏を中心に子どもの遊びと街研究会のメンバーが関わりながら，太子堂のまちをフィールドにさまざまなワークショップが行われてきた。これらのワークショップは太子堂地区まちづくり協議会の活動とも交差しながら太子堂のまちづくりを色づけしてきたのである。

(1) ガリバーマップ（1988，1989）

協議会で毎年行ってきたオリエンテーリングでの点検地図づくりをもっと大きな地図にしたのがガリバーマップである。1988年と89年に，三世代遊び場マップやその他さまざまな地図を展示する「地図展」を行った会場で開催した。床一面に，1,500分の1の世田谷区全域の住宅地図を敷き詰め，参加者はそこに靴を脱いで上がり，自分の家や知っている場所を探して，地図に伝えたいことを書き込む。誰も書き込んでいない地図には記入するのを躊躇していても，人が書いたものを読むと触発されて書き込む人が増えていき，10日間で書き込まれたポイントは450か所にのぼった。イベント後，ポイントの書き込まれた

情報も含めて写真に撮ってカードを作成し，このカードをもって現場を訪ね歩く，「ガリバーの足あと訪ね」が行われた。この作業は，何気なく書かれた情報から現地を訪れるため，謎解きのような作業になる。「ここは黄色い公園」という書き込みがなされた公園に行くと，黄色いものはない。遊んでいた子どもたちに聞くと，壁際に連れて行かれ，ペンキがはげた部分から黄色の壁面を見つけ，昔は壁が黄色く塗られていたことがわかるという具合である。

(2) 大道芸術展（1992）

　子どもの遊びと街研究会を母体に，関心のある人びとが集まり，太子堂・三宿のまちづくり協議会，楽働クラブなどと一緒に行われたイベントである。事前準備として2つのワークショップを行っている。1つは「大道工房」という名称で，子どもたちの学童クラブと高齢者の楽働クラブが一緒に鯉のぼりを描き，高齢者から子どもまで遊びの思い出を聞き「三世代遊び場布絵のぼり旗」を作成した。もう1つは，「まちは面白ミュージアム」と題して，事前にまち歩きを行って面白スポットを見つけた。まちのなかの不思議なものを見つけて，その所有者に話を聞く。所有者が好意的にいわれを話してくれるような，所有者と共感できる優れた面白いものを作品にしていく。作品には額縁をつけ，キャプションをつける。合計40点がまちのなかの作品として展示された。それを見て歩くためのガイドブックも作成された。

　イベントは1992年5月に3日間にわたって行われた。オープニングには学童クラブと楽働クラブのコラボで作成した「三世代遊び場布絵のぼり旗」が，町内会副会長のカラオケとともに披露された。イベント当日にも，子どもたちや参加者が額縁をもってまちを歩き，発見した面白スポットに額縁をかけ，キャプションをつけていった。当然，他人の敷地にあるものは，所有者を訪ねて了解を得ることになるので，押しかけて地域住民と関係をもつ仕掛けとなっている。最終日には額縁作品を見て回るガイドツアーが催され，長い行列が細い路地を練り歩いて鑑賞し，地域の住民を何事かと驚かせながら，笑いの渦に巻き込んでいった。

(3) 下の谷御用聞きカフェ（1993）

　「まちは面白ミュージアム」に関わったメンバーを中心に「セカンドハウス」という名前で世田谷まちづくりファンドに応募し，空き店舗が増えてきた商店

街でのイベントを企画した。商店街で話を聞いてまわるうちに，商店の人たちが商品だけでなく，色々なこだわりを持っていることに気がついていき，住民に誘われて自宅でコーヒーをごちそうになるうちに，カフェの構想ができてきたという。布団屋に掛け合ってもらい，商店街の空き店舗を利用することになった。「御用聞きカフェ」は，商店街全体を1つのカフェに見立てて，空き店舗に席を用意し，これまで，聞き歩いた商店街の各店舗のこだわりを台帳に記載し，この台帳をみて客がオーダーを出すと，御用聞きが店まで買いに行くという仕組みである。この御用聞きカフェと一緒に，端切れ布を白い布に貼り合わせる布絵ワークショップや紙芝居や落語，映画上映なども一緒に行った。

❸ 大規模再開発

1980年から修繕型まちづくりを住民参加で行ってきた太子堂2・3丁目地区の隣の地区である三軒茶屋駅周辺の太子堂4丁目で，大規模な再開発の計画が持ち上がってくる。子どもの遊びと街研究会では，高層ビル建築計画のうわさが出てきた1985年から，この問題に取り組んできた。「三茶再開発を考える」という勉強会を地域住民に呼び掛けて開催したが，まだ関心が低くあまり参加が得られず，数回開いただけで終わってしまった（子どもの遊びと街研究会 1991）。

1988年2月にはじめて再開発事業の説明会が開かれ，1.5 ha の区域を対象に延べ面積約2万m^2，30階建ての超高層オフィスビルを建設する計画であることがわかった。当時はバブル経済の真っただなかにあり，これをきっかけに都心で起こっている地下の高騰や底地買い，地上げによる住民流出ということが，周辺で起こりかねない状況が危惧された。計画が発表されると，周辺住民を中心に「環境を守る会」が組織され，これに三太の会のメンバーも地元住民として参加し，子どもの遊びと街研究会の有志も参加した。7月に住民組織と9つの商店会によって，決定阻止の署名運動が行われ，請願が出されたが，その7月中には再開発計画が都市計画審議会にかけられ，「周辺住民と続けて協議すること」との付帯事項がつけられた上で，計画の決定が下されたのである（子どもの遊びと街研究会 1991）。

この経緯を見ると，再開発計画にはまったく住民参加が想定されていないことがよくわかる。住民参加とは，行政が設定した枠組みのなかでしか行えないという限界を示している。都市計画審議会に住民の声を届けるチャンネルは設けられていないのである。

❹ 現在の太子堂の市民活動――遊びとまち研究会[9]

　遊びとまち研究会は，2003年の池尻児童館40周年をきっかけに，子どもの遊びを通してまちのあり方を考えようという人が集まり，2004年に発足した。子どもの遊びの減少，遊びにくいまちの環境の現状に対し，子どもの視点からまちのあり方を考え，よりよくしていくことを目的として定期的に研究会を行っている。当初は，四世代目の遊び場マップの作成が主な活動であった。子どもの遊びと街研究会が作成した三世代遊び場マップの時の子どもたちが親の世代となり，その子どもたちである四世代目を加えたマップの作成を行ったのである。

　子どもの遊びと街研究会自体は1993年ごろに活動を休止しており，この時のメンバーも数名関わっているが，新しいメンバーがほとんどである。四世代遊び場マップの作成には，大学の研究者や，太子堂地区まちづくり協議会の運営委員，池尻児童館の職員，世田谷プレーパークのプレーリーダーなどが関わり，近隣小学校のPTAや，大学生・大学院生などが参加した。

　発足から5年の歳月をかけ2009年に完成した四世代遊び場マップは，池尻児童館管轄の4つの小学校区を対象にして作成された。太子堂地域では，三世代遊び場マップがすでにできているので，四世代目のみを作成した。三世代遊び場マップのインタビューを受けた当時の子どもが親になり，その子どもが参加したケースもあった。そのほかの地域については，現在の子どもたちだけでなく，第一世代から第三世代の昔の遊び場も聞き取った。メンバーを4つにわけ，地域ごとにチームでインタビューを行った。

　四世代遊び場マップ作成以外の活動として，三宿の「たぬきのポンポ公園」造成の際に，子どもたちが参加してデザイン等を提案した「プロジェクトT」の活動がある。このプロセスが海外でも話題となり，「プロジェクトT」および遊びとまち研究会がGUIC Japanとして認定を受け，2006年の「GUIC＋10[10] in Canada」に参加し，カナダでプレゼンテーションを行った。この頃から児童館のキャンプを手伝うなど，積極的にボランティア活動をしている高校生グループの，T＆Iリーダーチームが活動に参加するようになり，2009年に彼らが「せたがやクエスト」というイベントを企画して開催した。

　このように活動内容が変わるにつれ，メンバーには少しずつ変化がある。現在は，後述の太子堂小学校で行っている太子堂ワークショップに関わる母親たちが活動の中心を担っている。この母親たちとは，完成したマップを，太子堂

小学校で行っているふれあい祭りで配った際や，太子堂ワークショップの講座に協力した際などで顔を合わせるうちに交流が始まった。研究会としては，地域のなかでどうやって継続していけるかが活動の課題であるが，2012年の「せんたプロジェクト」をきっかけに，この太子堂の母親たちが活動に合流したことがその後の活動につながっている。

「せんたプロジェクト」は，2012年度に世田谷まちづくりファンド災害対策・復興まちづくり部門の助成金を獲得して行った活動である。東日本大震災で被災した仙台において遊び場マップを作成し，遊び場や遊びを通した復興支援を行うとともに，世田谷のまちづくりに対しては，災害復興および対策に関する知識，経験，成果を還元することを目的として行ったものである。具体的には，仙台の子どもたちを太子堂に呼び，世田谷の子どもとともにまちづくりを体験してもらう活動と，研究会メンバーが仙台に行き，遊び場のヒアリングを行い，遊び場マップを作成する活動を行った。

仙台の子どもたちが世田谷に来た際には，太子堂小学校の母親たちの発想で，後述の太子堂サバイバルキャンプに参加してもらった。学校との調整は現役PTAが中心になってまとめた。世田谷からメンバーが仙台に行った際には，仮設住宅でのヒアリングを行い，昔の遊びの話をたくさん聞いてきた。仙台市六郷地区，七郷地区の今と昔の遊び場，震災前後の変化を記したマップを作成して配布した。

この活動をきっかけに2013年度，2014年度にもまちづくりファンドの助成を獲得し，南三陸町で被災した当時中学生だった高校生や副校長だった教諭が世田谷に来て，中学生の前で講演を行い，メンバーも仙台や南三陸に出向き，その後の地域活動の聞き取りや支援を行っている。これらの活動から得られた教訓を世田谷の防災に活かそうと，2015年度は学校と地域が協働して防災に取り組むためのプログラム開発を目指して活動している。

❺ 現在協働の場となっているイベント

1980～90年代にも，市民活動の協働の場になっていた太子堂の地域であるが，これらが30年と積み重なり，自然と町内会などの地域住民組織との協働も行われている状況がみられる。

太子堂サバイバルキャンプ
班にわかれて、子どもたちだけで
火をたき、カレーが完成

(1) 太子堂サバイバルキャンプ

　太子堂サバイバルキャンプは，1998年から続いている小中学生を対象とした避難所宿泊体験の場である。中学生の活躍の場をつくる目的で，宿泊で避難所体験をやろうということではじまった。実行委員会方式で行われており，実行委員会には，学区内の町内会，青少年地区委員会，消防団などの地域の団体，PTAなど学校関連の団体などが参加している。小学校，中学校を隔年で会場にして行っているが，毎年参加しているベテランの児童生徒もいる。2012年は「遊びとまち研究会」の企画で仙台からきた子どもたちも一緒に参加し，実際に仙台で被災した子どもたちと交流しながら行った。

　太子堂サバイバルキャンプにおいて，学校避難所長の役割を担う太子堂5丁目町会の会長に，町内会と他の団体とのネットワークを問うと，「青少年地区委員会，身近なまちづくり，社会福祉協議会，ごみリサイクルなどは町会長として役割も担っているが，市民活動団体とは特に交流はなく，まちづくり協議会もあまり関わりがない」と答えていた。しかし，サバイバルキャンプを通して，このように「遊びとまち研究会」の活動と関わりを持っており，また仙台の子どもたちを世田谷に呼ぶ企画に関わっていた太子堂地区まちづくり協議会

上：太子堂ワークショップ（左：クレープ作り講座，右：布にペインティング講座）
下：太子堂防災ワークショップ

の梅津氏も，サバイバルキャンプに顔を見せていた。町内会と市民活動団体とでは，組織同士のフォーマルな交流はないのかもしれないが，まったく交流がないということではなく，活動や個人を通してゆるやかにつながっているということである。

(2) 太子堂ワークショップ

　太子堂小学校では，毎年夏に太子堂小中学生を対象に，「太子堂ワークショップ」と題して，水泳やお菓子作りなどさまざまな講座を行っている。2012年で6年目となる活動で，もともとは2007年に当時の副校長が始めたものである。学校を使用して活動を行っている団体に声をかけて講師になってもらい，児童に参加を募った。初年度は参加者も少なかったが，2年目からは参加人数も多くなり，初年度に水泳の講師を頼まれ，児童の保護者でもあるNさんが活動を手伝うようになった。PTA会長だったIさんも活動の助成金を獲得するための代表者になるなどしていた。4年目に副校長が他の学校へ異動になったが，NさんとIさんで何とか継続した。活動の主体がはっきりとしないまま続けてきたが，2011・2012年には世田谷区の地域の絆推進事業助成金をもらうなど，

事務局としての機能をはっきりと持ち始めた。その頃にこのまま2人では活動の継続は困難だということで，何人かに声をかけ，太子堂小学校の児童や卒業生の保護者を中心に6，7人で運営を担っている。

　講師は地域の活動団体のほか，小学校の保護者や，町内会に張り紙をお願いするなどして募集し，講座も当初の2倍ほどに増えている。得意なことのある保護者や町内会長などが講師として参加している。始めのころは少なかった参加者も，2012年には，全校児童421人に対して，270人程が参加し，のべ799人の参加となっている。

　遊びとまち研究会も太子堂ワークショップにて，2010年「ガリバーになってまちをつくろう」や，2011年「子ども110番シアター」という企画を行っている。このような交流から，太子堂ワークショップ運営メンバーのなかで，遊びとまち研究会の中心メンバーとして活動を行う人も出てきて，さらなる活動のコラボレーションが行われている。

(3)　太子堂防災ワークショップ

　首都大学東京，国士舘大学，東京大学，千葉大学の四大学の研究者による共同研究グループが，太子堂2・3丁目地区を対象に，2012年に「太子堂防災ワークショップ」を行った。開催には遊びとまち研究会が協力している。防災のまちづくりに取り組んできた太子堂地区の空間を，子どもたちがどのように認知しているかを知ることで，今後の防災まちづくりの参考にするための取り組みとなっている。子どもたちがパトロールを模してまちを歩き，中学生と地域が協力してできる防災活動の可能性を検討するための材料にしたい考えであった。参加する子どもたちにとっては，地域についてより深く知り，防災意識を高める機会となること，倒壊シミュレーションやGPSトラッキングなどといった科学技術に触れる学習機会となることが期待される。

　参加者は太子堂の中学生9人，小学生2人，地区外の小学生1人，大学生4人の計16人で，3チームに分かれ，1時間かけて対象地区を歩きながら，50か所に設置してある旗を集めて点数を競った。50個の旗のうち，10個は印のついたエマージェンシー旗になっており，これを見つけた場合は，すぐに本部に帰らなければならない。発災時に中学生がパトロールをするということを想定しているので，緊急のケガ人等を見つけた場合は，急いで本部に帰るという行動を表している。また，倒壊シミュレーションにより閉塞箇所が設けられており，

閉塞箇所には閉塞マンが立っていて通り抜けることができないなど，ルールには工夫がこらされている。参加者はGPSを携帯しており，どのようなルートを回ったのか，地元の中学生と外部からの人でまち歩きにどのような違いが現れるのかが，研究者側の分析のポイントとなる。

中学生は昼間の発災でも地域にいるため，発災時に重要な担い手となる可能性を持つ。振り返りの会には地元町内会の防災担当者やPTA関係者も参加し，活発な意見交換がなされた。中学生がどのような役割を担えるか，地域に対しての問題提起となるワークショップとなった。

5．太子堂のまちづくりがつくってきたもの
──「住民参加」から「住民自治と協働」への展開

❶ 太子堂地区のソーシャル・キャピタル

第4節で見てきたように，1980年代からさまざまな市民活動の協働の場として育まれてきた太子堂地区の特徴は，現在に引き継がれていることがわかる。「遊びとまち研究会」は，かつての「子どもの遊びと街研究会」の流れを汲むものであるが，担い手が大幅に変わっている。このように時代を超えて紡ぎ直された組織である遊びとまち研究会は，第4節❺で見た地域の特長あるイベントのすべてに関わっていた。まちづくりの過去と現在をつなぎ，また現在の横のネットワークを紡ぐ重要な役割を担っているのである。例えば太子堂サバイバルキャンプは小学校で行われており，町内会をはじめとする地域住民組織が中心となって行われてきたものであるが，これに遊びとまち研究会の「せんたプロジェクト」が交差している。太子堂ワークショップはPTAが中心で行っているものだが，これに遊びとまち研究会が関わるうちに，太子堂ワークショップのメンバーが今度は遊びとまち研究会の中心となって活動をし始めたことが，先のサバイバルキャンプのコラボレーションにつながっている。

太子堂防災ワークショップは単発のイベントであったが，このような研究がこの地で行えるのは，太子堂地区まちづくり協議会を中心に，外からの参加者を受け入れてきた経緯があって成り立つものと考えられる。これによって，研究者にとってはフィールドが提供されることになり，地域はその専門的な知識を活用できるのである。このような協働の場としての営みは，太子堂の地が1980年代から協働の場として営まれてきた経緯があってのことである。このよ

うな協働の場としての土壌は一朝一夕で成り立つものではなく，地域のソーシャル・キャピタルとして蓄積されてきたものの上に成り立っていると考えられる。

　太子堂地区は世田谷区の下町のようなところとはじめに紹介したが，狭い路地が入り組んだまち並みというだけでなく，人びとの距離が，この建物の近さと同じように近いのではないかと感じることがある。例えば，太子堂の人たちと一緒にまちを歩いていると，必ずと言っていいほど，あいさつをするような人と出会う。三軒茶屋に近く，地区の特徴で見れば，単身の若い世代が多く住み，住民の入れ替わりが激しい地区であるのだが，一本裏路地に入れば，人びとの顔の見える生活のネットワークがはりめぐらされている。小学校，中学校のPTA会長を務めた母親は，「子どもたちは，三軒茶屋界隈では，誰に見られているかわからないのでポイ捨てもできない。それは，大人も同じで，西友の裏で子どもを強くしかってしまったら，しかってたわねって誰かしらに見られている。太子堂にはそういうつきあい，下町のようなつきあいがある」と語っていた。梅津氏も著書のなかで次のようなエピソードにふれている。「太子堂のまちで，こんな光景を目撃したことがあります。小さな店が連なる太子堂の"下の谷商店街"を通りかかったとき，消防自動車のサイレンが近づいてくるのが聞こえました。見ると50mほど離れた住宅の屋上から煙が出ています。それに気づいた魚屋のお兄さんが，お客を放り出して消火器をかかえ飛び出していきました。しかも走りながら，『みんな消火器をもってきてくれ』と叫びながら火災現場に駆け付けたのです。その声を聞いた2，3人の人が家に駆け込み消火器を抱えて現場に走り出しました」（梅津 2015: 140）。

　まちづくり協議会が修繕型のまちづくりを行いながら守ってきたのは，このような眼には見えない人びとの力なのである。しかしこうした力は，スクラップアンドビルドの再開発のような手法では，一掃されてしまう。関わりあいながら生活している人びとに蓄積されているコミュニティの力である。世田谷区で行った地区のソーシャル・キャピタルを測る調査では，太子堂地区は大変低い評価となっている。コミュニティのソフトな力を測るはずのソーシャル・キャピタル指標であっても，上述のような地域の見えない力をはかることは難しいということである（小山 2013）。このような目には見えず，測ることも難しい地域に潜在するソーシャル・キャピタルを評価しない限り，まちづくり協議会や地域の市民活動が協働しながら行ってきた実績を評価することはできない

だろう。

❷ 広場づくりから見える自治と参加の違いと行政との協働の重要性

　太子堂のまちづくりでは，ワークショップの手法を駆使した，参加のまちづくりが1つの特徴となっているが，ポケットパーク整備の事例に参加と自治の違いが表れている。太子堂のポケットパーク第1号であるとんぼ広場を整備する際，行政側からは都市的なデザインの計画案が示され，それと同時にポケットパークを近隣で自主管理できないかという相談があった。その時，隣に住むY氏が「自分で好きなものが植えられなくて管理ができるものか」と異議を唱えたという。また，三太の会のメンバーでもあるまちづくり協議会のメンバーから「ただの土だけの広場」，「禁止事項の看板も置かない」などの提案が出され，区からの提案を白紙に戻して自分たちで計画を練り直すことになった。2回目の会合で，土の広場の真ん中に一本の木があるという構想図が出された。しかし，いざ実現化するとなると，「土のひろばだと，雨の時にぐちゃぐちゃになる」とか，「毛虫が異常発生する」などの声が出た。そこで，協議会メンバーとして参加していた木下氏が，子どもたちと一緒に花を植えることを提案すると，近所の主婦から自分がやるようにいわれ，その場では承諾するしかなかったという。木下氏は「住民の責任回避の言葉にはウンザリしていたが，実は自分もその中の一人だということに気がつかされた。専門家きどり傍観者のつもりが言葉でなく実行を迫られた」（木下 1996: 169-170）と後に述懐している。しかし，ここから場の空気は一転し，園芸好きな人が子どもたちへの植え方の指導をかって出て，別の主婦がプランター代わりのトロ箱を魚屋さんにもらってくるなど皆が動き出した。こうして，みんなが構想したように広場がつくられ，子どもたちと一緒に花を植えるオープニングセレモニーを迎えた。セレモニーには多くの人が集まり，鍋がふるまわれ，とんぼ広場の名にちなんで竹とんぼづくりが行われた。子どもたちはそれぞれ箱に花の種を植えていった。隣に住むY氏は，計画段階では誰か好きな人が花の世話をするだろうと人ごとのように言っていたが，セレモニーで何かを感じたのか，翌日から毎日花に水やりをするようになったのだという（木下 1996）。

　広場の自主管理をする「とんぼ広場を育てる会」が発足し，Y氏が会長をつとめた。子どもたちも水やりの約束をしたが，1か月ともたなかったという。そこで，秋には「収穫祭」，春には「花まつり」のイベントを実施して花の植

え替えを行った。最大のイベントである年末のもちつき大会は，Y氏をねぎらう意味で行われ，Y氏はとんぼ広場を見守り続けた。犬のフンを捨てる人，粗大ごみを置いて行く人，違法駐車など，マナーを無視した行為を見つけるたびに注意してきたのである。

　とんぼ広場が評判になったので，区では次々にポケットパークの整備を行った。しかし，あとから急テンポでつくられたポケットパークでは，近隣の住民を巻き込むというプロセスは取られなかった。協議会でも，すべての場所で調整役を担うことはできず，せめてもとポケットパークの名称を募集したが，とんぼ広場のY氏のように整備後に自主管理を実施するところは生まれなかった。そこで，新たな２つのポケットパークについてワークショップ方式による住民参加のプロセスがとられた。世田谷区は「世田谷まちづくりセンター」を準備中であり，太子堂のポケットパークのワークショップはこの組織の実験的な位置づけを与えられ，パークショップという名で広く一般への参加が呼びかけられた。その方法への関心から，若い専門家や学生などの参加があり反響は大きかった。このように多くの人が参加して検討した案が反映されたポケットパークは，そのデザインが今までのポケットパークよりも優れており，人が集う場となっているという。しかし，ワークショップ自体は広く一般から公募され，近隣の参加者がほとんどいなかったため，できあがったポケットパークの管理に近隣住民を巻き込むことはできなかったのである（木下 1996）。

　このポケットパーク整備の事例には，「住民自治」と「住民参加」の違いが如実に表れている。とんぼ広場はまさに住民自治の好例である。住民が自分たちで管理していくことを前提に，そのためにはどのような公園がいいのか自分たちで決める。また，決めたことについては他の誰かではなく，「自分」が引き受けていくのである。このような自治の内実をそのプロセスのなかで実感し，体得していく過程が，外から専門家としてきていた木下氏と隣に住むY氏の行動に表われているのである。一方パークショップを専門家が主催して行ったその後のポケットパーク整備は，住民参加のプロセスがとられているものと評価できるが，これが自治に発展するにいたらなかったということであろう。「自治」は，自分たちで決めて自分たちで引き受けるというプロセスが重要であるが，「参加」はあくまで行政が用意した場に参加するだけであり，その後のプロセスに責任をもつことはないということである。

　これとは別の意味でとんぼ広場の事例と対照をなすのは，子どもの遊びと街

研究会と三太の会で1982年に行った「ワークショップ広場考」である。この結果は，前述のように，地域の住民との対立を深め，しこりを長く残すことになってしまった。通常の公園計画の住民参加のプロセスは，行政が説明会を開いて設計図を地域住民に公表して意見を聞き，2回目の説明会で意見を取り入れた修正案を提示し確認をとるというものである。この時，説明会に参加するのは，近隣住民と，行政から声がかかった町内会役員という場合が多い。しかし，このやり方では，近隣に迷惑がかからないようにという管理の面からしかチェックされず，実際に公園で遊ぶ子どもたちの声などはまったく反映されない（子どもの遊びと街研究会 1991）。整備されることになった空き地を使っていた三太の会や子どもの遊びと街研究会は，こうした状況に危機感を抱き，公園づくりに自分たちの意見を反映させようと，ワークショップを行ったのである。ワークショップの結果をまとめて行政と交渉し，「できるだけ取り入れる」という回答を得たが，この提案を取り入れた行政案は，近隣住民や町内会の役員には不評であった。意見が対立した場合に，行政はその調整役にまわるわけではない。要望を聞くだけの説明会が続き，結果として住民同士の対立が深まってしまったのである（木下 2007）。

　この1年後に取り組んだとんぼ広場については，三太の会や子どもの遊びと街研究会のメンバーが思い描いていたような結果をもたらしたことは前述のとおりである。それでは，遊び場活動を行っていた空き地の整備ととんぼ広場では，何が違ったのであろうか。それは，とんぼ広場のワークショップでは，行政の制度に位置づけられている協議会のメンバーとして発言していることが大きかったのではないかということである。このことによって行政側の態度は異なり，またこれにより地域住民の態度も変わってくるのではないだろうか。つまり，自治を行うためには，自分たちだけで勝手に活動を行うだけでは難しく，行政の承認が加わることによって，他の住民からの承認をも得ることができるということである。自治への取り組みは，住民側と行政側が両輪となって進める必要があることはこのことからも見えてくるのである。つまり，自治を実践するためには，制度的に位置づけられた行政との協働が重要なのである。

　この時，太子堂地区まちづくり協議会は街づくり条例に基づく認定協議会になっていたということが大きかったといえる。しかしながら1995年の条例改正により協議会の認定制度ははずされ，まちづくり協議会は一任意団体となった。そもそも緑道整備の反対運動の事例のようにその代表性については問題もある

が，認定制度がなくなると，同様の協議会が同じ地域のなかに複数存在することができるようになる。太子堂地区まちづくり協議会についての詳述のなかで見てきたように，対立する意見は地域のなかにはあたりまえに存在し，それらの人びとが一堂に会し，調和点を見出しながら，少しずつ修繕型まちづくりを行ってきたことに意義がある。太子堂の隣の地域である三宿1丁目では，意見の対立を引き金に「三宿1丁目地区まちづくり協議会」の他に2つのまちづくりを行う団体が乱立し，まちづくりに支障をきたしているという（梅津 2015）。行政からの承認の問題だけでなく，ステークホルダーの調整つまりガバナンスをどのように図っていくのか。そのためにも，まずは同じテーブルにつくということが問題になるだろう。

❸「住民参加」から「住民自治と協働」への展開

　太子堂地区まちづくり協議会は，もともと世田谷区の施策に位置づけられて会が発足した組織であり，世田谷区の基本構想・基本計画において「住民参加のまちづくり」が掲げられてきたように，行政の制度に住民が参加するものとしてはじめは想定されていたと考えられる。しかしながら，この地域ではそれ以前からマンション紛争が起こり，住民運動がなされていたという特異な事情があった。区が開催したまちづくり懇談会には，「行政得意の根回しで町会，商店会の役員が多数参加」（梅津 2015: 54）した一方で，住民運動のリーダー層や担い手も参加したことが，行政側にとっては想定外であったのかもしれない。結果としては，住民主導で，住民が納得いくまで話し合うことによってまちづくり協議会を運営してきた。それゆえ，これは行政が用意した場への参加にとどまるものでなく，行政側がきっかけをつくった場が住民自治の場となり，街づくり条例の制度的な後押しによって行政との協働の場として機能していくことになったと捉えることができる。

　一方で，太子堂は住民活動同士の協働の場ともなっている。まちづくり協議会と，三太の会や子どもの遊びと街研究会の活動は1980年代から90年代の初旬にかけて，同じ地域内で重なりあいながら活動してきた。活動の目的は異なるが，それぞれの得意分野を生かしながら協働してきたものと考えられる。子どもの遊びと街研究会は，若い研究者やまちづくりコンサルタントの集まりであり，地域での活動は研究，調査につながっている。木下氏がワークショップの手法をまちづくり協議会に提案したのは，その手法をフィールドで試すという

意味あいがあったからであろう。まちづくり協議会はこのような先進的な手法を使いながら，住民同士の自治的な合意形成を実践してきたのである。ハードの街づくりを主な目的としている協議会にとっては，子どもの遊びと街研究会の子どもを巻き込んだソフトなまちづくりによって，まちづくりの土台となる多くのものが提供されてきたと考えることができる。このように，同じ地域，同じ時期に目的が違う活動団体が相互交流しながら活動を行うことによって，各団体の単一的な目標以上の成果を生みだしていくことが実際に起こりうるのである。

　最後に住民自治の内実について考察を加えておこう。まちづくり協議会の参加メンバーは，はじめから立場を異にする人びとの混合状態で，内部の対立も包含していた。しかも協議会の決議の内容は，私的な財産の権利についても規制を加える内容である。それゆえ協議会のスタンスは，とにかくオープンであること，また多数決によらず全員が納得するまで話し合うことであった。それに加えて，一般の住民がこのような会議に興味を持たないことを考慮し，協議会の内容をニュースにして発行し，権利に関わる内容については全戸配布を徹底してきた。また，総論としては興味がない住民も，実際に自分の家の前の道路が対象となれば真剣に会議に参加するものである。それゆえ，協議会のメンバーが集まる定例会とは別に，懸案の道路については沿道会議を行い，関係する住民や地権者に呼び掛けてきたのである。

　これらは住民自治を行っていくための工夫であったと捉えることができる。いくら一部の住民が地域のことを自分たちで決めていく自治的な活動を行っていても，多くの住民は他人事として無関心であることが多いものである。まちづくり協議会では，これらの住民に少しでも興味，関わりを持ってもらうため，きつねまつりなどの地域の催しを行い，子どもたちも巻き込みながら認知度を上げてきた。それでも，緑道整備の事例のように，まちづくり協議会とは一体何なのか知らないという住民から，熟慮の末決定した決議を真っ向から反対されてしまうということも起こるのである。太子堂地区まちづくり協議会では，このような地域のなかの反対や批判の声に1つ1つ対処してきた。活動の重大な目的である，ハードの街の整備については，特に住民同士の対立が起こるところを，時間をかけて話合いによって解決してきたのである。梅津氏は「まちづくりは対立を乗り越えて合意形成を図るためのプロセス」（梅津 2005: 92）だとする。また，三太通りの沿道会議の事例や，緑道整備の事例にもあったよう

に,「対立から合意形成が図られる過程で,新しいまちづくり人が誕生して協議会の活力が増大した」(梅津 2005: 92) と指摘している。

筆者が対立を越えた合意形成がなされることを「妥協点を見出す」と表現した時,梅津氏から「そうではなく,調和点を見出す」と訂正された。それぞれが求めているものよりも低い地点での妥協点というよりも,誰もが納得できるようなちょうどよい地点であり,誰もが想像していなかったよう創造的な結果を意味するのであろう。住民の自治と協働は,対立を乗り越えて調和点を見出していく営みの積み重ねにより成り立つものと捉えうるのではなかろうか。

注
1) 世田谷区都市環境部都市計画課発行「太子堂地区まちづくり──世田谷区太子堂地区市街地再整備基本計画策定調査報告書」(1981),世田谷区総合支所街づくり課発行「太子堂地区まちづくり協議会・10年の活動」(1993),太子堂2・3丁目地区まちづくり協議会・世田谷区世田谷総合支所街づくり部街づくり課発行「太子堂2・3丁目地区のまちづくり20年のあゆみ」(2000),太子堂2・3丁目地区まちづくり協議会「太子堂2・3丁目まちづくり25年の歩み」(2005年度公益信託世田谷まちづくりファンドの特別部門「まちづくりネット文庫」http://www.setagayatm.or.jp/trust/fund/library/taishidou/ayumi25.htm) の各資料と,梅津 (2015) による。
2) その後太子堂の他の地区にも協議会ができたため「太子堂二・三丁目地区まちづくり協議会」に改称しているが,本書では「太子堂地区まちづくり協議会」と呼称する。
3) 1995年の世田谷区街づくり条例改正によって,協議会の認定制度は廃止された。
4) 梅津 (2015),木下 (1996, 2007),小山 (2013) による。
5) 世田谷まちづくりセンターやまちづくり活動企画コンペについては第7章で詳述する。
6) 梅津 (2015) による。
7) 同上。
8) 木下 (2007) による。
9) 小山 (2013) による。
10) GUIC (Growing Up In Cities) は世界各地で展開されている「若者・子どもの参画」を推進し,アクション・リサーチを通して環境改善を進める活動である (吉永他 2009)。

第7章

市民が市民を支える仕組み
――まちづくりセンター・まちづくりファンドの実践

世田谷まちづくりファンド「キラ星応援コミュニティ部門」
2015年度本審査会にて

第4, 5章で見たプレーパークの活動は市民発の活動ではあったが，長年行政の施策に位置づけられてきたものであり，第6章で見た太子堂地区まちづくり協議会は行政主導で組織され，街づくり条例に位置づけられてきた。このため，区が大きな資金的な後ろ盾となっていたり，職員が深く関わり合いながら継続されてきたのであるが，すべての活動，すべての団体に対してこのような関わりができるものではない。多くの地域で多くの住民が多様な活動を行っていくには，市民が市民を支えていく仕組み，制度が必要である。このような意味で現在まで継続して取り組まれてきたのが，世田谷まちづくりファンドである。このまちづくりファンドがどのように構想され，どのように活用されてきたか。現在にいたるまでの流れを追いながら，課題と今後の展開にふれていこう。

1. 市民が市民を支える仕組みとしての「まちづくりセンター構想」

❶「まちづくりセンター構想」成立の過程

　第6章で見た太子堂の事例にように，行政が用意した住民参加の枠組みからはみ出して，住民の主体的な活動に移行した例はかなり特異であった。住民参加の枠組みを制度に組み入れた，世田谷区街づくり条例に基づくまちづくり協議会の活動の多くは，行政主導の枠から抜け出せなかった。1987年の「世田谷区新基本計画」でうたわれた住民発意による住民自身のまちづくりの実践には，さらに工夫が必要であった。また，住民主体で行うまちづくりの課題は，ハードの問題だけにとどまらず，生活課題全体から出てくるため，まちづくり協議会を担当するハード整備の部署だけでは，対応することが難しいことも課題となっていた。これらの課題への対応として，まちづくりセンターを設立する構想が世田谷区新基本計画によって示されたのである。

　新基本計画のなかの「安全で住みよい都市づくりの推進」における「市街地の整備」の項目のなかで，「区民の自主的なまちづくりや住まいづくりの活動を支援するため，区民，専門家，関係業界，行政が協力して第3セクター方式による『まちづくりセンター（仮称）』を設立し，まちづくりに対するアドバイザー機能を強化する」ことが掲げられた。1987～1990年までの4年間で，まち

づくりセンター構想の検討を行い，その後まちづくりセンターを設立する計画であった。センターの機能は，相談，情報収集，調査，グループ交流などが挙げられ，事業費としては1,200万円が計上されている。

　この計画をもとに，この後4年間をかけてまちづくりセンター設立のための調査研究が行われることになる。まちづくりセンターは，市民，企業，行政のトライアングルの中心に位置づけられ，専門家も含めて三者の協働の核になることが構想されており，当初から制度として整備すればよいというよりも，ソフトな仕組みとして構想されていた（林 1989）。それゆえ検討期間中は，毎月オープンなかたちでさまざまな住民グループとの話し合いを行いながら，住民主体のまちづくり活動支援のための，方法や仕組みが検討された。1988年からは，三軒茶屋に活動の場として仮設の「まちづくりハウス」を設け，アクション・リサーチが行われた。実際に住民企画による公園づくりや，子どもから高齢者まで気軽に参加できるワークショップ，まちづくりコンクールといった活動を行いながら，「住民の主体的なまちづくり」には何が必要かを探ったのである（玉川まちづくりハウス 1996）。結果的にこれらの実践的な検討は，仕組みを構想するのに役立ったばかりでなく，その過程のなかで多くのまちづくり活動の担い手を育てることにつながった（卯月・浅海 1994）。

　また，この活動のなかから，アメリカの市民参加のまちづくりの様子を訪ねる企画がなされ，行政職員，専門家，活動者など20数名で1988年10月にアメリカを訪問し，日本にはまだ普及していなかったコミュニティデザインセンターやNPO活動の視察を行った。もともとは，まちづくりセンター構想の発想のもとになっていたコミュニティデザインセンターの視察がメインであったが，訪問の結果，さまざまな活動団体が活躍できるNPOのほうが重要との考えに方向転換していくことになる[1]。こうした経験からまちづくりセンター構想は，中心に組織としてのセンターをおく構想ではなく，さまざまな団体を支えるファンドを中心とする構想へと転換していった。そして，アメリカ視察によって見えてきたまちづくりの課題（林他 1989）に対応したかたちで，住民・企業・行政の三角形の中心に位置するプロデューサーやファシリテーターとして，参加の制度的な仕組みとして，また実践の場として，「まちづくりセンター構想」が形づくられていくことになったのである。

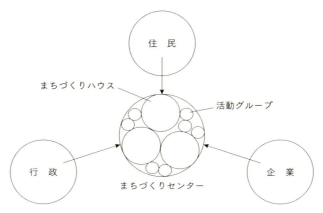

図7-1 「まちづくりセンター」構想図
出典：「世田谷まちづくりセンター構想案」より再構成した。

❷ 住民主体のまちづくり活動を支える仕組み
──「世田谷まちづくりセンター構想案」

　上記のようにアクション・リサーチを中心とした調査をもとに検討した結果，1991年に世田谷区都市整備部街づくり推進課により「世田谷まちづくりセンター構想案」（以下「構想案」）がまとめられた。これまでの行政主導のまちづくりは，モデル地区などの特定の地区において進められてきたが，その他の地区では住民参加が一般化しておらず，多くの住民は依然として行政依存的で，行政側も住民と一緒に進めていく体制が整っていない。また，「住民主体のまちづくり」とはいうものの，行政，企業の二者の力が強く，現状で住民はこれに対抗できない。これらの課題解消に向けて，まちづくりの主体となる住民の社会的な力の確立を支援し，住民主体を育てて本来のトライアングルが形成されるようにしなければならない。そのために必要なのは，まず住民の主体的なまちづくりを支援すること，さらに，住民と行政，企業それぞれの主体相互間のコミュニケーションが図れるように取り計らうことである。そこで，まちづくりへの参加のシステムの制度化と，三者を通訳・翻訳し，中間的な立場で調整を図り参加を推進する機能を持つ組織の設立が目指されることになる。

　これを受けて，住民，行政，企業のトライアングルの中間領域に「まちづくりセンター」を構想し，住民の主体形成を支援することが目指されたのである（図7-1）。ここでは，1987年の新基本計画の時点で想定されていたような，

センターの設立を中心にしたものから大きく展開し，ネットワークの核となるような中間支援組織としての構想に大きく変化している。「まちづくりセンター」の原則として，立場としてはあくまで住民側に立ち，さらに三者の中間としてまちづくりにおける中立性を保つことが強調される。住民との関係としては，住民の正確な判断を助けるために情報提供を行うなど，まちづくりの専門家として住民を支援していく役割を担うとともに，財政的な基盤づくりを支援することが目指された。また，行政と企業との関係としては，行政や企業と住民が話し合える場としての機能を担うことが目指された。住民側に立ちながら，力の強い行政や企業との橋渡し，または緩衝材となって，ネットワークをつなぐインターミディアリーの役割が期待されているということである。

　しかしながら，「まちづくりセンター」は単に1つの組織がインターミディアリーの役割を担えばよいというものではない。まちづくりの現場の必要に応じ，多様で柔軟な仕組みであることが望ましい。そこで，行政や民間から広く募った基金を設け，特色ある公益的なまちづくり活動を行う組織や人や活動が発展し，実績をあげられるように出資・助成する『公益信託』を中心とした仕組みとして考えられたのである。つまり，「まちづくりセンター」とは，住民・行政・企業のトライアングルの参加によるまちづくりの中間的な立場にあって，多様な組織およびそれらの組織・活動を育てる仕組み全体を総称したものなのである。これを構成するのは，「まちづくりにかかわる活動組織に対し資金的援助をする仕組み（まちづくりファンド）」とこの仕組みによる支援を受ける組織である複数の「まちづくりの公益的法人（まちづくりハウスと呼ばれる）」，「まちづくり活動グループ」であり，これらを担うのは住民自身ということになる。ここに，「構想案」における「まちづくりセンター構想」は，後につくられる「世田谷まちづくりセンター」そのものを指しているのではなく，多様な構成主体で成り立つ仕組みを指していたことがわかる。期待されているインターミディアリーの役割は，各地域に自生する「まちづくりハウス」が担っていくことが想定されていた。

　具体的なまちづくりファンドの仕組みとしては，住民・行政・企業それぞれからの寄付を受け付ける「まちづくり基金」を，区が街づくり条例に基づいて設立し，その基金をもとに，「まちづくり公益信託」を設定する。この信託により，まちづくりを行う公益的組織（まちづくりハウス，活動グループ）への出資，活動資金の助成を行う。出資先および活動グループの助成先の選定は，

運営委員会により決定する。運営委員会メンバーは、基金へ寄付をした人など利害の関係する人をいれず、学識経験者等中立的な立場の人びとから構成されるというものである。公益信託の性質上、一度設定されてしまえば、出資者の意向を助成先に反映させることはできない。まさに住民参加というより、市民が中心となって自治的に活動を担っていく仕組みとしては最適である。

こうして、まちづくりファンドを中心とする、まちづくりセンター構想が実現されていくことになるのであるが、ここで確認しておきたいのは、「まちづくりセンター構想」で必要とされた機能のうち、住民の主体的なまちづくりを財政的に支援し、力をつけさせていくという機能だけが重視されるのであれば、「公益信託」で事足りたということである。しかし、住民が力をつけていったとしても、住民よりも大きな力を持つ行政や企業と対等に渡り合っていくことは簡単にはいかない。そこで、「まちづくりセンター」には、住民と企業や行政との調整機能を持つことも同時に重要視されたのであり、この部分を担うことになるのが、実際の組織としての「世田谷まちづくりセンター」であったということになる。ここが、のちに矛盾を抱えていく要因となるのだが、この点については、次節で詳しく見ていくことにする。

2. 初期まちづくりセンター・まちづくりファンドの動向

❶ 世田谷まちづくりファンド助成開始

1992年4月、「世田谷まちづくりセンター構想案」から1年後、いよいよ世田谷区の外郭団体である財団法人世田谷区都市整備公社内の一係として、「世田谷まちづくりセンター」が誕生する。前節でみてきたように、まちづくりセンター構想の中心は「公益信託」である。公益信託とは、財産や利益の一部を社会に還元しようという個人や法人が、信託銀行に財産を信託し、信託銀行がその財産を管理・運用して、公益信託契約で定められた公益目的に従って助成を行う制度である。世田谷では、「世田谷まちづくりファンド」として、1992年12月に設立された（表7-1）。公益信託は、本来であれば信託銀行と助成先を選定する運営委員会のみで運営していくことができる仕組みであり、これと「まちづくりセンター」との関係は最初から矛盾をはらむものであった。しかし、住民主体のまちづくりということが、いまだ手探りの状態であったこともあり、支援をする部署が必要との考えから、世田谷まちづくりセンターが設立

表7-1　世田谷まちづくりファンド概要

●世田谷まちづくりファンド	
設立年月日	1992年12月
委 託 者	財団法人世田谷区都市整備公社
受 託 者	三井信託銀行
出 捐 金	3,000万円
設 定 趣 旨	東京都世田谷区における住民主体のまちづくりの推進を図るため，中立的立場から住民主体のまちづくり活動を支援する仕組みとして，公益信託を設定するものである。
信 託 目 的	住民主体のまちづくり活動を行うもの又はそれを援助するものに対して助成を行うことにより，住民の創意と工夫にあふれたまちづくりが推進され，もって住民が望む，だれもが安心して暮らせる人間性豊かで魅力的なまちの創造に寄与することを目的とする。
運 営 委 員	研究者2名，区民2名，専門家2名，行政1名
信託管理人	公認会計士

出典：卯月・浅海（1994）による。

されたのである。それゆえ，当初のまちづくりセンターは研究や学習会以外の独自の事業を展開していたわけではなく，ファンドに併走しながら，ファンド助成を受けた団体への支援を主に行っていた。

(1) まちづくり活動企画コンペ[3]

世田谷まちづくりファンドの助成開始に先立ち，世田谷まちづくりセンターの独自事業として[4]，1992年6月に「まちづくり活動企画コンペ」が行われた。コンペの目的は，ファンドによる助成を行う際の，助成先の審査や決定方法，募集要項などを事前に検討することであった。コンペでは，世田谷区を対象とした地域の環境づくりにつながる活動を対象に，「まちづくり実現活動部門」，「まちづくり提案活動部門」，「まちづくり基礎活動部門」の3部門の募集が行われた。このような募集は初めての試みであり，果たしてどれだけの応募があるのかという不安があったが，応募件数35件，助成希望総額2,235万円という結果となった。審査員をファンドの運営委員の予定者にお願いし，公開審査方式で応募者に見えるかたちで選考が行われた。その結果14件が入選し，1件あたり助成金額10〜70万円で総額500万円の助成が決定した。入選したグループの活動内容は，公共施設建替え，公団住宅建替え環境保全，世田谷線沿いを花でいっぱいにする活動，コミュニティガーデンの企画などであった。

通常の公益信託の制度では，これで助成金を渡して終わりということになるが，助成グループが活動を順調に進められるように，専門家を派遣し，区との

調整やアドバイス等をまちづくりセンターが行ったことに特徴がある。入選のグループのなかには区の計画に反対していたグループも含まれていた。メンバーは当然落選すると思っていたが，入選後はそれまでなかなか門戸を開いてくれなかった担当課の対応が変化し，情報が入りやすくなったという。まちづくりセンターが仲介したことで，区の担当者の対応に変化が現れたのである。このような事例が，「構想案」にも掲げられていた，住民と行政とのコミュニケーションのための通訳の役割の実際を端的に表している。

(2) 第1回公益信託世田谷まちづくりファンド[5)]

まちづくり活動企画コンペから1年後の1993年6月に，第1回目の公益信託世田谷まちづくりファンドの公開審査が行われた。ファンド設定の主旨について，助成事業応募の手引き（1993年4月版）に次のように記されている。だれもが安心して暮らせる人間性豊かで魅力的なまちの創造を目指すまちづくりを行っていくためには，地域の住民自身が主体となって取り組んでいくことが必要である。しかし，現状では個々の住民の力はまだまだ弱く，住民主体のまちづくりよりも行政や企業主導のまちづくりになってしまう傾向がある。そこで，住民，行政，または企業のいずれにも属さない独立した中立的な立場から，住民主体のまちづくり活動を支援することを目的として公益信託世田谷まちづくりファンドが設定された。ファンドの設定者は財団法人世田谷区都市整備公社であり，出捐金3,000万円から出発したが，今後は区民，企業，行政からの寄付を増やし，真に中立的なものとして住民のまちづくり活動に活用されるよう育てていくことが大切である。

事前のコンペでは，「まちづくり活動」の定義がはっきりしていなかったことから，人によってまちづくりの捉え方が大きく異なることが明らかとなった。そこで今回は，助成の対象となるまちづくり活動を，「世田谷区内を対象とした住みよい環境づくりにつながる活動」と明記した。活動のきっかけは環境づくりに限らず幅広い動機や目的のものを含むが，助成する活動はその成果が将来的に都市環境づくりにつながるものを対象とするということである。まちづくりセンターの所属は都市整備公社であることからもわかるように，ハードのまちづくりにつながっていくような活動を対象としていたということである。

助成部門は，活動企画コンペでも3部門設定していたが，その区別がわかりにくかったため検討し直された。その結果以下の3つの部門が新しく設定され

た。「まちづくり活動助成部門」は，助成額が10〜50万円で，地域の住みよい環境づくりを目指す住民グループの，さまざまな自主的まちづくり活動に対して助成を行うものである。「まちづくりハウス設置・運営助成部門」は，助成額が上限100万円である。専門的な技術や経験をもって，地域に根差して住民主体のまちづくりを継続的に行ったり，支援したりする非営利の組織を「まちづくりハウス」と呼び，この設置準備や運営を行う組織や個人に対して助成を行うものである。「まちづくり交流助成部門」は，助成額が10〜50万円となっており，住民主体のまちづくり活動を行うグループ相互の情報交換や，ネットワーク形成の機会や場を設ける交流活動に対して助成するものである。

　応募は，まちづくり活動助成部門に14件，まちづくりハウス設置・運営助成部門に9件，まちづくり交流助成部門に2件の申請があり，500万円の助成総額に対し，1,300万円余りの申請があった。審査は，世田谷まちづくりファンド運営委員が応募者の参加のもとで行う，公開審査によって行われた。その結果，入選は活動助成部門9グループ（助成額平均24万円），まちづくりハウス設置・運営助成部門5グループ（助成額平均46.8万円），まちづくり交流助成部門1グループ（助成額50万円）となった。

　まちづくり活動助成部門に選ばれたグループは，子どもの遊び場で花づくりをするグループ，公団団地の建て替えに際し住民案を作成しているグループ，第6章で取り上げた太子堂地区で樹木や草花を育てる「楽働クラブ」など，内容はさまざまである。また，次節で詳しく見ていくことになるまちづくりハウス部門で選ばれた玉川まちづくりハウスとタイアップして，建設予定のデイサービスセンターについて検討するグループや，コミュニティガーデンをつくる活動も選ばれている。

　まちづくりハウス設置・運営助成部門では，障がい者が安心して生活できるまちづくりを目指したものや，集合住宅の支援といったテーマ型のものが4グループ選ばれ，当初のセンター構想にあったような地域ごとに設立されるまちづくりハウスは，次節で紹介する玉川まちづくりハウスのみであった。まちづくり交流助成部門では，まちづくりセンター構想作成時に活動していた，三軒茶屋・三宿の「まちづくりハウス」からの流れをくむ，世田谷まちづくりフォーラムが選ばれている。

　この時に選ばれたグループと活動内容を見ると，例えば集合住宅支援を行うまちづくりハウスが，まちづくり活動助成部門の公団団地の建て替えに関わっ

ていたり，玉川まちづくりハウスとタイアップして行う活動が，まちづくり活動助成部門に2グループ選ばれていたりと，活動グループの交差・交流が見られる。まちづくり活動を行う人材が当時はまだ少なく，三軒茶屋・三宿のまちづくりハウスに通っていたような人びとにかたよっていたという事情もあろうが，正式発足した世田谷まちづくりセンターも，グループの交流や交差に力をいれてコーディネートしていたことがうかがえる。

❷ 世田谷まちづくりファンドの中立性

世田谷まちづくりファンドの特色として，大きく以下の3つを挙げることができる。まず1つには，行政から独立した中立的な立場を目指していたということである。2つには，個別の住民活動のみを支援するだけでなく，それら住民主体のまちづくりを継続的に支える仕組みの確立を目指したということである。これは，地域ごとの「まちづくりハウス」の育成を目指していたことにも表れている。3つには，世田谷まちづくりセンターによって活動団体に対する支援が行われることである。

しかし，これらが目指されたとおりにすべてが順調に上手くいったわけではなかった。後者2つについては，後述していくことにしたいが，まずは1点目の中立的な立場についての状況をここで示しておきたい。中立性には助成対象の決定に対する中立性と，基金の中立性にわけて考える必要がある（卯月・浅海 1994）。前者に対しては，行政，企業，住民三者の中立的立場から，まちづくり活動を支援していくための最適な仕組みとして，公益信託が設定されたということがある。ここには，行政が深く関わりを持ってきたこれまでのまちづくり活動への反省も含めて，行政の意向に沿った活動にのみ助成を行うのではなく，時には行政に反対する活動にも助成を行うということを暗に含んでいる。助成先の決定について中立性を確保するため，助成先を決定する運営委員の構成は，学識経験者や専門家，区民が主体であり，行政からは全体の7名中1名のみになっている（表7-1）。これは，運営委員の構成人数が変化（増加）しても，現在まで変わっていない。世田谷まちづくりファンド以前にすでに設定されていた他のまちづくり公益信託のうち，世田谷のように基金を自治体が拠出している自治体型は他に2事例であるが，いずれも運営委員の最大の構成メンバーが現役の自治体職員であった（まちづくり公益信託研究会 1994）。公益信託の本来の性格である公益性の観点から，委託者が助成先の決定に関わってはな

表7-2　世田谷まちづくりファンド出捐状況

```
・出捐状況
ファンドの目標金額：当初10年間で5億円
ファンド基金額（1994年3月31日現在）
①都市整備公社出捐金
  1982年度         30,000,000円
  1983年度         20,401,581円
  出捐金合計        50,401,581円
②寄付金
  個人　484件      4,722,735円
  法人　255件      8,759,922円
  寄付金合計       13,482,657円
ファンド基金総計   63,884,238円
```

出典：世田谷まちづくりセンター（1994）による。

らないが，住民組織が委託者となっている住民型も含めて，このように委託者である組織と関わりがある者が，運営委員になっている場合も多いのである。このことから考えても，世田谷まちづくりファンドは，助成対象決定における中立性について，十分配慮した運営委員の構成になっていると考えることができるだろう。

　一方で，基金の中立性については，これが担保できている状態にはならなかった。世田谷まちづくりファンドは，行政，企業，住民の三者からの寄付を募る募金型の公益信託としてスタートし，三者によって育てられるファンドの姿を目指していた。これは，行政から独立した中立的立場を確保するためには，基金自体の中立性が重要との認識によるものである。しかしながら，実際には設定した目標金額に基金が到達できず，毎年使った分を行政やまちづくりセンターで補てんしてきた実態がある。まちづくりセンター構想を作成した頃は，ちょうどバブル経済期であったこともあり，企業の寄付をかなり見込んでいたが，ファンドが設定されたころには，企業がお金を出さない時代になっていたということも一因として挙げられる。当初区は都市整備公社と合わせて3,000万円を信託金として拠出しており，その後も2,000万円をすぐに信託している。企画部長の「組織体の常としてお金を出せば口もだしてしまう。これ以上の支援については，企業などからの寄付の状況をみてから」（まちづくりセンター 1994: 30）との言葉にもあるように，当初は区も信託金拠出には慎重であったようだが，寄付が実際には思ったほど集まらないという現実があった。

　さて，ファンドの中立的な立場を保つためには，行政が深く関わるべきでは

ないという認識を持ちながら，一方では，当時の状況をふまえて住民活動を支援していく仕組みが必要であるとの認識から，第三セクターである世田谷区都市整備公社の一部署として世田谷まちづくりセンターを開設し，ここがまちづくり活動の支援を行ってきた。この矛盾は当初から指摘されてきた。第三セクターは，一般にも行政の一機関として捉えられることが多く，まちづくりセンターばかりがファンド運営に深く関与することには，ファンドの独立性の観点から懐疑的な意見が出されていたのである。その一方で，まちづくりグループのメンバーから「センターが住民側に立つあまり，区役所の中で浮いてしまう恐れもある」（まちづくりセンター 1994: 29）という意見も出されており，中立的な立場というものがどちらの側から見ても非常に難しいものであることが推察できる。それでは，以下に世田谷まちづくりセンターがどのような役割を担っていたのかについて見ていくことにしよう。

❸ 世田谷まちづくりセンターの役割

　組織としての世田谷まちづくりセンターが発足した当時，自主事業としてのまちづくりに関する講習会や学習会をのぞき，当初のセンターの大きな役割としては，ファンド運営の補助機能と，ファンド助成団体の支援であった。

　先にみたように，世田谷まちづくりファンドは，まちづくり活動団体に対する金銭的な支援にとどまらず，活動への支援や育成を目指していることから，通常の公益信託とは異なり，一年を通じてさまざまな準備作業や企画が必要である。本来公益信託の運営事務は信託銀行が行うことになっているが，このような世田谷方式には，地域状況の把握やまちづくりのノウハウなどの知識が不可欠であり，これらを信託銀行に求めることはできない。また，運営委員が直接携わることも時間や労力の制限から，現実的に不可能である。ボランティアでファンドに協力してもらう，ファンド協力スタッフの募集も行われたが，すべての作業を担うことは難しい。このような状況から，世田谷まちづくりセンターが信託銀行や運営委員，ボランティアスタッフと一緒にファンド運営のさまざまな作業や企画づくりを行ってきた（卯月・浅海 1994）。

　ファンド運営の1年の流れとして，まずは公開審査に向けて「応募の手引き・申請書」を作成して配布し，申請募集のPR活動を行い，さらに応募期間中の相談や受け付けを行う。「応募の手引き・申請書」の作成と配布については信託銀行でも行うが，世田谷まちづくりセンターでは助成内容や申請書の書

き方についての問い合わせへの応対だけでなく，各団体の活動企画についての相談も受ける。ファンドが始まった頃は住民側もこのような助成金申請の手続きに慣れておらず，またどのような活動を行えばよいのか住民側も手探りの状態であったため，このような措置が取られていたと考えられる。

このような事前の準備期間を経た後，助成先決定のための公開審査会が行われる。他の公益信託助成では，通常応募者に公開して審査会が行われるということはなく，これも世田谷方式といえるものである。公開審査は丸1日のプログラムで，前半に申請者のプレゼンテーション，後半に運営委員と申請者の質疑応答があり，その後助成グループの絞り込みの話し合いが行われる。ここまでを公開で行った後，信託銀行主催で運営委員会が開催され，助成グループと助成額の正式な決定がなされる。この公開審査会についても企画運営をファンド協力スタッフと一緒にまちづくりセンターが支援して行ってきた（卯月・浅海 1994）。

世田谷のまちづくりファンドでは，助成グループが決定し助成を行った後も，活動グループはそのまま放っておかれるわけではない。助成期間の中間段階には，すべての助成グループが集まり，活動発表会を行う。また，助成期間の最後には，最終報告会がある。この報告会は助成を受けた住民が，まちづくり活動の問題・課題を話し合ったり，お互いに情報やアイデアの交換を行ったり，他のグループの活動方法を学習することによって，今後の活動をより充実させるために行うものである（世田谷まちづくりセンター 1994）。中間報告会と最終報告会は，運営委員主催のもと，ボランティアのファンド協力スタッフと世田谷まちづくりセンターが協力して行っている。

世田谷まちづくりセンターは，上記のようなファンドの運営に年間を通して関わるだけでなく，ファンドの基金拡大の為の活動や，ファンドのPR活動も行っている。ファンドの基金拡大は重要な課題であり，第1回目のファンド助成事業は総額500万円であったが，基金のみの利息では100万円程度にしかならず，不足の400万円を区と都市整備公社の補助金で補てんするように働きかけを行った。また，基金拡大の一環として，まちづくりセンターで図書の作成と販売を行い，その収入をファンドに寄付している。その他にも，区内企業に対し，ファンド設立のお知らせとアンケート調査を実施し，寄付の意向調査を行うなどしたが，なかなかうまくはいかなかった。ファンドのPR活動については，まちづくりファンド事業や助成グループの活動を紹介するニュース「結ん

でひらいて」を発行したり，チラシやポスターを製作して配布したりといった活動を行っている（卯月・浅海 1994）。

　世田谷まちづくりセンターが行うファンド助成グループへの支援としては，相談機能とコーディネート機能をあげることができる。相談機能は，まちづくり活動の計画についてや，まちづくり活動のなかで行うワークショップの企画について相談に乗るものであるが，当初は実際にスタッフが活動に携わりながら，住民の提案づくりや計画案づくりなどの技術的支援を行う場合もあった。次にコーディネート機能は，区との橋渡しや運営委員への連絡や提言の橋渡しをするものと，グループ間をつなぐものがある。運営委員への橋渡しという意味では，作成された申請書提出の際にまちづくりセンターが申請者からヒアリングを行い，申請書では表現しきれない情報を助成決定への参考として運営委員に伝えるということも行っていた。また，活動の内容によっては，行政機関の協力が必要となるため，そのような企画については関連する部署にヒアリング調査を行い，その部署の意見を助成決定への参考として運営委員に伝えるということも行っていた（卯月・浅海 1994）。グループ間をつなぐものとしては，活動の参考になる類似のプロジェクトや活動家や専門家の紹介を行った。その他にも，助成グループの企画によるシンポジウムや勉強会等で協力できるものについては，準備開催費用の部分負担を行う場合もあった。また，コピー機や会議机，文房具，電話などを完備したスペースの提供も行っている（世田谷まちづくりセンター 1994）。

　当初の支援の様子を，ある団体の事例から見てみることにしよう。まちづくり活動企画コンペでも助成を受けた団地建替えの住民案を作成した団体である（世田谷まちづくりセンター 1994）。当初，団体のなかには，建築家のようなまちづくりの専門家がいなかったため，世田谷まちづくりセンターでは，プランナーを紹介するとともに，まちづくりセンターの研究員であり環境デザイナーの浅海義治氏を派遣した。建替えに際して住民にはさまざまな意見があったが，意見を抽象的な文章のみで要望しても，事業者側はなかなか対応することができない。そのため，これら住民の意見を盛り込んだ代替案を提案し，単なる反対陳情で終わらないようにすることが活動の目標であった。そこでまずは，居住者は建て替えに際して何を望んでいるのか，公団案はどこが問題なのかを整理する必要がある。まちづくりセンターの浅海氏はアメリカで住民参加の手法を学んだ経験の持ち主であり，住民案をまとめる過程でワークショップの手法

を用いた。その方法は，例えば公団案の建物位置や高さを杭やロープ，風船などを使って，実際に住民自身の目で確かめるなど，住民自身が気がついたり考えたりすることができるような工夫がなされたものである。このような浅海氏の手法と，プランナーが関わったことによって，住民の意見が反映された住民案を作成することができた。

　この住民案を公団に提示すると，これまで住民の意見に耳を傾けることのなかった公団に変化が表れたという。専門家の協力を得たことによって，住民の思いが具体化され，これが実際の公団建替え案に大きな影響を与える結果をもたらした。団体メンバーは「このコンペに参加し，入選しなければ，素人の集まりが図面や絵コンテを作っても，公団から一笑に付されておしまい。また，この作業にかかわってきた一人一人の心や力もこんなにまとまらなかったのではないでしょうか。まさに強い風に吹く飛ばされそうなクモの巣のすぐ後ろに，どっしりとした大黒柱が立ち，なびくのを止めてくれた」（世田谷まちづくりセンター1994: 99）と表現している。このように，ファンドの助成を受け，専門家の支援を受けることにより，活動に自信を持てるようになったことがうかがえるのである。このような実際の支援の様子からは，財政的支援だけでなく，まちづくりセンターがまちづくりの専門家として担ってきた支援も，大きな影響をもたらしていたことがわかる。

　以上のようなファンドの運営と助成団体への支援の状況からわかるように，世田谷まちづくりセンターの組織があり，さまざまに機能することによって，世田谷まちづくりファンドの特長が生み出されていることがわかる。実際，まちづくりセンターがなければ，世田谷方式と称されるファンドの公開審査や，助成団体が交流する報告会などの実施は難しかったのではないだろうか。また，実際の活動においても，助成金をもらっただけでは活動の拡がりには限度があり，ある時は適切な専門家の紹介を受け，時には一緒に活動に伴走してくれる中間支援組織として，まちづくりセンターが担った機能は大きかったと考えることができる。

　しかし一方では，住民・企業・行政の三者の中間に立つファンドの趣旨を考えると，まちづくりセンターがこのような準備作業に中心的に関わるのは問題であり，行政寄りになってしまうのではないかと当初から疑問視する声があったというのはもっともである。当初行っていたという審査事前のヒアリングによって運営委員や行政の担当部署との調整を行うなど，実際には活動を円滑に進

めるためのインターミディアリーとしての働きであったのであろうが，公正な審査へ事前に影響を与えるものとして捉えられても仕方がない。どちらかといえば住民側に立つものであるとはいえ，行政と住民の中間に位置し，力の配分の大きく違う二者のコーディネート役は，どちらからも不信を突き付けられるような難しい立場であったということではないだろうか。

❹ ファンドを中心としたまちづくり構想の理想と現実

　まちづくりセンター構想における「まちづくりセンター」は，住民，行政，企業の間に位置し，たくさんのまちづくりグループやまちづくりハウスによって成り立つものであった（図7-1参照）。これに一番近かったのは，この構想が発想されるもとになっている実験的な「まちづくりハウス」である。「構想案」作成時に三軒茶屋・三宿で行っていた「まちづくりハウス」は，まちづくりセンター構想作成を担当していた世田谷区の街づくり推進課が事務局にあたり，構想作成において専門家として調査を担当していた計画技術研究所などが中心となって，まちづくりに関わる人びとが集まり，いろいろな企画を持ち寄って行っていた。ただ拠点があったということだけでなく，このような場こそが構想案の「まちづくりセンター」であったのである。まちづくりセンター構想は前節でも触れたように，中心となる組織があるというよりも，ファンドを中心とした仕組みとして構想されることになった。それゆえ構想が具現化されていた実験的「まちづくりハウス」の機能の多くは，ファンドによって助成を受ける活動団体に引き継がれていく構想であったと考えられる。活動団体のネットワークの場としての機能は「まちづくり交流助成部門」に，個別の団体の活動を支援する機能は「まちづくりハウス助成部門」へと引き継がれた。それゆえ組織としてのまちづくりセンターが自主事業として担っていくのは，まちづくりについての学習の場の提供や，研究などの機能のみを残すこととなり，大きな役割としては，引き継いだ先であるファンドの助成団体が軌道に乗っていくように支援していくことであったと考えられる。つまり，活動団体がそれぞれ力をつけていけば，組織としてのまちづくりセンターの役目は縮小していき，市民が市民を支えていく仕組みができあがるという構想であったわけである。

　ファンドで設定された部門構成から，住民発意のまちづくり活動をどのように支援しようと考えられていたのか，全体像を知ることができる。まずは，

個々の「まちづくり活動」があり，それを専門家として支援していく「まちづくりハウス」が地域ごと・テーマごとにできていく。さらに個々の活動のネットワークをつくり，もっと大きなムーブメントに変えていくような動きをつくる「まちづくり交流部門」の3つが設定されていたわけである。つまり，この想定がうまくいくのであれば，ファンドだけでも十分住民主体のまちづくりが育っていくことができたはずである。しかしながら，住民の側も行政や企業と対等に渡り合えるほどの力量がついていないので，組織としてのまちづくりセンターは，これをバックアップしていくという役割が期待されたのであった。しかし実際には，まちづくりハウスと交流部門がうまく機能していかず，部門としてはなくなっていくことになるのである。

　市民が市民を支える仕組みは，財政的にも行政，企業，市民から資金を集めたファンドによって成り立つはずであったが，実際には基金が目標額に達せず，ファンドが利子や寄付だけで半永久的に回していけるという体制をつくることができず，いつまでも行政からの財政的支援を受けることになってしまう。これは，大きく構想のほころびが出始めるきっかけとなる。もしも構想通りに行政のみに頼るのではなく，民間からの寄付等で基金が成り立っていたら，状況は大きく違っていたのかもしれない。しかし，問題は財政的な面だけではなかった。ファンドによって多くの活動団体が手を挙げて活動を行えるようになったことは間違いないが，活動団体の交流やネットワークづくりの場となるはずの「まちづくり交流助成部門」はその主旨がいまいち理解されず，数年後には部門として成立しなくなった。また，地域ごとにできるはずであったまちづくりの中間支援組織である「まちづくりハウス」も次節で詳述する1つの成功事例を除いて定着しなかった。これらが成功していけば，まちづくりセンターがなくとも，市民が市民を支援しながら，まちづくり活動が拡がっていったのかもしれないが，実際には，これらの機能を組織としての世田谷まちづくりセンターがいつまでも担わざるを得なかったと考えられる。次節では，玉川まちづくりハウスのこれまでの実践を詳細にみることによって，別の角度から「まちづくりセンター構想」の理想とこれに対する現実の状況を見ていくことにする。

ねこじゃらし公園と玉川まちづくりハウス

3．まちづくりハウスの理念の実践──玉川まちづくりハウス

❶ 玉川まちづくりハウス発足

　まちづくりハウスというのは，他の地域ではあまり聞きなれない言葉である。世田谷のまちづくりにおいては，まちづくりセンター構想時点から「まちづくりハウス」に対し重要な位置づけがなされていた。「まちづくりハウス」は2つの別の意味で使われていた経緯がある。はじめて「まちづくりハウス」の名称が使われたのは，まちづくりセンター設立準備中に，三軒茶屋の再開発事業用地内に実験の場として用意されたプレハブの会議室とその活動を指すものであった。その後再開発事業が完成し，二代目のまちづくりハウスが三宿の住宅地に設けられ，まちづくりセンター設立後も会議やイベントのための貸し出しスペースとなっている。その後，まちづくりセンター構想が練られていくなかで「まちづくりハウス」は，地域のなかで住民が住民を支援する非営利組織を指す名称として使われるようになる。そして，このような組織としてのまちづくりハウスの運営に対して，まちづくりファンドの助成を行う仕組みになっていった（世田谷区都市整備公社まちづくりセンター 2004）。

「まちづくりハウス設置運営の手引き」によれば，「まちづくりハウス」は，まちづくりの経験豊富な市民や専門家が中心となって運営する地域のなかの組織である。営利を目的とせず，行政でも企業でもない立場から，住民によるまちづくりを支援するものである。今でいえば，地域のなかにある中間支援組織としてのNPOということになるが，当時はNPOの語がまだ定着していなかったため，これにまちづくりハウスという名称をあてたのである。まちづくりセンター設立準備期間から発足時にかけての1980年代後半から1990年代前半に，欧米のNPO研究が活動者たちによって行われ[6]，その後のNPO法成立にむかっていくのであるが，世田谷ではこのような日本全体のNPOを取り巻く動きに関わるような人びとが「まちづくりハウス」という名称で，非営利組織運営の試みを行っていたのである。

上記の「手引き」には，まちづくりハウスの役割として(1)住民の発想をまちづくりに反映するために住民と行政の間をつなぐ，(2)住民と共に計画づくりを進め実現に向けた活動を実践する，(3)まちづくりに関する地域の問題について身近な位置から相談にのるなどが挙げられている。また，まちづくりハウスの活動は，運営スタッフ，ボランティアスタッフ，地域団体，行政，企業，専門家などが，それぞれの立場から支えていくものと想定されている。資金については，世田谷まちづくりファンドの助成のほか，講習会やイベントの開催，本の出版，バザーなどの自主事業，メンバーの会費，行政や企業からの委託，他財団等からの助成など，資金調達の方法を工夫していくことが示されており，自主財源の模索が，当初から意識されていた。

このようなまちづくりハウスの理念をそのまま実践してきたのが，「玉川まちづくりハウス」である。玉川まちづくりハウスは都市計画の専門家でコンサルタントである計画技術研究所の林泰義氏，建築の専門家である伊藤雅春氏，小西玲子氏の3人が中心となって運営されてきた。林氏は「まちづくりセンター構想」作成に関わった中心的なメンバーの1人であり，伊藤氏も三軒茶屋のまちづくりハウスの会合に出席し，アクション・リサーチに参加していたメンバーである。彼らが，アメリカで調査を行い，その活動をまじまじと見てきたコミュニティ開発法人（Community Development Corporation）やNPOを日本版にアレンジして輸入したのがまちづくりハウスだといっていい。つまり，まちづくりファンドの部門として設定されていたまちづくりハウスが，どのような役割や機能を持つものと想定されていたか，提唱者としてこれを実際に実践し

てきたのである。

　1991年の春，玉川まちづくりハウスは「すまいや身近な環境の改善や保全」に取り組む，地域住民の活動を支援する民間非営利のまちづくり専門家組織として活動を開始した（玉川まちづくりハウス1996）。まちづくりセンター発足の前年のことである。まちづくりセンター構想の作成に関わっていた林氏と，住民参加の施設づくりに興味を持っていた建築家の伊藤氏が同じ町内に住んでいたという偶然がハウスの生まれた理由の1つである（玉川まちづくりハウス 1996）。一方で，自宅で子育てをしていた小西氏を通して，地域のなかの運動グループとのつながりができていたということも大きい。1986年に発足した「温水プール等の建設を推進する会」に，ハウス発足の4年ほど前から，地域での子育てのつながりによって小西氏がこの会に参加するようになっていた。1991年の4月に玉川まちづくりハウスが活動を始めたころ，この運動グループの地域住民とともに玉川給水所公園づくりコンペに参加し，実験的にワークショップの一手法であるデザインゲームを実施して住民案をまとめた。このコンペへの参加が，住民参加による施設づくりの嚆矢となったのである。その後，まちづくりセンターとも連携しながら，後述するねこじゃらし公園やデイホームなどの住民参加による公共施設づくりを，実際に地域の住民と共に行ってきた（玉川まちづくりハウス 1996）。公園と高齢者施設という2つの公共施設について，初めて住民が参画して設計案を出し，施設の完成以降も住民が運用に関わるという仕組みがつくられていったこれらの事例こそが，「まちづくりハウス」がどのように構想されていたかを示すものである。それゆえまずは，この2つの公共施設の設置に対してどのように住民が関わり，それをどのように玉川まちづくりハウスが支援したのか，その物語を見ていくことにしよう。

❷　ワークショップ形式による住民参加の公園づくり──ねこじゃらし公園[7]

(1)　ねこじゃらし公園ができるまで

　東急大井町線の九品仏駅から徒歩10分ほど，浄真寺の先に「区立ねこじゃらし公園」がある。行ってみると「都会の真ん中にこんな原っぱが」と驚く。ここは日本で初めてといえる，ワークショップ形式による本格的な住民参加の方法でつくりあげられた公園である。住民参加の公園の造園計画作成にあたって，玉川まちづくりハウスはまちづくりの専門家として，住民・設計者・行政と一緒にその進め方を検討し，初めての試みに頭を悩ませた。試行錯誤をくりかえ

住民参加で完成したねこじゃらし公園
完成後も花壇などを住民が管理している

しながら、1991年から計5回のワークショップを実施し、1994年にねこじゃらし公園が誕生した。その後もワークショップに参加した地域住民が運営グループを結成し、区と管理協定を結んで日常の公園の維持管理にあたっている。

発端はねこじゃらし公園ができる8年前にさかのぼる。世田谷区奥沢7丁目の区の資材置き場に、区が公園を造る計画を進めていることを知った地域住民が集まり、1986年「温水プール等の建設を推進する会」が発足した。参加していたのは、近隣の小中学校のPTA、地元有志、町内会のメンバーなどである。1991年1月に「社会体育施設としての温水プールに関する請願」を出すも、同地域の学校施設内に地域開放型の温水プールが建設されることが決定し、奥沢7丁目での請願運動は終了を迎えた。しかし、これで活動が終わってしまったわけではなかった。温水プールの建設が無理でも、この土地の使われ方について関心を持ち続けていこうと「KNOTの会」として再出発し、「(仮) 奥沢7丁目公園」づくりに関する具体的な活動を徐々に始めていったのである。

KNOTの会の始動と時を同じくして、1991年4月に玉川まちづくりハウスの活動が始まった。ハウスのメンバーが「温水プール等の建設を推進する会」に参加していたため、地域でのネットワークが徐々にできてきていた。このようなネットワークを使って、地域住民と玉川給水所公園づくりコンペに参加し、「みんなの知恵を公園づくりに生かそう！」と銘打ったデザインゲームを実施して住民案を作成し、3等入賞を果たしたのである。

コンペの動きと並行して，公園の担当所管である玉川総合支所土木課公園係に「(仮)奥沢7丁目公園」づくりに関して住民の意見を反映させる仕組みを取り入れてもらいたいと要望し，同時にまちづくりセンターの前身である，住宅街づくり課に応援を依頼した。この時にはすでに「センター構想」が発表され，次年度の世田谷まちづくりセンター発足に向けて準備をしていた時期であり，発足時の担当職員もその準備にあたっていた。センターの役割である「住民と行政との橋渡し」を十分意識して，この玉川まちづくりハウスの動きに協力したものと考えられる。

　こうした条件が重なったためか，1991年8月には設計者から公園設計の概要を聞くことになり，設計者も住民と行政とが協力してつくる公園に積極的な理解を示したのである。9月には，KNOTの会，設計者，住宅街づくり課，区の担当課，玉川まちづくりハウスなどが参加して，「奥沢7丁目公園を考える会」が発足し，初めての打ち合わせを行った。この時期に，玉川まちづくりハウスのメンバーは近隣町内会へ協力を依頼し，NKOTの会は近隣中学校生徒会役員と会合を行うなど，多くの地域住民を巻き込む工夫を行っている。「考える会」の話し合いのなかで，実施計画を作成するにあたり住民参加のワークショップ[8]を行うことになり，実際に以下のような5回のワークショップを行った。これらのワークショップには毎回スタッフを含めて50名ほどが参加した。

　1991年10月の第1回ワークショップ「ミニウォークラリー」では，まずはなるべく多くの住民に参加してもらうことを目指した。内容としては，次回以降のワークショップでの資料づくりに役立つ情報を得ることを目的に，公園予定地の周りを歩き，参加者がまちの人にインタビューを行った。次いで12月の第2回ワークショップ「デザインゲームNo.1」ではみんなで公園の企画案を作成し，住民のアイデアによる4つの案ができあがった。1992年2月には第3回ワークショップ「デザインゲームNo.2」を行った。前回作成した住民案を設計者サイドで1つにまとめて文章化した「デザインランゲージ」と，おおまかな配置計画案について参加者と共有した上で，さらに大きな模型と図面を使って内容の検討を行った。6月に行われた第4回ワークショップ「原寸体験ツアー──優先施設選択ゲーム」では，それまでのワークショップを終えてほぼ固まった基本構想案について，現場での原寸確認を行った。トイレが設置される場所に放置自転車を置いて大きさを確認したり，せせらぎの水の流れをビニールテープで作って確認したりするなど，設計案を目で見て確認できる工夫を行

った。また，それまでのワークショップで決定しきれなかった重要課題については，グループに分かれてじっくりと検討して結論を出した。こうして，8月には実施設計が完了し，第1期工事着工に入ったのである。

　第1期工事が終了した1993年4月から第2期工事が始まるまでの期間を使って，公園の使われ方や使い方を考えるワークショップを行うことになり，6月に第5回ワークショップ「運営と管理を考えよう」を実施した。現地に集合して，鳥の声を聞くなど自然を感じる「ネイチャーゲーム」を実施して皆で楽しんだあと，施設の管理協定についての説明を受けた。この最後のワークショップで，公園の運営に関わっていく住民の組織づくりを進めることを確認し，その結果うまれたのが，その後公園の管理維持を担っていくことになる「グループねこじゃらし」である。こうして5回のワークショップを終え，設計案を完成させた「奥沢7丁目公園を考える会」は運営や管理を実施していく「グループねこじゃらし」に移行し，KNOTの会もグループねこじゃらしの後援にまわった。そして1994年4月ついにワークショップの技法を駆使して，住民の意見を反映しながら，行政，設計者，住民が協働して設計案を完成させた，区立ねこじゃらし公園がオープンしたのである。

(2)　住民参加から住民自治への展開——完成後のねこじゃらし公園

　ねこじゃらし公園がオープンすると，グループねこじゃらしは世田谷区と「公園の住民参加による管理協定」を結び，公園の維持管理を担ってきた。その委託料が活動資金となっている。オープン当初のメンバーは40数名で，8班に分かれて週に1度ゴミ拾いと簡単な草木の手入れを行った。8班に分かれているので，1人が実際に作業を行うのは2カ月に1度である。メンバーの大半は主婦であるが，当初は小学生や中学生，高校生も参加していた。この毎週の手入れの他に月に1度，定例会とワークデイを行っている。定例会には10数名が集まり，地区会館の調理室で手作りのお昼を食べながら，楽しい雰囲気のなかで運営について話し合っている。昼食づくりは輪番制で行っているので，毎月いろいろな料理が味わえ，こうした楽しみが会の原動力になっている。ワークデイは月1回グループの枠を超えて全体で集まり，樹木の名札を作ったり，落ち葉で作った堆肥をひっくり返したりする作業日となっている。その他にも，月刊で公園についてのさまざまな情報を掲載する「ねこじゃら紙」を発行している。これは，メンバーや関係者に配布するだけでなく，公園のポストにも置

きれいに管理されている
せせらぎ

かれており，自由に持ち帰ることができる。紙上のカレンダーには，グループ作業やワークデイ，定例会議の日程を記載している。特にワークデイについては，メンバーだけではなく関心のある人たちにも参加してほしいので，日時だけでなく内容についても載せているが，新しい参加にはなかなかつながらないのが実情である。グループねこじゃらしの活動は公園のオープン当初から20年たった現在まで継続しているが，メンバーについては減少を続けてきた。オープンから6年たった頃には，当初40名強いたメンバーが30名弱に減り，10周年のときには20数名となり，新しいメンバーが増えない状況が続いた。

　ねこじゃらし公園完成以降，ワークショップの形式を用いて，住民が参画して公園づくりを行う事例が全国に拡がった。その先駆けであるねこじゃらし公園には，オープン前後から多くの取材や視察があった。その後，ある程度ワークショップ形式の「住民参加のまちづくり」が各地で拡まると，取材は減ってきたが，次第にどうして住民による管理運営がうまくいくのかについて聞かれることが増えていったという。ワークショップ方式の住民参加でつくった公園は他にもあるが，ねこじゃらし公園のようにその後も住民の手で管理運営がうまくいく例は少ないというわけである。

　さて，ねこじゃらし公園には，「ワンワン会議」という犬の飼い主たちの組織も生まれ，飼い主としてのルールづくりや学習会，しつけ教室などを開催している。ねこじゃらし公園は開園以来犬の散歩にもよく利用されてきたが，放し飼いをする人がいて危ないという声があり，グループねこじゃらしのなかで

も犬の放し飼いを禁止するかどうか話題になっていた。そんな時，犬の飼い主の1人から，公園における犬についてのルールを作ろうという提案があった。公園内にワンワン伝言板を設置してその提案を掲載すると，2日間で25名の応募があった。こうして1996年1月に設立趣旨に賛同した約30名によって「ワンワン会議」が発足したのである。その後何回かの月例会議を経て，ねこじゃらし公園を利用する犬たちが最低限守らなければならないルールを決めた。ワンワン会議の活動は，1999，2000年に世田谷まちづくりファンドの助成金を受けている。

　以上のように，ねこじゃらし公園ができるまでと，その後の動きを見てきたのであるが，「ねこじゃらし公園」の軌跡は何がすごいことであったのだろうか。取材の話の例があったように，初めは「ワークショップ形式で住民参加によってできた公園」であるということが，大変意味あることであった。日本国内において当時こういった例はほとんどなかったからである。しかし，ねこじゃらし公園の事例において特筆すべきは，それで終わりではないというところである。公園づくりのワークショップの最終回で，公園が完成した後の運営と管理について話し合いを持ち，参加していたメンバーで住民組織をつくり，公園を管理維持していこうということになった。しかしこの公園管理についてのワークショップを行ったということだけがすごいのではない。これに参加する手が40人もあがり，その後メンバーがあまり増加しないという状況があるとはいえ，20年たった2014年にも公園の管理維持を続けているのである。掃除しても掃除しても一向になくならないごみの投げ捨て，タバコのポイ捨てなどに対して，もくもくと掃除をすることで対応してきた。ワンワン会議にしても同様であるが，この20年の間，毎年，毎月，毎週さまざまな問題がでて，それに1つずつ対処してきたのである。そこには，メンバーに加わっていなくとも，ゴミを拾って帰ってくれる人，水をまいてくれる人など，この公園が好きな人たちがゆるやかに参加しながら，ただだっ広い原っぱ公園を，20年前と変わらず存在させてきたのである。このプロセスこそが，「住民参加」を「住民自治」に変容させていると考えられるのではないだろうか。住民自治は，企画の時点で住民が自分の意見を反映させること（住民参加）にとどまらず，不断にこれを続けていくことなのであり，これは住民にとって非常に覚悟がいることである。住民参加の仕組みを考えるとともに，このことの重要性を認識することがいかに大事かをねこじゃらし公園の事例は教えてくれる。

この活動にはじめ玉川まちづくりハウスは住民参加のワークショップを模索するなど，まちづくりの専門家集団として関わったが，その後の20年は，小西氏が住民の1人として，ずっとグループねこじゃらしのメンバーとして関わり続けてきた。ここに，玉川まちづくりハウスの大きな特徴が表れている。ねこじゃらし公園に関する活動では，玉川まちづくりハウスがまちづくりハウスの役割として挙げられていた3つのすべてを担ってきたことがうかがえる。1つ目の「住民の発想をまちづくりに反映するために住民と行政の間をつなぐ」に関しては，この活動の当初はまだ準備段階であった世田谷まちづくりセンター職員と連携し，区役所の他の所管課をまきこみながら，住民参加の公園づくりが実現した。また2つ目の「住民と共に計画づくりを進め実現に向けた活動を実践する」については，専門家ではない住民が意見を言えるような仕組みとして，ワークショップの手法を試験的に運用していった。当時は世田谷まちづくりセンターもワークショップの手法を試したいという状況であったことも重なり，まちづくりセンターの職員も深く関わった。3つ目の「まちづくりに関する地域の問題について身近な位置から相談にのる」については，まちづくりハウスのメンバーも公園維持管理を行うグループねこじゃらしの一員となり，ずっと活動してきたのであり，当初は住民が担い切れない事務局的な役割を引き受けるなどしてきたのである。

　ねこじゃらし公園の事例では，住民たちが公園の設計に，いや，この土地が公園になるという噂の段階から，いろいろな運動を経て，公園設計のワークショップに参加し，その後の運営にも関わり自治的な活動を行ってきた。ワークショップの技法は他でまねすることができたとしても，このプロセスは簡単にまねできることではないのである。そのポイントは，地域に住民自治を担う素地があったということ，また，まちづくりハウスのメンバーが住民参加の段階から住民自治への発展の段階まで継続的に関わってきたということがある。まちづくりハウスのメンバーは，グループねこじゃらしとの関わりのなかで，最初は事務局を担当し，それを担える人が現れれば，その役割を引き渡していくといったように，住民だけでは手が届かないところをフォローし，期が熟せば住民自身が担っていくといったようなかたちをとってきた。このように地域の専門家集団が常にバックアップしているということが「ねこじゃらし公園」の事例の自治へのプロセスにとって，非常に重要だったと考えられる。

❸ 住民参加の公共施設づくり──デイホーム建設[9]

⑴ デイホーム建設ことはじめ──玉川コミュニティガーデン

　玉川まちづくりハウスが関わることになる住民参加によるデイホーム建設の動きは，地域の空き地でコミュニティガーデンを行ったことにはじまる。それは，そもそも玉川田園調布の住宅地の一角に，地域住民の1人が自宅を子どもたちの居場所として開放していたことにさかのぼる。「ユースセンター・サン」は，子どもたちが，いつ来ても，何をしても，何もしなくてもいい場所であり，忙しい子どもたちにとってなくてはならない場所だった。自宅を開放していた住民は青少年相談員でもあり，「温水プール等の建設を促進する会」の主要なメンバーとなっており，地域の精神的なよりどころといった存在だった。ところが，その人が1989年2月に急逝し，自宅があった土地を世田谷区の高齢者対策室が購入して，その土地にデイサービスセンターが建設されることになった。建物はすぐに取り壊されて瓦礫だらけの更地になったが，世田谷区は土地を購入したものの，建設のめどは立っていなかった。これが住民の耳に入ったのである。

　ちょうどそのころ，「温水プール等の建設を促進する会」は温水プールを誘致しようという運動から，まちの環境全体に提言していけるような活動を行っていくことを目指す「KNOTの会」へと方向転換していこうとしていた。バブル経済期という時代背景もあり，近隣で増え続ける空き地も問題になっており「ユースセンター・サン」の跡地を，短期間でも瓦礫だらけの空き地にしておきたくないという声があがった。そこで，この土地でコミュニティガーデンの日本版がつくれないかという案が出されたのである。これは，玉川まちづくりハウスのメンバーが市民活動の視察でニューヨークを訪れた際，オープンスペースを住民が自分たちで所有し，共同で花や野菜を植えて管理するコミュニティガーデンの活動（木下 1989）を見てきたことによるものであった。

　コミュニティガーデンを始めるにあたり，この土地をデイサービスセンター用地として取得した世田谷区高齢者対策室は，「管理に問題が起こるのではないか」，「住民の活動に土地を貸すなど前例がない」などの懸念を示し，土地を簡単には貸してくれなかった。しかし，地域ではこの問題に対して関心が高く，KNOTの会という地元の組織があり，ここでコミュニティガーデンをやろうという住民の熱意があった。また，活動のメンバーには，青少年委員や，青少年地区委員といった区の委員を引き受けている人が多く関わっていたことも，

区の信頼を得る下地となった。活動メンバーは区役所内の各部所へ働きかけ、活動趣旨を高齢者対策室に説明してもらった。その結果、世田谷区高齢者対策室から玉川総合支所街づくり課が土地の管理の委託を受け、それを地元町内会の玉川田園調布会を母体とする「玉川コミュニティガーデン委員会」が利用するというかたちをとることになった。そして、1992年6月「玉川コミュニティガーデン」の活動が始まったのである。

コミュニティガーデンの活動は、1992年に世田谷まちづくりセンターのまちづくり活動企画コンペで入選し36万円を得て、1993年にもまちづくりファンドの助成を受けている。活動内容としては、簡単に繁殖できて手間のかからないというワイルドフラワーの育成をベースとしながら、野菜を育てて収穫しその場で食べるという行事が多く行われた。つくったものをみんなで食べるという体験は大変楽しいものであり、子どもたちも多く参加している。このような楽しさを共有しながら、住民参加のデイホーム建設に関わるコミュニティが形成されていったのである。

(2) 住民参加によるデイホームの設立までの動き

コミュニティガーデンを行った土地は、上述の通りデイサービスセンター建設予定地である。コミュニティガーデンに関わるメンバーは、コミュニティガーデンの活動と並行して、デイサービスセンターについて学習し、建物に対する意見だけではなく、どんなサービスが欲しいかといったソフトの面を含んだ観点から検討していった。この過程にもワークショップや実践活動を通して、玉川まちづくりハウスが関わってきたことはいうまでもない。1993年10月に「玉川コミュニティガーデンの地に立つデイサービスセンターを考えよう」と題した第1回目のワークショップが開かれた。そこでは、「西暦2000年の玉川地域高齢者の暮らし」について考えたり、「世田谷のデイホーム事業の現状」を聞いたりしながら、この地域で何をしていけばよいのかについて話し合った。続く第2回は1994年2月に行われた。その後、1995年5月に「九品仏地区身近なまちづくり推進協議会」が区から委託されるかたちで発足し、そのなかの施設部会[10]でこのデイサービスセンターの問題について取り上げていくことになる。このようにワークショップの手法を取り入れながら、コミュニティガーデンで拡がった住民の輪をもとに、デイサービスセンターづくりに対して住民の声を集める活動がなされていった。

1995年11月には世田谷区高齢者施設課主催の「第1回玉川田園調布高齢者在宅サービスセンターを考える区民参加会議」が開催された。この会議は住民参加で施設について考えるためのもので、企画運営は区の委託を受けて世田谷まちづくりセンターが担っていた。会議にはデイサービスセンターの運営法人も参加し、96年4月まで合計5回行われた。こうした動きが区に認められたのは、コミュニティガーデンの活動をはじめ、住民の活動がこの地に根づいていたということが大きい。会議の初年度の目標は、施設づくりのビジョンや設計指針をまとめた「設計ガイド」の作成だった。これは設計者や区に対して、建物の内容や運営方法に対する住民の思いを伝えるためのものであり、ワークショップを行いながら地域住民の声をまとめた。この設計ガイドは、建物づくりのためのパターン集と施設運営のイメージ提案からなるが、特にパターン集のとりまとめについては玉川まちづくりハウスが担った。玉川まちづくりハウスがこれまでに勉強会や独自の検討会を進めてきた実績があったため実現したものである。本来ならば区が直接ハウスに委託すればよいところであるが、当時は地元への受け入れやすさや組織運営体制の点で、区はハウスへの不安を感じており、それについては叶わなかったということである。

　設計ガイドをまとめるにあたっては、5回の区民参加会議に加えて、部会を2回を開き、他のデイホームの見学会や住民アンケートなども行った。まとめられた設計ガイドは、建物づくりのポイントを言葉と簡単な模式図や写真によって表現し、空間イメージをわかりやすく示したものになっている。そのなかで、地域のボランティアが協力できる運営やしくみについての項目や、設計者の選定の進め方と、基本設計段階の住民参加のあり方についても提案している。設計ガイドの役割としては、区の担当者や設計者に、設計ガイドを尊重しながら基本設計や実施設計の作業を進めてもらうようにすると同時に、自らの提案がきちんと反映されているかを住民が確認するためのものとしても利用できる。このように設計ガイドは区・設計者、地域住民、運営法人の三者のコミュニケーションツールとしてつくられたものであった。

　「考える区民参加会議」に引き続き、設計者も交えた「基本設計にともなう区民参加会議」が1996年8月から98年2月までにかけて計9回行われ、設計案をもとに何度も住民の意見を確認した。建物の設計案と同時に、住民の施設運営への関わり方も確認され、地域の住民グループと運営法人とで定例会を持ちながら、ボランティアの受け入れや活動領域を考えていく方式が検討された。

いずれはコーディネーターがボランティアの受け入れ事務や，活動の企画会議などを地域に呼び掛けて行う方式を目指すことになった。

1998年10月から工事が着工されたため，それまで7年間「地域の庭」として親しまれてきたコミュニティガーデンは，9月23日にファイナルパーティを開催し幕をおろした。そして2年後の2000年4月に「デイ・ホーム玉川田園調布」がオープンした。実際にできあがった建物では，例えば玄関アプローチにシンボルツリーとしてハクモクレンが植えられ，2階部分にコミュニティガーデンが造られるなど，随所で設計ガイドのパターンが採用されている。

(3) 住民参加による公共施設建設のその後の展開

「考える区民参加会議」のなかで，ボランティア活動の場としての施設利用が提案され，ボランティアコーディネーターの必要性が話題となっていた。法人側から，「この施設を拠点とした地域で支え合う福祉サービスに関わっていくための勉強会を開こう」との提案があり，施設の設計図にも「研修・交流スペース」が予定され，その運営を考える母体として1997年に「(仮) 奥沢・東玉川・玉川田園調布の福祉を支える住民の会」が生まれた。「支える会」では勉強会を重ねながら，地域住民のできることやニーズを研究した。施設がオープンする前年の1999年の夏に，そろそろ具体的な活動を始めようと準備会を設け，11月に「支える会」は名称を「楽多の会」に改め発会式を行った。事務局は楽多の会による自立した運営ができるまで，玉川まちづくりハウスが担うことになった。

デイホームオープンを目前にした2000年3月には，オープニング月間としていろいろなイベントを開催した。土日を中心に，地域のチェンバロ奏者のコンサート，朗読の会，落語，コーラス，パソコン，講演会と盛りだくさんのプログラムを企画した。デイホーム運営法人と世田谷区が主催，地域の5町内会の協力というかたちで開催し，参加者はのべ400人を超え，オープン前から地域にデイホームの存在をアピールすることができた。また，デイホームを支える住民の活動についても関心を高めることができ，その後の活動の展開につながっていった。

デイホームがオープンした2000年4月は介護保険制度の開始とちょうど重なり，運営法人はその対応にも追われることになった。楽多の会では，2階にできたコミュニティガーデンに花の植え込み作業を行い，またオープン早々要請

「デイ・ホーム玉川田園調布」での「楽多の会」サロンの様子

を受けて送迎時のボランティア支援も行った。さらに，楽多の会のメンバーのなかで，看護師やヘルパーの資格のある4名が非常勤として働くこととなった。

　楽多の会のメンバーは区民参加会議に出席していたメンバーが多数であり，デイホームの施設や運営について，区や法人と共に2年弱にわたって話し合いを続けてきた人びとである。しかしながら，いざ運営が始まってみると，話し合ってきた運営方針などその内容の詳細は職員まで伝わっていなかった。世田谷区は，デイホームが完成して建物を運営法人に貸与すると手を引いてしまうようなかたちになった。結果として，デイホームの運営や地域での利用について住民が関わって話し合いを積み重ねた内容が，実践される仕組みができていなかったのである。デイホームが始まると，楽多の会は地域のボランティア団体の1つという位置づけになり，研修・交流スペースの使用を念頭に企画していたボランティア活動も思うようにはできなかった。その後なんとかそのスペースを楽多の会がミニデイ開催の場所として使用できることになり，6月の「お試しミニデイ」の開催を経て，9月から毎月1回「楽多のミニデイ」を開催するようになった。

　このように実際デイホームが運営されると，これまで積み重ねてきた議論は立ち消えになり，楽多の会は地域の一団体として，月1回のミニデイから1つずつ積み重ねながら，活動を行っていかなくてはならなかった。ここに，「住民参加」による公共施設建設のその後の運用の難しさが垣間見える。公共施設の設計から話し合いを積み重ねてきた住民は，あくまで地域の一部の住民であり，地域の代表者なわけではない。設立までの議論の引継ぎなど手続き上の問題ももちろんあるだろうが，実際運営が始まれば，地域には他の多くの住民や

他のボランティア団体も存在している。公共施設である以上，運営者は話し合いに参加しなかった地域住民も巻き込んでいく必要が生じる。地域の公共施設の建設という住民参加の場が終わったあとには，地域の公共施設運営のための住民参加を模索する必要がある。これを住民側から自治的な運用に変えていくためには，この施設に関わる可能性のあるもっと多くの住民を巻き込んで，改めて施設運用について考えていく必要があるのだろう。あえて設計に参加した住民側の問題を挙げるとするならば，やはり参加者が地域全体のなかでは一部に限られ，その他の多くの地域のボランティア組織との連携が結果としてはできていなかったということではないだろうか。

　以上のねこじゃらし公園とデイホーム建設の2つの事例から，公共施設の建設に住民の意見を反映し，運営にも関わっていくことの重要さと難しさが見えてきた。また，このような住民の活動とまちづくりハウスの関わりも具体的に見ることができた。それでは次に，まちづくりハウスは地域の専門家集団として，町内会などの地域住民組織とのつながりをどのようにもっているのか見ることにしよう。

❹ 地域の専門家集団としてのまちづくりハウスと地域住民組織との関係

(1) 町内会との関係

　玉川まちづくりハウスは設立当初から，町内会とのつながりを意識的に持ってきたこともあり，地元の町内会である玉川田園調布会からも，町内が抱える問題に対し，まちづくりの専門家として頼られるようになっていった。実際に，玉川まちづくりハウスのメンバーは地域の住民であり，身近なまちづくり推進協議会ができた当時から推進委員になったり，今では町内会の役員になったりしていることも，地域の組織として認められている大きな要因となっているだろう。

　はじめて町内会などの地域住民組織の活動に専門家集団として関わるようになったのは，地区カルテの作成のときである（玉川まちづくりハウス 1996）。1992年10月に地区カルテづくりの話が九品仏出張所から町内会に投げかけられると，玉川田園調布会の会長の意向で，玉川まちづくりハウスのメンバーが地区カルテづくりに参加することになった。その後8回の検討会を重ねて1994年春に地区の点検カルテをまとめた。玉川まちづくりハウスとしては，ワークショップなどの住民会議運営のノウハウの蓄積をいかし，会議進行にもっと積極的に協

力したかったが，さまざまな事情から十分な役割を果たすことはできなかったという。町内会などの地域住民組織のメンバーからはワークショップなどの新しい手法はすぐには受け入れられなかったこと，また地域住民とはいえ，地域のなかでは新参者である玉川まちづくりハウスのような組織が，手放しですぐに受け入れられるということは難しかったのではないだろうか。

その後地区カルテづくりの活動は「身近なまちづくり推進協議会」に引き継がれ，ハウスのメンバーも推進委員として参加し，施設部会で活動を行ってきた。施設部会では，前述のデイホーム建設時の「区民参加会議」において，施設見学や高齢者のヒアリングを行い，玉川まちづくりハウスのメンバーはデザインゲームの手法などを駆使してバックアップした。このような場での様子から，地域において玉川まちづくりハウスが専門家集団として認められていったと考えられる。

(2) 地区計画策定と住環境協議会との関わり[11]

さて，玉川田園調布１，２丁目地区では，2000年に地区計画を施行している。この地区計画策定にも玉川まちづくりハウスは大きく貢献している。玉川まちづくりハウスがある玉川田園調布は，大田区の田園調布と一体的に開発され，東急自由が丘の駅からも徒歩圏内という高級住宅地であるが，バブル期には相続税が払えずに土地を手放す事例が多く発生し，バブルが崩壊すると土地を分割するミニ開発が横行した。その際，敷地の境界ぎりぎりまで壁や窓を作ってしまったり，ことわりもなく隣の敷地内に足場を立てたりするということが地域で起こるようになり，玉川田園調布会に相談が寄せられた。

このような状況を受けて，高級住宅地としての良好な住環境を保つために，住民同士でルールを決める「地区計画」の策定が目指されたのである。区の担当所管である世田谷区住環境整備課，玉川総合支所街づくり課の協力を得て，多くの人が参加できるように昼と夜２回の地区計画に関する説明会を行った。結局出席者は合計36名と少ないが，ミニ開発防止のための制度についての検討を進めていくことに全員合意した。1996年６月の第１回まちづくり準備委員会で「まちづくり協議会」の設立の必要性を確認し，その後96年中に２回の設立準備会を開催した。97年１月に「(仮称) 玉川田園調布地区街づくり協議会」設立についての説明会を行い，設立にあたっては玉川田園調布会が中心となり，専門的な部分に関する支援を玉川まちづくりハウスが担うことになった。その

後，事務局的な役割を玉川まちづくりハウスが担っている。

1997年5月に「玉川田園調布住環境協議会」の名称でまちづくり協議会が発足した。住環境協議会の目的は，ミニ開発対策を中心に地域の住環境を守るための対策を検討することであり，地域独自のルールを制度化するために，まずは都市計画法に位置づけられている地区計画をつくることを目指した。まちの実態を知るためにまち歩きを行ったり，近隣地区での先行事例を勉強したりして，地区計画に盛り込む具体的なルールを検討していった。1998年10月までの間に協議会を合計12回行ったが，いくら参加の機会を多くつくっても1度も参加していない住民も多いことから，街区ごとに世話役が少人数で行う説明会も実施し，周知を目指した。98年12月に玉川田園調布会臨時総会にて「地区まちづくり提案」の最終案について説明し，ここで地区の8割の賛同を得た。この結果を受けて5日後には「玉川田園調布一・二丁目地区まちづくりについての提案」を世田谷区長に提出した。その後，世田谷区や東京都の規定手続きを経て，2000年2月に玉川田園調布一・二丁目地区「地区計画」が施行され，3月に「建築制限条例」施行，4月に「まちづくり協定」施行にいたった。

第6章で詳しく見てきたように世田谷区では，1982年に制定された世田谷区街づくり条例により，地区計画や地区街づくり計画を作成するためのまちづくり協議会に対し，専門家の派遣などを行うことになっている。玉川田園調布の場合もこの派遣を受けたのであるが，住民でもある玉川まちづくりハウスのメンバーが，専門家として地区計画策定までの道程においてずっと伴走してきたということが，他の地区の地区計画作成のプロセスにはない特徴といえるだろう。最初に区の担当者と共に行った説明会から4年，協議会発足後2年半という速さで，地区計画が施行されたのは，この特異な点が重要であったと考えられる。内容についても，きめの細かい地区計画およびまちづくり協定が施行されているのはそのためである。

まちづくり協議会は地区計画ができれば一定の目的を達成したことになるが，計画策定後は一連の地区の協定について，新しく住宅を建築する人に説明し，きちんと守られていくのかのチェック機能が必要となる。それゆえ住環境協議会は継続していくこととなったが，そのための会の拠点となる場所や，事務作業の引き受け手が必要となる。この事務所機能と事務局機能は，その後も玉川まちづくりハウスが担っていくことになった。地区計画策定後にこれが順守されているかチェックを行うためには，新築物件の情報を収集し，当該物件を法

令や地区の一連の協定に照らし合わせて確認し，問題物件については区に連絡するなどの活動を行っていかなくてはならない。また，地区計画及び協定の内容を事前に業者や購入者に知らせることも重要である。玉川まちづくりハウスのメンバーは都市計画や建築の専門的な知識を持っていることから，他の住民とともにこれらの役割を担ってきたのである。

❺ 玉川まちづくりハウスの現在[12]

本節で見てきた玉川まちづくりハウスが関わった活動は，そのほとんどが現在も続いており，玉川まちづくりハウスは事務局としての役割を担っていたり，ハウスのメンバーが活動者の1人として参加していたりと，その関係も継続している。

楽多の会は，高齢者のためのミニデイ・サロン活動として，毎週水曜日にデイホームの研修交流スペースで活動を行っている。内容は，おしゃべり，手仕事，麻雀，お習字，はがき絵などで，毎回の参加者は30名程度である。

ねこじゃらし公園の活動にも拡がりが出ている。2008年度からプレーリヤカーで，子どもの外遊びを推進する「世田谷区自然体験遊び場づくり事業」を月1回行っている。2009年度からは公園の向かいにある保育園の敷地内にプレーリヤカーを置かせてもらい，保育園の地域交流の企画と連動して活動を行っている。この活動の拡がりから，新しいメンバーがグループねこじゃらしの活動に加わるなどの変化も見られる。

住環境協議会については，継続してハウスが事務局を担当している。世田谷区の新しい緑化基準に合わせるため，2011年ごろから玉川田園調布一・二丁目まちづくり協定の改定を目指して議論を行っている。協定がつくられたあとも，このようにメンテナンス作業が必要となってくるのである。近隣では長屋を積み重ねたような新しい形式の共同住宅である「重層長屋」が近年問題になっている。近隣の住民から防火などを心配する声が上がっているため，世田谷区と協力して対策を考えていくことにしている。その他にも世田谷区の「地域の絆推進事業」の助成金をとり，身近な地区内外の小さなみどりの魅力を発見する冊子「みどりと花のCASE BOOK」を作成する事業も行った。これについては，玉川まちづくりハウスが編集デザインを担当するなど，連携しながら活動を行っている。

この他にも，新たに始まっている活動が多数あるので，紹介することにしよ

ねこじゃらし公園プレーリヤカーの活動

う。まず，玉川田園調布のまちのお祭りを目指した「玉まちフェスタ」がある。前身は「玉川まちづくりハウスバザー」で，ハウスの運営資金を集めるために始めた企画だが，売り子などの手伝いに毎年50人ほどのボランティアが朝早くから参加し，売り上げよりも地域の横のつながりを深めることに役立っている。2004年から毎年5月にデイ・ホーム玉川田園調布の1階を借りて行っていたが，2008年からはデイ・ホームだけでなく，向かい側の建物でも作品展や子ども向けの企画，カフェなどを同時開催するようになった。2010年に，「玉まちフェスタ」に改称して地域全体を巻き込んだお祭りにしていこうと考え，ビルのテナントや地域のパン屋にも協力を要請した。地域内のカフェでは町内に住む雅楽奏者のミニコンサートを開くなどしている。

「地域講座」は，お互いの顔が見える良好なコミュニティづくりを目指して行っている。2008年度に宅地の緑を守る「みどりのコモンズ」への寄付を集めるために行った連続講座の評判が良かったことから，継続していくことになった。講師は，スタッフの知り合いや特技を持つ近隣の人などにお願いし，デジカメやスケッチ，陶芸，フラワーアレンジ，ハーブティー，カリグラフィーなど多彩な講座を催している。この地域講座を通してハウスの会員やニュース会

員になるなどの拡がりもある。

　以上の2つは自主事業として行うものだが、まちづくりの中間支援組織として、地域の人びとと協力して行っていたり、地域の人びとをつなげるコーディネート役となって関わっていたりする活動も数多くある。2004年4月に発足した玉川田園調布会パトロールは、町内会の組織であるが、その立ち上げには玉川まちづくりハウスも協力し、協働関係を保ってきた。発足当時は27名が参加し、2010年には登録者が89名となっている。防犯パトロール隊の活動は順調に推移し、空き巣やひったくりなどはまったくといっていいほどなくなったという。自分の自由な時間に見回り、簡単な記録を提出して表やグラフにまとめるというユニークなパトロール方法が注目を集めている。

　2007年に発足した「宮本三郎記念美術館と地域の会」は、宮本三郎記念美術館で講演会や映像作品映写会、コンサートなどを催しているボランティア組織である。玉川まちづくりハウスは発足からこの活動をサポートしている。2004年に「宮本三郎記念美術館」が誕生し、地域の人たちに対してさまざまな文化情報を発信してゆく拠点にできないかと考え、地域の有志が集まって発足した。「クラシック音楽を楽しむ会」は、1999年5月から月1回の定期的な会として地域の有志により運営されている。玉川まちづくりハウスのお試しデイケアとしてクラシック音楽鑑賞を企画したところ大好評だったことからはじまり、2012年9月で155回を迎えた。毎回40名前後の参加があり、満員になってしまう人気の会となっている。

　吉村順三設計の「自由が丘の家」として知られる旧園田邸（1955年竣工）は、吉村門下の建築家小川洋により増築され（1987年）、ピアニスト園田高弘の終生の住まいとなった。この家の行く末について、「宮本三郎記念美術館と地域の会」の活動を通じて親交のあった人から、玉川まちづくりハウスに相談があった。そこで、地域のまちづくりに関わる有志や建築の専門家が集まり、この建築を次代へ継承することを目的として、2008年秋に「園田高弘邸の継承と活用を考える会」を発足させた。会の活動として、「音楽と建築の響き合う集い」と題し、ピアノ演奏と吉村順三や建築保存についてのレクチャーを行うサロンを開催した。この集いによって、建築空間と音楽の魅力を楽しむとともに、この場所の継承に関心を寄せる人びとのネットワークが拡がった。その後も住宅建築保存の方法を見出すことを主な活動の方針としている。また、この建物は目黒区にあるため、自由が丘住区住民会議や、自由が丘商店街振興会などと玉

川まちづくりハウスが協力して活動を行っている。2012年9月には，玉川田園調布の地域内で『昭和の名作住宅に暮らす――次世代に引き継ぐためにできること：吉村順三，吉田五十八，前川國男による三つの住宅』展を開催した。この展覧会を機に園田邸と新しいオーナーとの出会いがあり，そのままの姿で残せることとなった。この活動はハウスのメンバーも参加している一般社団法人住宅遺産トラストに引き継がれている。

　上記のように，玉川まちづくりハウスが事務局を担ったり，活動をサポートしたりしている例が多くあることがわかるが，これらの活動との関わりは，玉川まちづくりハウスにお金が入って来る仕組みにはなっていない。むしろ，持ち出しで冊子などを作成している場合などもある。かといって，玉川まちづくりハウスに対して，行政からの直接的な助成や支援はない。これまでの玉川まちづくりハウスの運営費としてはNPO等の会費収入の他，多くの助成金を獲得してきた。世田谷まちづくりファンドから3年間ハウスとして活動助成を受け，その他に1993年に財団法人ハウジングアンドコミュニティ財団からの助成金，1995年度は社団法人日本建築士会連合会からまちづくり賞グランプリを受賞し，賞金として活動資金を得るなど積極的に助成金を受けてきた。また，1991年に財団法人日本建築センターから「アメリカにおける非営利民間組織による『住宅・まちづくり』に関する調査研究」の委託を受けるなど委託調査も受けてきた（玉川まちづくりハウス 1996）。玉川まちづくりハウスが発足してしばらくは，世田谷区をはじめ，多数の自治体，シンクタンク，建設省などからの研修依頼や講師派遣に応じた収入があった。近年でも，2012年度に川崎市中原区の大型集合住宅住民組織支援事業を受託し，ワークショップを行うなど，行政や民間からの委託事業の収入が細々とあるが，一時多く依頼を受けていた頃の余力で現在も運営しているような状態である。支出としては，電気代，コピー代，写真代，切手代などが主なもので，1995年からは専従スタッフの人件費として月5万円程度を支払っている（玉川まちづくりハウス 1996）。

　まちづくりハウスは当初から，経営的な自立を目指し安定した活動を目指していた。1995年からはメンバーの自宅の一室を活動の拠点として構え，そのころから，専従のスタッフを抱えて活動を行ってきた。しかし，経済的な基盤がないまま，現在にいたっているのが実際のところである。

❻ まちづくりハウスの活動の理想と現実

これまで見てきたように玉川まちづくりハウスの特徴は，地域の活動に新しい発想を吹き込んだり，立ち上げを手伝ったりしたあと，活動自体は立ち上がった団体に任せていくという役回りであるということである。地域のなかから出てきた担い手がその活動を引っ張っていき，ハウスは事務局などの裏方にまわり支援を続けていくというスタイルである。この方式のおかげか，ハウスの活動は新しいことに次々と展開していくが，かといって以前行った活動に終止符が打たれることなく，地域に根付き脈々と続いていく。外から来る専門家やまちづくりコンサルタントなどと違うのは，地域の専門家ということで，事務局なり，活動者の一員となって，その活動に関わり続けているということである。

玉川まちづくりハウスの活動は，先に見たまちづくりハウスの手引きの説明通りに行われてきた。資金獲得についてもお手本通りである。地域の住民発意の活動に寄り添い，専門家としてアドバイスをしたり，一員となって活動を行ったり，地域のまちづくりの中間支援組織として過去から現在までずっと頼りになる存在である。まちづくりセンター構想にあったように，このような中間支援組織が地域ごとにあれば，組織としてのまちづくりセンターは全体の調整役に回れたのであろう。しかし，そうならなかったのはなぜか。それは，1つにはこのまちづくりハウスを支援する制度がなかったということがあるのではないだろうか。玉川まちづくりハウスがここまで成功してきた要因として，その特異性があげられる。それは，1つにはまちづくりの提唱者の集団であるということがある。そのため，理念がきちんと理解されていたことと，常に先頭を走る集団であったため，注目が集まることにより，研修や講師の依頼でかなり運営費を稼ぐことができたということがある。またもう1つの特異性は専従職員として小西氏がいたことではないだろうか。NPOの専従職員として従事してきた小西氏は，専門家として関わるには少ない収入しか得られていないであろう。通常はこれでは活動は続かない。しかし，活動の初動期には子どもが生まれ専業主婦になっていたこともあり，彼女が地域活動の多くを地域住民として，またハウスのメンバーとして担ってきたことは大きい。通常の中間支援組織でこのような状況はおこりにくい。だから玉川まちづくりハウスだけが成功事例として残ったのである。

つまり，普通のまちづくりハウスであったならば，構想通りに運営していく

のは困難であったのである。それは，実際に自らは事業を行わない中間支援組織がどのように運営費を調達していくのか，ここの部分の想定の甘さがあったのではないだろうか。ファンドの助成は最初から3年間しか受けられない設定であった。しかし，自分で稼ぐ事業を行わない中間支援組織には，長期的な支援が必要だということである。市民が市民を支える仕組みは，中間支援組織を支えていく制度が考えられない限りうまくいかないということではないだろうか。

4．まちづくりセンター・まちづくりファンドの現在

❶ 世田谷トラストまちづくり設立とその後の変化

現在，世田谷まちづくりセンターの所属団体である財団法人世田谷区都市整備公社は財団法人せたがやトラスト協会と統合され，財団法人世田谷トラストまちづくりとなっている。まちづくりセンター事業は，世田谷トラストまちづくりに引き継がれ，ファンドの運営補助も世田谷トラストまちづくりが行っている。

世田谷区では熊本区政下において2005年に策定された「世田谷区基本計画」をふまえた「外郭団体改善方針」を2005年4月に示し，外郭団体への財政支出の見直しや職員派遣等の見直しを行うとともに，統廃合を進めるなど外郭団体のあり方の見直しを行ってきた。その結果，2005年度と2012年度では，外郭団体に対する区の補助金支出を5億3,800万円削減し，区派遣職員を44名減らしている[13]。世田谷区都市整備公社とせたがやトラスト協会でも，2005年には合わせて3億5,461万円補助金が出ていたが，世田谷トラストまちづくりへの2012年の補助金は2億1,880万円と大きく減っている。区から派遣された職員数も，2005年は両財団合わせて19名であったが，2013年度の派遣職員数は8名となっている。一方事業委託費については，両財団合わせて2005年度は5億7,230万円であったのに対し，2012年度の世田谷トラストまちづくりへの委託費は5億8,066万円となっており，若干増加している。このような状況のなかで，世田谷区の外郭団体である世田谷トラストまちづくりは，区の方針にのっとって中期計画を立て，PDCAサイクルを重視したかたちで目標を数値で表し，それに向けた取り組みを行わざるを得なくなっている。2014年の新しい基本計画においても外郭団体改革基本方針が明記されており，外郭団体の改善は引き続き

行われている。

　両財団が統合される直前の2004年度のまちづくりセンターの活動[14]は，まちづくりセンターが開設された92年の状況から大きくは変わっておらず，主に行っているのは，まちづくり活動の支援に関するもので，自主事業としては調査・研究やまたこれに関連する本の出版，講師派遣等となっていた。これは，引き続きこの組織が市民活動の中間支援組織としての機能を果たしていることによるものである。まちづくりセンターの中間支援組織としての特徴は，区の外郭団体であることにより公的機関として認められやすい一方で，行政そのものではないということである。この立場を利用して，住民と行政の間の調整役を目指してきた。この点も開設当初とかわりはない。まちづくりセンターの蓄積は，まちづくりに関するネットワークや技術，情報であり，またこれらをコーディネートする力である。このような目に見えない資源は，行政のPDCAサイクルの下では評価されにくいものである。それゆえ，財団の統合によって状況は大きく変わっていくことになる。

　統合の方針が示された2005年の「外郭団体改善方針」では，世田谷区都市整備公社設立当初の市街地再開発や土地区画整理事業については意義が希薄化してきている一方で，まちづくりセンター事業の区民主体のまちづくり活動支援や，コーディネート事業等へ事業が転換してきており，NPO等の中間支援組織としての役割が重要になってきていることが指摘されている。そこで，財団法人せたがやトラスト協会[15]との統合をはかり，まちづくり，住まいづくりに加えてみどりに関する地域活動の支援とコーディネート機能の強化をはかるものとされた。これによれば，目には見えない蓄積こそ評価され，その部分の発展を目指しているようである。

　この方針を受け，翌年の2006年に財団法人世田谷区都市整備公社と財団法人せたがやトラスト協会が統合され，財団法人世田谷トラストまちづくりが設立された。設立趣意書によれば「みどりや住まい等のまちづくりの専門性を統合し，今までに蓄積されたトラスト活動や住民ネットワークを継承発展させて，区民主体による良好な環境の形成及び参加・連携・協働のまちづくりを推進し支援する」ものとされている。また，活動目標は，① 自然環境や歴史的・文化的環境を保全した美しい風景のあるまちの実現，② 安全に安心して活き活きと住み続けられる共生のまちの創出，③ 居住環境を魅力的に守り育む活動とコミュニティの形成の3つが掲げられている。大きな流れで捉えれば，①は

トラスト協会からの流れによる都市型トラスト運動，②は都市整備公社が担ってきた公的住宅の管理運営や誰もが安心して住みつづけられる住まいづくり，③はまちづくりセンターが担ってきた，住民の活動を支援する活動ということになろう。

トラストまちづくりになってすぐの2007年度の事業計画をみると，事業体系として ① 自然環境や歴史的・文化的環境の保全・創出などのトラスト運動の推進，② 区民，事業者等と行政による連携・協働のまちづくりの推進及び支援，③ 地域の環境保全や改善に向けたまちづくり推進のための人材育成，活動支援，④ 協働のまちづくりを推進するための公益信託の運営支援，⑤ 区民が安心して住み続けられる住まいづくりの支援，⑥ 区民が安心できる公共施設の維持保全及び付帯設備の設置管理，⑦ まちづくりに関連した駐車場等の設置及び管理運営，が挙げられている。

このうち，②，③，④がこれまで世田谷まちづくりセンターが担ってきた事業を引き継ぐものと考えられる。せたがやトラストまちづくりになって最初の年である，2006年度の事業報告によれば，②の「まちづくりの推進及び支援」では，情報発信事業や，ワークショップの企画といった参加・協働のコーディネート業務などの，これまで行ってきた事業に加え，新しく「地域共生のいえ」づくり推進事業を行っている。③の「まちづくり推進のための人材育成，活動支援」の具体的な事業としては，トラストボランティアの育成や活動支援とともに，まちづくりコーディネーターの養成を目指した「トラストまちづくり大学」を開講している。これらの新しい事業からは，これまでまちづくりセンターが行ってきた④のまちづくりファンドを通したまちづくり活動支援に加えて，トラストまちづくりが独自にまちづくり活動を支援する事業に力を入れ始めていることがうかがえる。しかしながら，①はトラスト協会が行っていた事業，②から④はまちづくりセンター，⑤から⑦は都市整備公社で行っていた事業といったように，事業の形態がこれまでの組織形態に沿って，ばらばらに行われているような印象を受ける。

しかしながら，2014年度の事業計画をみると，①から④は「環境共生・地域共生まちづくりの推進に関する事業」としてまとめられ，これが (1) 環境保全を図るトラスト運動事業，(2) 地域力を育むまちづくり推進事業，(3) 参加の輪を広げる普及啓発事業の3つの事業にわかれている。大きく異なっているのは，④のファンド運営支援は事業の項目としてはなくなっていることである。これ

は，2012年度の事業計画から変更されている。

　2014年度の事業報告をみると，(1) 環境保全を図るトラスト運動事業で行われている「市民緑地」が2006年の5件から13件に増え，「小さな森」は4件から11件に，他にも民有地の緑化推進の取り組みとして，「3軒からはじまるガーデニング支援制度」など新しい事業もはじまっている。(2) 地域力を育むまちづくり推進事業では，「地域共生のいえ」の取り組みが拡がりをみせ，2006年の4件から17件に増えている。地域共生のいえは，自己所有の建物やその一部をオーナーの意志でまちづくり活動の場として開放するというもので，活動の内容は子どもの居場所づくりや子育て支援，高齢者や障がい者支援，地域の交流の場などさまざまである。この他にも2014年からは世田谷区と連携して空き家の地域貢献活用の相談を受け付け，空き家の地域活用のモデル事業も行っている。(3) 参加の輪を広げる普及啓発事業として，小学校などの総合学習への講師派遣や，自然体験教室では，生き物や植物など自然に関するものが多く行われている。「トラストまちづくり大学」も，2015年度のテーマは里山となっており，環境に力点が置かれたものとなっている。まちづくりファンドとの関わりを特筆しておくと，(2) 地域力を育むまちづくり推進事業のなかで，ファンド助成団体を対象とした交流会を行っているが，ファンド助成団体が対象という記載がなくなり，広くまちづくりのネットワーク形成という位置づけに変わっている。

　以上のように，組織改編が行われた当初はあまり大きな変化が見られなかったものの，最近のトラストまちづくりの事業報告からは，世田谷まちづくりファンドを中心とした世田谷まちづくりセンターの時の体制とは，かなり異なってきていることがわかる。理由の1つとしてトラストまちづくりの事業計画が，区の外郭団体に対する施策のあり方によって大きく影響を受け，結果に対しても常に区のチェックを受けているということがある。ファンドの支援は，本来の公益信託制度から考えれば必要のないものであり，これを行っても行わなくても，ファンド自身は独立して運営していくことが可能である。世田谷区からの助成金も大幅に減らされていくなかで，このような事業よりも，実際に効果を数字で表すことができ，目に見える事業を行う必要がある。また，外郭団体改善方針において，トラストまちづくりについては，「みどり，まちづくり，住まいづくりに関する地域活動の支援とコーディネート機能の強化」を目指して統合が図られた経緯がある。外郭団体として存在意義をアピールするには，

専門性に特化した取り組みを行っていく必要がある。このことによって，事業内容は自然環境の保全，地域の拠点など目に見えるようなハードのまちづくりに関わるものや，住まいづくりに特化してきているというふうに見ることができる。

　また一方では，まちづくりセンターが立ち上がったときに必要とされた機能が変化してきたということもあるだろう。当初は，まちづくり活動を行う団体は多くはなく，団体側も助成を受けて行うような活動に慣れていなかったという実情があった。それゆえ，助成金申請にしても，活動内容にしても，まちづくりセンターが専門家として支援してきたのである。しかし，ファンドが立ち上がって20年がたち，活動者自身が専門家のようになるなど，さまざまなまちづくりの経験を積んだ人びとが蓄積され，ネットワークも構築されてきた。ファンド申請の際には現在でも相談を受け付けているが，トラストまちづくりを訪れて相談するということはほとんどなくなったという。このような状況の変化により，活動の支援をまちづくりセンターに頼っていたような状況は改善されたのではないか。それゆえまちづくりファンドは，まちづくりセンターから独り立ちし，本来の公益信託の制度にのっとった運営方法に，だんだんと近づいているということも背景にあると考えられる。

❷ 世田谷まちづくりファンドの現在

　2012年12月で，公益信託世田谷まちづくりファンドは20周年を迎えた。世田谷トラストまちづくりではこれを節目と捉えて，今後のファンド運営の行方を考えるための20周年記念イベント「ファンドが拓いた世田谷のまちづくり」を開催した。[16] ファンドを含めた今後の世田谷のまちづくりを考えるための，住民参加によるイベントである。イベントの当日，最初のプログラムである「世田谷まちづくりファンド20年を年表で振り返ろう！」では，20年の年表をもとにこれまでのファンドの振り返りが行われた。これまでファンドにさまざまなかたちで関わった人びとが集まり，フロアからいろいろな意見が出された。ファンド構想時のこと，その後の住民まちづくりとファンドの関係，今後のファンドのあり方などについて議論がなされ，ファンドの課題として以下のような意見が出された。これまでに助成を行ってきた270を超えるグループの蓄積をどのようにコラボレーションさせていくのか，NPOの自立をどのように実現させるか，事業型のNPOをどのように育てていくのか，基金を集めるにはどう

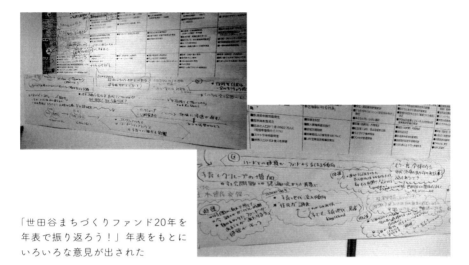

「世田谷まちづくりファンド20年を年表で振り返ろう！」年表をもとにいろいろな意見が出された

すればよいか、そのうえでファンドを今後どうしていくのか、区との関係、市民まちづくり活動支援全体のあり方などである。

　このイベントに先立ち、トラストまちづくりは、20年間蓄積されてきたファンド関係の資料やデータの分析と、ファンド助成グループの現在の活動実態調査を行った結果をまとめている。ここで、これらの結果についてまとめておこう。2012年までにファンド助成を受けたグループは276グループで、助成件数は517件、助成金総額は1億752万円となっている。助成グループのメンバーとして関わった人数は3,000人を超え、のべ6,200人にのぼる。

　「まちづくり活動部門」「まちづくりハウス部門」「まちづくり交流部門」の3部門で始まったファンドであるが、「まちづくり活動部門」は現在まで助成を続けており、2012年の時点で助成件数319件、助成グループ数は168グループと一番多くなっている。まちづくりハウス部門は2006年度から部門として休止しているが、助成件数25件、助成グループは13件となっている。まちづくり交流部門は2002年度に廃止され、助成件数17件、助成グループ数は10件であった。また、ファンド助成が始まってすぐの1994、95年には応募件数が減少したため、応募の敷居をさげるために1996年に「はじめの一歩部門」が創設された。この部門の助成対象になるのは1回限りで、助成金額も5万円と少ないが、審査方法が簡易化されており、団体の立ち上げの段階に利用しやすい部門となっている。現在でも継続しており、2012年までの助成総件数・助成グループ数ともに

120件となっている。

　その他にも新部門がこれまでにいくつか創設されてきた。2002年にまちづくり交流部門が廃止された変わりに，特別テーマ部門が開設され，2002，03年は「ファンドへの資金集めの企画とその実験」，04年は「都市の新しい居住を提案する調査」，05から10年には「まちづくりネット文庫制作」[17]とそれぞれテーマを設けて行ってきた。まちづくりハウス部門を休止した2006年には「まちを元気にする拠点づくり部門」が開設された。これは，財団法人民間都市開発推進機構の「住民参加型まちづくりファンド」への資金拠出制度から獲得した5,000万円を活用して創設されたものである。まちづくりの拠点となるハード整備事業への助成を意図したものであるため，助成金額の上限が500万円に設定されている。2012年までに9つの拠点が完成している。[18] 2012年からは「災害対策・復興まちづくり部門」と「10代まちづくり部門」[19]，2013年から「キラ星応援コミュニティ部門」が開設されている。

　さて，これまでの助成を受けたグループの活動についてもう少しくわしく見ておこう。[20]活動テーマで多いのは，「みずやみどり等の学習・保全・活用」，「子育て，子どもの居場所づくり」，「文化・芸術系・メディア・情報発信」，「地域の拠点づくり」がそれぞれ40グループ以上と多くなっている。1990年代の前半はまちづくり活動支援や交流ネットワーク形成が多く，地域の拠点づくりが2007年以降多くなっているのは，部門の設定が助成団体のまちづくり活動に影響を与えているからだと考えられる。グループの活動範囲は，特定の地区（町丁目や町内会等の範囲）や拠点施設で60％となっている。グループの人数は，3〜5人が20％，6〜10人が40％で，10人以下のグループが60％となっている。狭い地域範囲のなかで，少人数で活動しているグループが半数以上を占めていることがわかる。助成を受けた活動の成果について，各活動目的の達成に加えて，地域への活動の定着や認知につながったこと，他団体とネットワークが構築されたことなどが挙げられている。

　ファンド助成後も活動を継続しているグループは133グループで約5割となっている。反対に活動を終えたグループは助成終了後3年以内に半数以上が終了している。活動終了の理由は，「目的が達成された」，「中心人物の逝去・高齢化・転出等」，「メンバーが多忙になった」が20％以上と多くなっている。助成後も活動を継続しているグループの成果としては，「地域への活動の定着」が4割，「他団体とのネットワーク構築ができた」が3割のグループから挙げ

られている。継続グループの課題としては，「メンバーが高齢化・新しいメンバーが入らない・世代交代できないこと」，「人材不足・組織運営に課題がある」を2割のグループが挙げている。その他にも人材に関わる課題が多く挙げられているのに加えて，資金不足を挙げている団体も2割弱ある。

継続しているグループのなかには，NPO法人をもつグループが28あり，会社組織として活動するグループも少数存在する。世田谷区との関係では，2009年から2011年の実績として区との協働事業を行っているグループが11（うちNPO法人が8）あり，区から事業を委託されているグループが9（すべてNPO法人）である。例えば，このうちの1つとしてNPO法人野沢3丁目遊び場づくりの会がある。活動の初動期に3年間まちづくり活動部門の助成金を受けている。その後区の自然体験遊び場モデル事業を受託し，現在はおでかけひろば事業に移行して区から事業を受託している。このような区との関係は実績のない初動期では難しく，ファンド助成による活動を行って体制を整え，区にも認められる活動になっていることがわかる。実績を加味せず，内容を限定していないまちづくりファンドが，いろいろな地域活動を種から育て，その後地域に継続していける団体に育っていく足がかりをつくってきたということがいえるであろう。

さて，前述のファンド20周年記念イベントにおいてファンドの課題として出されていたように，ファンドの今後が問題視される背景には，現在の寄付や追加信託の状況がある。これまでのファンドの支出額は毎年おおよそ600万円であった。その内助成金が500万円程度，事務費が100万円程度で運営されてきた。収入としては，信託財産運用によるものが100万円弱で推移してきたのに対し，寄付金については2000年ごろまでは毎年200万円程度，その後は100万円程度集まっていたが，2011年には法人と個人の寄付を合わせて2万円まで下がるといった危機的状況となっている。これに足りない分は当初から区と都市整備公社によって追加信託が行われてきた。その金額が400万円から500万円であった。それゆえ，信託財産は減ることがなく微増を続け，2008年に1億3,900万円とピークを迎えた。しかし，財政難である区の意向により2011年からは追加信託が行われないことになった。これによって，現在は信託財産を毎年取り崩して運用していく体制となっている。それゆえ，ファンドを今後どう閉じていくのかということが問題になっているのである。これまでファンドの助成額は総額で500万円程度に抑えられてきたが，2012年，2013年に新規開設された「災害

対策・復興部門」と「キラ星応援コミュニティ部門」の各総額300万円はここに上乗せされて支出される部門となっており、今後のファンドの方向性を占ううえでも重大な意味を持つ部門となっている。

❸ まちづくりファンドの今後の展開に向けて──「キラ星応援コミュニティ部門」

2014年9月に行われた世田谷まちづくりファンドの新部門「キラ星応援コミュニティ部門」の公開審査会の冒頭、土肥真人運営委員長から部門の趣旨説明がなされた。ファンドの追加信託がなくなり、信託金が毎年取り崩されていくなかで、今後の20年は市民活動グループ自身が強くなって持続していかなければならない。そのためのユニークで挑戦的な部門であるということである。通常の部門の助成総額とは別に、1グループの助成上限を100万円とし助成総額300万円までの設定で、さらに2年目のグループにもこれとは別に総額300万円まで助成していくため、ファンドの寿命をかなり縮めて行う企画となっている。

「キラ星応援コミュニティ部門」助成事業応募の手引きによれば、「世田谷でまちづくりの担い手を応援するコミュニティを作ろう」という趣旨をもって設定された部門だということである。そのコンセプトは第1に「世田谷で、"キラっ"と光るまちづくりのグループを生みだすこと」である。世田谷のまちづくりにおいてモデルやシンボルになるような組織を応援することをうたっている。20年先の世田谷のまちづくりを考えた時に、目標となる活動が存在している状況がつくり出せるように、あえて成長力のある助成先に集中的に支援を行うことでモデルをつくることを目指している。部門の名称にはこのようにして育つ団体や個人が「スタープレーヤー」になるのではなく、周りの人や組織、活動を照らす「キラ星」になるようにという思いが込められている。第2には、このキラ星を応援する「コミュニティをつくること」が挙げられる。世田谷の地で地域活動に挑戦する人を応援するあたたかな場をつくることを目的としている。さらにその「場」は「まちづくりを応援する多様な人が集まる生態系」として成長していくことを目指すものである。これは、区やトラストまちづくりからの追加信託がなくなり、近い将来には底をつくことが明らかとなっているファンドの未来を占う取り組みであるということである。ファンドの助成がなくなっても、まちづくり活動を先導するキラ星と、これを応援する多様な人びととの生態系としてのコミュニティが、今後のまちづくり活動を継続させていくという願いが込められた部門なのである。第1回目の公開審査会にて、ファ

| 第 7 章　市民が市民を支える仕組み | 231

世田谷まちづくりファンド
「キラ星応援コミュニティ部
門」審査会の様子

ンド運営委員長の土肥氏がくぎをさしていたのは、「(助成先の活動の成果が)ファンドの命が短くなる分以上になることを期待している」ということであった。

　この部門の大きな特徴はファンドの助成先に対して金銭的な支援のみではなく、人的な支援も提供するということである。人的支援者は「メンター」と呼ばれ、活動を一緒に支えていく伴走者となることが想定されており、助成グループ1つにつき、3から5名配置される。メンターはプロボノと呼ばれる専門的な支援を行うボランティアが想定されている。このような制度は、通常の公益信託の仕組みからは外れたものであるが、ファンドの外部協力団体として「キラ星応援コミュニティ」が運営委員の一部を中心として組織されており、ここがメンターと呼ばれる活動支援者を組織し、メンターが助成団体に伴走するという仕組みとなっている。

　この部門の助成は、「自分たちの活動を成長させてより自立的・継続的なものとすること、そしてそれを通して他のグループの活動モデル(＝キラ星)となり、世田谷のまちづくりへ知識、経験、成果を還元し、それらを区民と分かち合う、支え合う世田谷区内の活動に対して助成を行」うものとされており、

世田谷で1年以上の活動実績があるグループに限定されている。また，これまで3回以上ファンドから助成を受けたグループや，現在他の部門助成を受けているグループも応募可能とされており，他の部門とは異なっていることが際立つ。助成金額は上限100万円で助成を受けられる回数は2回までで，2年間の継続申請が基本となっている。また，助成金が人件費にも使える点は，現在の他の部門と異なる。審査方法にも特徴があり，第一次審査と本審査の二段階の審査方式となっており，第一次審査を通過したグループは本審査までに，支援してくれるメンターチームとともに活動計画の内容を深める必要がある。審査の重点としては，事業と組織の持続可能性，課題解決力，共感性と波及効果が問われ，特に本審査では，成長力としてメンターチームを意欲的に活用できるかが問われることになる。

　助成団体は，自立的・継続的な活動であることが重要であり，その事業性について重視されている。助成が終わった後に継続が困難となるような収支計画ではこの部門の助成を受けることは難しい。自分たちで活動を継続することができるように，稼げる仕組みをつくることが重視されている。このため，公開審査会にて運営委員から，収支計画の金額に0が1桁足りないのではないかといった指摘が出たほどである。

　この部門が目指すのは，1990年代に「まちづくりセンター構想」として目指された仕組みとは異なるかたちでの，市民が市民を支える仕組みであるといえる。大きく異なっているのは，まず背景として，市民自身がかなり力をつけてきており，専門的な支援を行うプロボノの役割を担えるということ，またそのような人材が，世田谷の地に蓄積されているということである。実際2014年の部門最初の年に，第一次審査を通過した5つのグループにメンターとして各3人以上の手が自主的に挙がった。メンターには，これまで世田谷のまちづくり活動に関わってきたまちづくりコンサルタントや，大学の研究者，また大手企業の会社員で世田谷と関わりがあるような人もメンバーになっている。このような専門的な知識を持つ人が，ボランティアとして参加する土壌があるということである。また企業人が関わることによって，企業人の目線で市民活動の事業計画等が立てられていくという結果も生み出されている。1990年代のまちづくりセンター構想では，行政と住民の間にたつ専門家が必要とされていたが，ここでは，住民と企業，住民と行政，住民と住民の協働が，住民自身が力をつけていくことによって構想できるようになっているということである。

5．模索された協働のための制度とその課題

　まちづくりセンター構想では，住民，企業，行政の三者のトライアングルが目指された。構想案での「まちづくりセンター」は，この三者のトライアングルの中心に位置づけられ，これらをつなぐ中間支援組織としての役割が期待されていた。三者のトライアングルとはいっても，実際には住民と行政・企業の間にはかなりの力の差があるため，間に専門家が入ってこれを調整・通訳する機能を担おうとしたのである。この役目をまちづくりハウス，まちづくりセンターが担っていく構想であったが，これまで見てきたように，少数の事例を除いてまちづくりハウスは上手くいかなかった。結局まちづくりセンターがこの役割を長年担ってきたが，行財政改革の波にのまれ，新体制のもとでは，行政の意向がかなり強まってきているといえる。

　このような状況のなかで，公益信託であるまちづくりファンドは助成対象の決定が委託者の意向によって左右されないというその制度のおかげで，着実に市民活動のすそ野を拡げてきた。当初は，専門家集団であるまちづくりハウスが育っていき，市民が市民を支える仕組みが目指されていたものが，実際にはそういった中間支援組織を持続的に支えることは難しく挫折した。しかしながら，ファンドがこれらの事情とは関係なしに機能してきたことによって，その時節に合わせて，市民が担う運営委員により，さまざまな工夫を凝らした部門を立ち上げ，ニーズに応えてきたのである。そして今，新部門であるキラ星応援コミュニティ部門では，市民が市民を支える仕組みの新しい挑戦が行われているのである。

　まちづくりセンター・まちづくりハウスの構想と，この新部門がどのように違うのか。それは，まちづくりハウスは中間支援組織として市民活動を支援するものであったが，新部門では個人がプロボノ（専門的な知識や技能を持ってボランティア活動を行う人）となって活動を支援するという点である。まちづくりセンター・まちづくりハウスの構想が挫折してしまった今，個人がこのように活動を支援する新しいかたちがどのように進展していくのか，見守っていく必要がある。一方で，中間支援組織の働きについては，玉川まちづくりハウスやかつての世田谷まちづくりセンターの動きを見れば，改めて注目すべきであることがわかる。特に，区と住民の間に入って，これを調整する・通訳する

役割を持つ組織は，協働を目指していく上では重要な役割を担う。しかし，自身で事業を行わず，住民・市民活動を支援する中間支援組織の運営をどのように支援していくのか，この点は重大な課題として残されているのである。

最後に，自治と協働の点からまちづくりセンターとまちづくりファンドの流れを振り返っておきたい。まちづくりファンドを中心としたまちづくりセンター構想は，市民による活動を市民によって支えていく仕組みが目指されており，市民による自治を目指したものであった。しかし，多くの市民は地域に関心がなく，市民と行政・企業との力の差が大きすぎるということがあった。そこで，1つには多くの市民が関わる活動を増やしていくこと，2つには市民が行政や企業と渡り合える力量をつけていくことが目指されていたのである。前者はファンドがさまざまな団体に活動助成を行うことによってかなり達成されてきた部分である。しかし，このような活動がたくさん増えていったとしても，行政などの大きな制度と立ち向かわなければ，市民の課題が解決されなかったり，願いがかなわなかったりすることがある。その時に必要なのが，後者の市民が行政や企業と渡り合える力量である。この点で専門家がコーディネーターとしての機能を担っていくことを図ったのがまちづくりセンター構想の肝であった。これは，自治というだけでなく，まさに協働を行っていくための制度を目指したものと言える。まちづくりハウスとまちづくりセンターは，行政との協働を行うためにはどのようにすればよいのかという実践を行ってきた。その具体的な手法としてワークショップなどを駆使して，公共施設づくりなどの行政が行う事業に対して，住民・市民の声を反映させてきたのである。知識のない住民が参加して意見をいえるための技法として，ワークショップの手法を洗練してきたのであり，まちづくりセンターやまちづくりハウスがこれを専門家として開発・推進してきたのである。

しかし，まちづくりハウスは財政的な面で課題を抱えてしまい継続的な運営が難しく，まちづくりセンターは外郭団体という難しい立場にあったため，行政の対応が変われば大きく内容を変えてしまった。まちづくりファンドの制度である公益信託は本来なら運営委員と信託銀行で回っていく仕組みである。助成金を出して活動を支援するという面では，自治の仕組みとして安定したものとなる。しかし一方で協働を目指したときには，活動を行う市民自身が力をつけていくしかないという状況に置かれる。これは，住民運動に応対する行政の首長や職員によって，その結果が左右されていたように，非常に不安定なもの

となってしまう。そういう意味では，まちづくりセンター構想は行政と住民の協働のための安定した制度を目指していたものなのである。今こそもう一度本章でみてきたような，まちづくりセンター構想の理想と現実の結果を再考し，行政と住民が協働していくための制度について踏み込んだ検討をするべきなのではないだろうか。

注
1) まちづくりの分野にコミュニティビジネスのNPOであるコミュニティ開発法人（Community Development Corporation）が1970年代から登場し，視察を行った頃には全米で2,000団体以上になっており，一方のコミュニティデザインセンターは全米でも50〜60か所で，社会的には前者が注目されていたということである（大村璋子編 2009）。
2) 1977年に初めて2件の公益信託が成立すると，その後主として奨学資金や学術研究資金の供与を目的とするものを中心に，徐々に設定件数を増し，1983年には100件を超え，1987年には，200件に達するほどになった（田中編 1991）。2017年3月時点では，公益信託の受託件数は472件，信託財産残高は604億円となっている（信託協会HPより）。
3) 世田谷まちづくりセンター（1994）による。
4) 正確には世田谷区から調査委託され実施された（世田谷まちづくりセンター1994）。
5) 世田谷まちづくりセンター（1994）による。
6) ハウジングアンドコミュニティ財団編『NPO教書』（1997）などを参照。
7) 玉川まちづくりハウス（1996，2005a）による。
8) ワークショップでは，デザインランゲージとよばれるカードを専門家が用意し，いくつもの選択肢のなかから，自分たちの理想の公園を住民たち自身が話し合いながら仕上げていった。当時は，公園などの造成は行政と専門家が行うのがあたりまえであり，計画案づくりに住民が対等に参加できる手法の試みは画期的であったといえよう。また，ワークショップは少人数で意見集約をしていくため，結論にたいして各々が責任を持っているということが共有できる仕掛けになっている。そのため，ただ計画をつくって終わりということではなく，自分たちの問題として責任を引き取っていくような仕組みをつくれるところにも，大きな意義がある。
9) 玉川まちづくりハウス（1996，2000）による。
10) 身近なまちづくり推進協議会は，地域行政制度が進められるなかで，世田谷区内の27地区すべてに設置されたものである。九品仏出張所の身近なまちづくり推進協議会施設部会は，デイサービスセンター建設や東急目蒲線複々線化に伴う奥沢駅踏切問題をふまえて設けられた，他の地区にはない部会である。玉川まちづくりハウスのメンバーもこの施設部会の推進委員になっている。
11) 玉川まちづくりハウス（1996，2005b）による。

12) NPO法人玉川まちづくりハウス2012年度活動報告，玉川まちづくりハウス『みんなでホイッ！ part3 ── 玉川まちづくりハウスの活動記録2001－2010』（2010年度公益信託世田谷まちづくりファンドの特別部門「まちづくりネット文庫」）による。
13) 2013年基本計画外郭団体改革基本方針による。職員数は2013年度との比較。
14) 2004年度版『まちづくりセンター・公益信託世田谷まちづくりファンド資料集』による。
15) 財団法人せたがやトラスト協会は1989年に設立され，世田谷区内の自然環境や歴史的・文化的環境の保全を行ってきた団体である。「外郭団体改善方針」では，都市型のトラスト運動の先駆的な団体として，トラスト運動のノウハウやボランティアネットワークを活用し，区のみどり保全・創出に向けた推進体制の中心的役割を担うものと評価されている。
16) せたがやまちづくりファンド20周年記念のイベントについては，「まちづくりファンド20周年記念誌」として財団法人世田谷トラストまちづくりから発行された『ファンドがひらいた世田谷のまちづくり ── 20年とこれから』（2013）にまとめられている。本項の内容もこれによるものである。また，筆者もイベントに参加していた。
17) 本書で扱った太子堂地区まちづくり協議会と玉川まちづくりハウスも「まちづくりネット文庫制作」部門の助成を受けて，活動の記録をまとめている。
18) 第4・5章でみた，羽根木プレーパークのそらまめハウスや首藤万千子氏が小学校の校庭づくりとして関わっていた「守山テラス」もこの部門の助成を受けて設置されたものである。
19) 第5章で吉田貴文氏が紹介していた「羽音ロック」はこの部門の助成を受けて行われた。
20) 2011年に行われた活動実態調査（N＝259）の結果である（財団法人世田谷トラストまちづくり 2013）。

終 章

自治と協働からみたコミュニティ論

改めてこれまでの議論を整理すると，本書は大きく2つの課題に応えようとしてきた。1つは，第1章で整理したコミュニティ論の今日的課題に対応するもので，1970年代から80年代にかけて活動を開始したような市民活動を中心に据えながら，これと地域住民組織や行政との関係をふまえつつ，地域のなかの「自治と協働」状況の実態を検証し，今日の地域コミュニティの位相に迫ることである。もう1つは，今日的なコミュニティ政策として捉えられる協働施策が，行政とこれと協働する組織や個人とが平等な関係を保つという協働の本質を貫いて運用されていくためには，何が課題となり，何が重要であるのか明らかにすることであった。この課題に応えるため，1970年代後半から革新自治体としてユニークなコミュニティ施策を行ってきた東京都世田谷区における3つの住民活動の事例を見てきた。まずは，各事例から明らかになったことを改めてまとめておこう。

住民発意の活動と行政・地域との協働

第4，5章で扱ったプレーパーク活動は，住民発意による市民活動であり，自分たちの個別の目的を達成するために活動している団体の事例である。住民の発意に端を発する活動はそもそもが自治的な活動であり，この場合地域のなかでの協働関係の創出が課題となる。プレーパークの活動は，行政とだけでなく地域住民など周囲とのコンフリクトを抱えながら進められてきた。これに対して，長年地域で活動を続けることにより，活動の担い手が地域の一員になっていくことによって地域の活動として認められていくという過程を経てきたのであった。一方，世田谷区とプレーパークとの協働関係については，実質的な意味での協働関係にあったことが認められる。その過程では，市民活動団体が常に運動としての要素を持ち続けたこと，またどんなことでも自分たちの責任でやっていくという市民活動としてのスタンスを守り抜いたことが重要であった。これにより，行政との対抗的相補性が担保されてきたといえる。しかしながら制度上は，区の施策として位置づけられたプレーパーク活動を，委託された住民が行っているというものであり，「協働関係」を担保するような制度化は図られてこなかった。まずは，このような制度の確立が求められるところであるが，もし制度ができたとしても，継続的な相互交渉が重要なのであり，これを遂行することは団体・行政共に相当な労力を要するものである。

一方，自治的な活動を遂行するためには，このような外部との調整・交渉を行うだけでなく，組織の内部にも意志の齟齬が存在しているため，内部での調整・交渉が必要となることもプレーパークの事例から示されたところである。つまり，自治とは，外部とも内部とも協働することによって成り立つものなのである。自治には協働がつきものということであり，逆にいえば，協働関係が成り立つならば，その参加者は自治の担い手なのである。コミュニティを最初に「自治する集団」であるとしたが，それはつまり「自治と協働を行う集団」なのである。

住民参加から住民自治と協働への展開

第6章の太子堂地区まちづくり協議会は，行政主導で住民参加が呼びかけられた事例である。通常こうした活動は，いつまでも行政主導で活動が継続していくことが多く，まずは自治的な活動主体として成立させていくことが肝要であり，実際にはこれが困難なのである。太子堂地区まちづくり協議会の場合には，最初の段階で行政不信が地域に蔓延していたこと，また，立場の異なる人びとが一堂に会したことが活動の主体化を促したものと考えられる。そもそもハードの街づくりは，土地所有などの私的権利も規制の対象となるため，合意形成が難しい。まちづくり協議会は情報をオープンにし，全員が納得するまで話し合うスタンスを貫くことによって，協議の調和点を見出してきたのであり，この営みが行政主導の住民参加を実質的に自治的な活動にさせたのである。

一方，住民の自治的な活動の継続において課題も見えてきた。自治を行う住民と，これに関わらない住民との温度差が生まれるということである。活動が長期的に継続されていけばいくほど，活動に主体的に関わる人びとと一般の地域住民との知識はかい離していき，一緒に会議を行うことが難しくなっていった。行政との協働には，これを担う住民の力量も求められるが，そのような力量をもった住民は一部に限定されてしまうということである。

また太子堂の事例からは，市民活動同士の協働や地域住民組織を含んだ地域の組織の協働状況が見てとれた。協働を行うことによって，単一の目的をもつ組織のみではなしえないような活動が行われていったのである。しかも，このような地域の土壌は歴史的に蓄積され，その後の地域活動にも影響を与えるものであった。このことを考えると，太子堂地区まちづくり協議会はそれ自身が世代交代できなかったとしても，その他の団体が部分的に引き継いでいくもの

なのかもしれない。実際にまちづくり協議会と活動を共にしていた子どもの遊びと街研究会は，休止後10年後に別の人びとが中心となって立ち上げられた遊びとまち研究会にその一部が引き継がれている。このように市民活動は担い手の入れ替わりだけではなく，組織自体も入れ替わりながら，そのマインドが引き継がれていくものなのかもしれない。

　行政との関係でいえば，行政がお膳立てした住民参加の構図にのることなく，住民側が自治的な運営をかたくなに貫いてきたことで，協働関係を保ってきたと考えられる。ここでも，住民が自治的な姿勢を貫くことが結果として行政との協働関係を保ってきたと捉えることができるのである。また，住民側の自治的な姿勢のみが重要なのではなく，世田谷区街づくり条例によって太子堂地区まちづくり協議会が公的に認められてきたことも自治や協働にとって重要な要素であった。行政側の制度的な位置づけがあることが，担当者がすぐに変わっていく行政との関係を担保し，さらに地域のなかでも存在が認められ，対立的な関係から調和点を見出すことにもつながっていた。

自治と協働の制度的な整備への取り組み

　第7章の世田谷まちづくりセンターと世田谷まちづくりファンドに関わる，まちづくりセンター構想の事例は，市民が市民を支える仕組みづくりを目指したものであった。これは，住民主体・住民参加を掲げてきた世田谷区大場区政の1つの集大成となる制度づくりの試みであったと考えられる。世田谷区内には住民・市民が主体的に取り組む活動が多数生起していたと同時に，1980年代に行政が仕掛けた住民参加の取り組みが存在していたが，このような取り組みを住民全体に一般化することはできなかった。これに対応して提起された「まちづくりセンター構想」は，本来の意味での住民主体のまちづくりの制度を目指したものであった。それはつまり自治と協働の制度的な整備への取り組みであった。

　実際に世田谷まちづくりセンターや玉川まちづくりハウスの事例は，力関係の異なる住民と行政のコミュニケーションがうまくいくように工夫を凝らし，いくつかの成功事例を残した。具体的には，ワークショップの技法を駆使して，専門的な知識を持たない住民の意見を公共施設設立案に盛り込むなど，住民・市民と行政のかけ橋となってきたのである。協働とは，平等な関係のなかで問題の解決に向けて共に取り組むことであるとしたが，行政と住民の間には歴然

として大きな力の差がある。まちづくりセンターやまちづくりハウスはこの力の差をうめる中間支援組織として力を発揮してきたといえる。また、玉川まちづくりハウスの事例で見てきたように、専門家として地域のコーディネーター役を担い、さまざまな思いをもつ住民の組織化を手伝ったり、活動を軌道に乗せたりしてきた。このような中間支援組織は、市民活動や住民活動の初動の段階をサポートし、活動が行きづまったときに手を差し伸べるものとして重要な役割を担うものである。しかしながら、住民側に立ちながら、行政とのコーディネーター役を務めるまちづくりセンターやまちづくりハウスは、中間支援組織であるがゆえに、その事業の継続が課題となった。この点で、中間支援組織を支える仕組みを整えられなかったことが反省点として残る。一方、まちづくりセンター構想の中軸であるまちづくりファンドは、公益信託の性質を生かし、委託者の意向に大きく左右されることなく、多様な活動団体に助成し成長させてきた。このことが、次なる市民が市民を支える仕組みが模索されていく原動力となっている。それは、世田谷のまちづくりに関わり、技量をつけてきた多くの個人が、新しい活動を支えるという仕組みとして構想されているものである。

地域における協働関係成立への課題

さて以上の事例から、1990年代以降の地域の課題となっている、行政と市民活動・地域住民組織の協働関係を成り立たせる要所と課題をまとめておこう。コミュニティのなかでの協働関係の成立には、住民団体における自治の姿勢が貫かれていることが重要であり、また行政側は制度的にこれらを位置づけるなどして承認を与えることが求められる。さらに、行政と市民活動・地域住民組織の協働関係は、制度さえ整えれば済むというものではなく、相互行為の継続が重要となる。住民側は、運動性を失わずに自治的行為を行う上での問題を行政側に問い続ける姿勢を貫くこと、行政側はその問いに応答し行政側の論理によって時に疑問を投げかけながら、承認し続けることが重要なのである。プレーパークの事例でも、太子堂の事例でも、行政は住民参加や協働を掲げてはいても、その内実は行政主導というスタンスが見え隠れするものであった。これに対し、住民側が自治的活動を全うすることによって協働関係をつくりあげて来たのであるが、世田谷区は少なくともこれに応答してきたということはいえるであろう。そのような意味においては、2003年に住民主体の区政を進めてき

た大場区長から熊本区長への交代は，世田谷区が進めてきた住民と行政の協働関係に水をさすものであった。住民側はこれに負けることなく運動を継続することによって，何とか協働関係が保たれたともいえる。お互いの信頼関係をベースにした協働関係を担保する制度についても今後検討するべきであろう。その際，協働の制度化の取り組みであったまちづくりセンター構想の反省は，多くの示唆を与えてくれる。特に，力関係の異なる住民と行政との間に入る中間支援組織は，今一度その機能が見直されるべきではないだろうか。

地域コミュニティの位相

本書は特に市民活動を中心としてこれと行政や地域との協働関係を見てきた。そこで，市民活動が地域のなかでどのように立ち振る舞い，どのような変革を起こしていたのかという点についても考えてみることにしよう。プレーパークの事例から見てとれたのは，地域のなかで市民活動が時間をかけて少しずつ認められていくその過程であった。市民活動は個別の課題を持った活動であるが，この活動を遂行していくためには，地域や周囲からの承認が必要となる。しかしながら，市民活動の個別的・特殊的な課題ははじめから地域において寛容に認められるわけではない。地域のなかで相互交渉を行いながら少しずつ認められていく必要があるのである。プレーパークの事例では，こういった団体自体の継続的な働きかけとともに，活動者自身が地域住民として活動と地域をつないでいた。市民活動に参加する地域住民は，1つの市民活動において自治的活動を経験することによって，それを普遍的な体験として自らを変革し，自らが他の問題課題を認識した時に，中心になって組織を立ち上げたり，行動を起こしたりしていた。このように，市民活動が自治的行為を行う地域住民を育て，地域のなかで自治的行為や，自治的活動を行う団体を増殖させていたのである。このような担い手が実際に年を重ねて地域の役を引き受けるようになり，町内会をはじめとする地域住民組織に参加するようになっていた。

太子堂の事例では，市民活動同士の相互行為が新たな発想を生んでいくということをみた。またこのような市民活動のやりとりは，地域の土壌に蓄積され，ソーシャル・キャピタルとなっていた。太子堂の地域は，地域住民組織の活動も活発であるが，これらの活動と市民活動との交差が現在においていろいろと見られるのは，長年のこういった蓄積が，その地域性を生みだしているからであると考えられる。まちづくりファンドが助成を続けてきたなかで行ってきた

のは，このような土壌をつくるための，種をまいていくことであった。世田谷の地域においては，太子堂やプレーパークの事例で見られた市民活動と地域住民組織が交差・交流するような土壌がたくさん整備されてきているものと考えられる。しかし，まちづくり＝コミュニティ形成の営みは一過性のものではなく，継続していかなければならないということは，本書の事例が示すところである。新陳代謝を繰り返しながらコミュニティ形成を行っていくことが重要であり，それはつまり，コミュニティ論としても終わりなくこれを捉える努力をしていく必要があるということである。

本書では，自治と協働を現在のコミュニティ論のキー概念と捉え，地域社会の状況を世田谷区の事例から見てきた。以上に整理してきたような，行政と市民活動・地域住民組織が協働関係を成り立たせている状況，また市民活動が地域の団体として他との交流・交差を行っている状況こそ，本書が問題としてきた現在の地域コミュニティの位相ということになろう。

最後に，次のコミュニティ論の展開のために，いくつか本書で扱い切れなかった事象を述べて，本論を閉じることにしたい。それは，コミュニティにおける協働関係のなかに，企業がどのように参入しているないししてくるのかということである。2000年代以降社会的企業がいわれて久しいが，これらが本書で扱ったようなコミュニティのなかにどのように浸透しているのか，地域のなかでところどころにそのような存在を認めながらも，これを扱うことができなかった。地域コミュニティの状況は今後も変化していくのであり，このような新たな事象が常に表れてくるものである。今後も継続して地域の状況と，理念型としてのコミュニティの提示が繰り返されていかねばならないのである。

おわりに

　本書は2016年4月に提出した学位論文を加筆修正したものである。学位論文としての原文は，もちろん学術的な貢献を目指したものであったわけであるが，本書においては，住民活動を実際に行っている人びとや住民活動を行う人びとと協働の道を模索する行政職員など，実際に地域で活動に携わる人びとを読者の中心として想定している。そもそも筆者は1人の子どもを育てる主婦として，都市のなかで子どもを育てる際の困難に気がつき，そこで初めて地域コミュニティの重要性を知り，いつのまにかこれを研究する身となった者である。さまざまな選択肢のなかで，たまたま研究者の方向へ進んでいったが，本書で紹介するような，子どもに関する問題を抱えて地域活動を行うようになっていく，母親の1人であったかもしれないのである。学位をとるという目的から離れたいま，もともとの興味関心に戻り，これに貢献できる仕事をしたいという思いがある。

　筆者とフィールドである世田谷との出会いは，博士後期課程に進学した2010年にさかのぼる。修士論文でソーシャル・キャピタル論を扱ったことで，当時世田谷区民のソーシャル・キャピタルを測定する研究を行っていた，自治体内シンクタンクである「せたがや自治政策研究所」の特別研究員をさせていただくことになった。研究所の所長を修士論文の副査をご担当いただいた森岡清志先生が務めていたため，お声がけいただいたのである。研究員としてはじめは「世田谷区民の住民力」に関する詳細な分析を行ったが，3年目には自分でも研究のテーマを出せることになり，まちづくりで有名な太子堂の事例を扱ってみたいと，太子堂地区まちづくり協議会の梅津政之輔氏にお会いしたのが，本書で扱った一連の研究の第一歩であった。このような経緯で，研究所の研究活動の一環として太子堂の事例を取り上げたのが2012年度のことである（小山2013）。その後は，博士論文で世田谷区のまちづくりを取り上げる計画を立て，2013年にプレーパーク，2014年に世田谷まちづくりファンドの事例についてと，個人的に調査を進めてきた。世田谷区のフィールドで自由に調査研究を行えたのも，研究所の研究員であったことがとても大きかった。森岡清志先生とせたがや自治政策研究所のみなさまにお礼申し上げたい。また，大学院進学時に31

歳子育て中の主婦だった筆者を，長い目で育てていただいた首都大学東京大学院での指導教員である玉野和志先生にも感謝申しあげたい。

　最後に世田谷のフィールドで出会った方々に，この場を借りて感謝申し上げたい。住民活動を行う人びとは，多くの場合本業を別に抱えながら忙しい合間をぬって活動に参加している。その場にひょっこりと現れて役に立つわけでもなくいろいろと質問していく筆者に，丁寧におつきあいいただき，博士論文に引き続きこうして書籍化にあたっての確認にまでお手数をおかけした。本書では取り上げられていないが，長い時間お話をうかがった方々は他にもいるし，現場ではもっと多くの方々にお世話になっている。本書がほんの少しでもみなさんの活動を後押しできるものになればと願うばかりである。ちなみに，本書が世田谷の活動を表すにふさわしいものになればと，カバーと表紙のイラストは「街の木を活かすものづくりの会」の横山恵さんお願いしたものである。

　本書原稿の最終確認を対象者の方々に行った際，第5章でプレーリーダーとしてのお立場からお話をうかがった吉田貴文さんが2017年9月に急逝されていたと知った。気負った感じのない話し方で，中高生や若者支援への思いを語っていた姿が思い出される。ご本人に確認をとることはできないが，その思いの一端を知ることのできる本文をそのまま掲載させていただいた。ご冥福をお祈りいたします。

　　　※本書は2017年度東洋学園大学出版助成金の交付を受けている。

2018年1月30日

　　　　　　　　　　　　　　　　　　　　　　　　　　　小 山 弘 美

文 献 一 覧

《参考文献》

新睦人 1972『現代コミュニティ論——日本文化の社会学的基礎分析』ナカニシヤ出版
シーズ 1998『解説・NPO 法案——その経緯と争点』シーズブックレット・シリーズ No 2.
Gans, H. J., [1962] 1982. *The Urban Villagers: Group and Class in the Life of Italian-Americans*, New York: Free Press.（＝2006 松本康訳『都市の村人たち——イタリア系アメリカ人の階級文化と都市再開発』ハーベスト社）
羽根木プレーパークの会編 1987『冒険遊び場がやってきた！——羽根木プレーパークの記録』晶文社
─── 1998『遊び場（プレーパーク）のヒミツ——羽根木プレーパーク20年』ジャパンマシニスト社
原昭夫 1999「参加型社会づくりと風景デザイン」進士五十八・森清和・原昭夫・浦口醇二『風景デザイン——感性とボランティアのまちづくり』学芸出版社, 133-174
─── 2003『自治体まちづくり——まちづくりをみんなの手で！』学芸出版社
ハウジングアンドコミュニティ財団編 1997『NPO 教書——創発する市民のビジネス革命』風土社
早瀬昇 1997「NPO とボランティア」山岡義典編著『NPO 基礎講座——市民社会の創造のために』ぎょうせい, 41-74
林泰義 1989「近未来のトライアングル（市民・企業・行政）を模索する——アメリカの市民参加のまちづくりを訪ねて」『地域開発』vol. 298, 2-6
林泰義他 1989「特集 アメリカの実践・参加とまちづくり」『地域開発』vol. 298, 2-80
Hillery Jr., G. A., 1955, "Definition of community: Areas of agreement," *Rural Sociology*, Vol. 20. No. 2: 111-123.（＝1978 山口弘光訳「コミュニティの定義——合意の範囲をめぐって」鈴木広編『都市化の社会学〔増補〕』誠信書房, 303-321）
広原盛明 2011『日本型コミュニティ政策——東京・横浜・武蔵野の経験』晃洋書房
久冨善之 1974「政治意識の変化と政治参加の新しい動向」松原治郎編著 1974『住民参加と自治の革新』学陽書房, 111-131
磯村英一 1953「都市の社会集団」『都市問題』第44巻第10号, 35-50
磯村英一・鵜飼信成・川野重任編『都市形成の論理と住民』東京大学出版会
桂山秀栄 1953「町内会組織の現代的意義」『都市問題』第44巻第10号, 77-87
木下勇 1989「オープンスペースの市民参加」『地域開発』vol. 298, 28-32.
─── 1996『遊びと街のエコロジー』丸善
─── 2007『ワークショップ——住民主体のまちづくりへの方法論』学芸出版社

子どもの遊びと街研究会 1991『街がぼくらの学校だ！——子どもの遊びと街研究会の活動の記録』
――― 1999『三世代遊び場図鑑——街が僕らの遊び場だ！』風土社
今野裕昭 2001『インナーシティのコミュニティ形成——神戸市真野住民のまちづくり』東信堂
小山弘美 2011「町内会・自治会の変容とその可能性」『都市社会研究』No. 3, 71-88
――― 2013「地域における社会関係資本に関する研究——太子堂・船橋地区の事例から」『せたがや自治政策』Vol. 5, 83-145
倉沢進 1959「都市化と都会人の社会的性格」『社会学評論』vol. 9 No. 4, 33-52
――― 1990「コミュニティづくり20年の軌跡と課題」『都市問題』第81巻第2号, 3-15
――― 1998「社会目標としてのコミュニティと今日的問題」『都市問題』第89巻第6号, 3-13
――― 2008「社会目標としてのコミュニティ」『コミュニティ政策』6号, 35-51
倉田和四生 1999『防災福祉コミュニティ——地域福祉と自主防災の統合』ミネルヴァ書房
Lady Allen of Hurtwood, 1968, *Planning for Play,* London: Thames & Hudson.（＝2009 大村虔一・大村璋子訳『都市の遊び場（新装版）』鹿島出版会）
Lipnack, J. and Stamps, J., 1982, *NETWORKING,* New York: Doubleday & Company Inc.（＝1984 社会開発統計研究所訳『ネットワーキング』プレジデント社）
まちづくり公益信託研究会 1994『まちづくり公益信託研究』
MacIver, R. M., [1917] 1920, *Community: A Sociological Study: Being an Attempt to Set Out the Nature and Fundamental Laws of Social Life,* 2nd ed., London: Macmillan.（＝1975 中久郎・松本通晴監訳『コミュニティ』ミネルヴァ書房）
松原明 2005「NPOと行政との協働」市町村アカデミー監修『自治体と地域住民との協働』ぎょうせい, 1-56
松原治郎・似田貝香門編著 1976『住民運動の論理——運動の展開過程・課題と展望』学陽書房
松下圭一 1971「市民参加とその歴史的可能性」松下圭一編『現代に生きる6 市民参加』東洋経済新報社, 173-243
松下啓一 2005「住民参加のためのまちづくり条例」市町村アカデミー監修『自治体と地域住民との協働』ぎょうせい, 169-201
宮本憲一 1971「住民運動の理論と歴史」宮本憲一・遠藤晃編『講座 現代日本の都市問題——8 都市問題と住民運動』汐文社, 1-69
中田実 1980「地域問題と地域住民組織——地域共同管理主体形成論序説」地域社会研究会編『地域社会研究会年報第二集 地域問題と地域政策』, 1-46
――― 1993『地域共同管理の社会学』東信堂
中村八朗 1962「都市的発展と町内会——都下日野町の場合」『地域社会と都市化』国際基督教大学社会科学研究所, 79-154
――― 1964「三鷹市の住民組織——近郊都市化に伴うその変質」『近郊都市の変貌過程』国際基督教大学社会科学研究所, 99-178

―――― 1973『都市コミュニティの社会学』有斐閣
―――― 1975「現代都市よりみたコミュニティ再考」国民生活センター編『現代日本のコミュニティ』川島書店，95-113
―――― 1980「形成過程よりみた町内会――戦前における町内会」富田富士雄教授古稀記念論文集刊行委員会編『現代社会と人間の課題』新評論，34-58
名和田是彦 2007「近隣政府・自治体内分権と住民自治――身近な自治を実現するための考え方と仕組み」羽貝正美編著『自治と参加・協働――ローカル・ガバナンスの再構築』学芸出版社，49-74
―――― 2009「近年の日本におけるコミュニティの制度化とその諸類型」名和田是彦編『コミュニティの自治――自治体内分権と協働の国際比較』日本評論社，15-43
西尾勝 1975『権力と参加――現代アメリカの都市行政』東京大学出版会
―――― 1999『未完の分権改革――霞が関官僚と格闘した1300日』岩波書店
―――― 2013『自治・分権再考――地方自治を志す人たちへ』ぎょうせい
大村璋子編著 2009『遊びの力――遊びの環境づくり30年の歩みとこれから』萌文社
近江哲男 1958「都市の地域集団」『社会科学討究』第3巻第1号，181-230
越智昇 1982「コミュニティ経験の思想化」奥田道大・大森彌・越智昇・金子勇・梶田孝道『コミュニティの社会設計――新しい〈まちづくり〉の思想』有斐閣，135-177
―――― 1986「都市における自発的市民活動」『社会学評論』Vol. 37, No. 3, 272-292
―――― 1990「ボランタリー・アソシエーションと町内会の文化変容」倉沢進・秋元律郎編『町内会と地域集団』ミネルヴァ書房，240-287
越智昇編 1986『都市化とボランタリー・アソシエーション――横浜市における市民の自主的参加活動を中心に』横浜市立大学文理学部市民文化研究センター
大場啓二 1990『手づくり　まちづくり』ダイヤモンド社
奥田道大 1959「都市化と地域集団の問題――東京都―近郊都市における事例を通じて」『社会学評論』vol. 9, No. 3, 81-92, 100-101
―――― 1960「都市自治組織をめぐる問題――行政組織との関連において」『東洋大学社会学部紀要』(1), 1-27
―――― 1971「コミュニティ形成の論理と住民意識」磯村英一・鵜飼信成・川野重任編『都市形成の論理と住民』東京大学出版会，135-177
―――― 1975「都市住民運動の展開とコミュニティ理念」国民生活センター編『現代日本のコミュニティ』川島書店，55-93
奥井復太郎 1953「近隣社会の組織化」『都市問題』第44巻第10号，23-33
Putnam, R. D., 2000, *Bowling Alone: The Collapse and Revival of American Community*, Simon&Schuster.（＝2006 柴内康文訳『孤独なボウリング――米国コミュニティの崩壊と再生』柏書房）
佐藤慶幸 1982『アソシエーションの社会学――行為論の展開』早稲田大学出版部
―――― 1986「都市化社会とボランタリー・アソシエーション」越智昇編『都市化とボランタリー・アソシエーション――横浜市における市民の自主的参加活動を中心に』横浜市立大学文理学部市民文化研究センター，493-501

―――― 2002『NPOと市民社会――アソシエーション論の可能性』有斐閣
生活科学調査会編 1962『町内会・部落会』医師薬出版
世田谷区 1976『世田谷近・現代史』
―――― 1992『せたがや百年史　上・下巻』
Simmel, G., 1903, "Die Grosstädte und das Geistesleben," Petermann, T., hg., *Die Grossstadt*, Dresden: 185-206.（＝1978 松本通晴訳「大都市と心的生活」鈴木広編『都市化の社会学〔増補〕』誠信書房，99-112）
渋谷望 2003『魂の労働――ネオリベラリズムの権力論』青土社
篠原一 1973「市民参加の制度と運動」篠原一他『現代都市政策Ⅱ　市民参加』岩波書店，3-38
―――― 1977『市民参加』岩波書店
園田恭一 1978『現代コミュニティ論』東京大学出版会
高田昭彦 1998「現代市民社会における市民運動の変容――ネットワーキングの導入から『市民活動』・NPOへ」青井和夫・高橋徹・庄司興吉編『現代市民社会とアイデンティティ』梓出版社，160-185
―――― 2003「市民運動の新しい展開――市民運動からNPO・市民活動へ」『都市問題』94号第8巻，69-84
―――― 2016『政策としてのコミュニティ――武蔵野市にみる市民と行政のパートナーシップ』風間書房
高田保馬 1953「市民組織に関する私見」『都市問題』第44巻第10号，1-11
高木鉦作 2005『町内会廃止と「新生活協同体の結成」』東京大学出版会
高木鉦作編 1973『住民自治の権利』法律文化社
玉野和志 1998「コミュニティ行政と住民自治」『都市問題』第89巻第6号，41-52
―――― 2007「コミュニティからパートナーシップへ――地方分権改革とコミュニティ政策の転換」羽貝正美編著『自治と参加・協働――ローカル・ガバナンスの再構築』学芸出版社，32-48
―――― 2011「わが国のコミュニティ政策の流れ」中川幾郎編著『コミュニティ再生のための地域自治のしくみと実践』学芸出版社，8-18
田中實編 1991『公益信託の理論と実務』有斐閣
Tönnies, F., [1887] 1926, *Gemeinschaft und Gesellschaft: Grundbegriffe der reinen Soziologie*, Berlin, Verlag Karl Curtius.（＝1957 杉野原寿一訳『ゲマインシャフトとゲゼルシャフト』上・下，岩波書店）
卯月盛夫・浅海義治 1994「公益信託『世田谷まちづくりファンド』をベースにしたまちづくりの仕組み――その構想，実際と課題」まちづくり公益信託研究会『まちづくり公益信託研究』，143-162
梅津政之輔 2005「世田谷区太子堂のまちづくり」日本建築学会編『まちづくり教科書第7巻　安全・安心のまちづくり』丸善，90-93
―――― 2015『暮らしがあるからまちなのだ！――太子堂・住民参加のまちづくり』学芸出版社

牛山久仁彦 2011「住民・行政の協働と分権型まちづくり」『都市社会研究』No.3, 16-26
山岡義典 1997「NPOの意義と現状」山岡義典編著『NPO基礎講座——市民社会の創造のために』ぎょうせい，1-42
山崎仁朗編著 2014『日本コミュニティ政策の検証——自治体内分権と地域自治へ向けて』東信堂
安田三郎 1959a「都鄙連続体説の考察（上）——従来の諸学説の検討」『都市問題』第50巻第2号，53-60
――― 1959b「都鄙連続体説の考察（下）——因子分析による都市度測定と都市分類の試み」『都市問題』第50巻第9号，40-51
――― 1977「町内会について」『現代社会学7』第4巻第1号，講談社
吉原直樹 1990「町内会からみたコミュニティ行政の現在——神戸市の場合」『都市問題』第81巻第2号，47-59
吉永真理他 2009「四世代遊び場マップができるまで——2005〜2008年まで4年間の遊びとまち研究会の軌跡」住宅総合研究財団『「住まい・まち学習」実践報告・論文集10』，79-82
渡戸一郎 2007「動員される市民活動？——ネオリベラリズム批判を越えて」『年報社会学論集』第20号，25-36
Wellman, B., 1979, "The Community Question: The Intimate Networks of East Yorkers," *American Journal of Sociology*, 84: 1201-1231.（＝2006 野沢慎司・立山徳子訳「コミュニティ問題——イースト・ヨーク住民の親密なネットワーク」野沢慎司編・監訳『リーディングス　ネットワーク論』勁草書房，159-204）
Wirth, L., 1938, "Urbanism as a Way of Life," *American Journal of Sociology*, 44: 1-24.（＝1978 高橋勇悦訳「生活様式としてのアーバニズム」鈴木広編『都市化の社会学〔増補〕』誠信書房，127-147）
Whyte, W. F., [1943] 1993, *Street Corner Society*, Chicago: The University of Chicago Press.（＝2000 奥田道大・有里典三訳『ストリート・コーナー・ソサエティ』有斐閣）

《参考資料》

【行政関連】
第27次地方制度調査会答申 2003「今後の地方自治制度のあり方に関する答申」
自治省 1970「コミュニティ（近隣社会）に関する対策要綱」
国民生活審議会コミュニティ問題小委員会 1969「コミュニティ——生活の場における人間性の回復」
世田谷区 1979「世田谷区基本計画（1979-1988）——福祉社会をめざすヒューマン都市世田谷」
――― 1983「世田谷区実施計画（1983-1986)」
――― 1987「世田谷区新基本計画——21世紀のヒューマン都市世田谷をめざして」

――― 1987「世田谷区実施計画（1987-1990）」
――― 1995「世田谷区基本計画――共に支え共に生きるヒューマン都市世田谷」
――― 1995「世田谷区実施計画（1995-1998）」
――― 1997「世田谷区実施計画『調整プラン』（1997-1999）」
――― 2000「世田谷区基本計画（調整計画）」
――― 2000「世田谷区実施計画（2000-2002）行財政改善推進計画（2000-2002年）」
――― 2003「世田谷区実施計画（2003-2004）世田谷区行財政改善推進年次計画（2003-2004）
――― 2005「世田谷区実施計画（2005-2007）世田谷区行政経営改革計画（2005-2007年）」
――― 2005「世田谷区基本計画（2005-2014）――いつまでも住み続けたい『魅力あふれる　安全・安心のまち世田谷』」
――― 2005「外郭団体改善方針」
――― 2005「新たな地域行政の推進について」
――― 2014「世田谷区政概要2014」
――― 2014「世田谷区基本計画（2014-2023）――子どもが輝く　参加と協働のまち　せたがや」
――― 2014「今後の地域行政推進について」
――― 2016「統計書平成28年人口編」
東京都　1969「東京都中期計画」
――― 1971「広場と青空の東京構想」

【プレーパーク関連】
羽根木プレーパーク「活動報告書（2011，2012年度）」
NPO法人プレーパークせたがや「事業報告書（2011，2012年度）」
――― 「プレーリーダー会報告書（2012年度）」
――― 2013「気がつけば40年近くも続いちゃってる住民活動の組織運営」
NPO法人プレーパークせたがや研修センター　2013「冒険遊び場づくり物語――子どもの豊かな育ちを実現するため，住民と行政が取り組んだ日本で初めての挑戦」
プレーパークNPO法人化検討会　2004「プレーパークNPO法人化検討会報告書」
特定非営利活動法人日本冒険遊び場づくり協会　2014「第11回通常総会議案書」

【太子堂地区まちづくり協議会関連】
世田谷区都市環境部都市計画課　1981「太子堂地区まちづくり――世田谷区太子堂地区市街地再整備基本計画策定調査報告書」
世田谷区総合支所街づくり課　1993「太子堂地区まちづくり協議会・10年の活動」
太子堂2・3丁目地区まちづくり協議会・世田谷区世田谷総合支所街づくり部街づくり課　2000「太子堂2・3丁目地区のまちづくり20年のあゆみ」
太子堂2・3丁目地区まちづくり協議会　2005「太子堂2・3丁目まちづくり25年の歩み」

(2005年度公益信託世田谷まちづくりファンドの特別部門「まちづくりネット文庫」
http://www.setagayatm.or.jp/trust/fund/library/taishidou/ayumi25.htm）

【世田谷まちづくりセンター関連】
世田谷区都市整備部街づくり推進課 1991「世田谷まちづくりセンター構想案」
世田谷まちづくりセンター 1994「世田谷まちづくりセンター・世田谷まちづくりファンド　資料集1994年版」
世田谷区都市整備公社まちづくりセンター 2004「まちづくりセンター・公益信託世田谷まちづくりファンド　資料集2004年度版」
財団法人世田谷トラストまちづくり 2013「ファンドがひらいた世田谷のまちづくり——20年とこれから」

【玉川まちづくりハウス関連】
玉川まちづくりハウス 1996「みんなでホイッ！——玉川まちづくりハウスの活動記録1991.4～1996.3」
――― 2000「みんなでホイッ！　part 2 ——玉川まちづくりハウスの活動記録1996.4～2000.10」
――― 2005a「ねこじゃらし公園の10年」
――― 2005b「地区計画とまちづくり協定のつくり方」
――― 2010「玉川まちづくりハウスの活動記録　みんなでホイッ！　part 3 2001-2010」
(2010年度公益信託世田谷まちづくりファンドの特別部門「まちづくりネット文庫」
http://www.setagayatm.or.jp/trust/fund/library/pdf/tamamachi.pdf）

索　引

〈人名索引〉

磯村英一　7
今野裕昭　23, 24
ウェルマン，B.　2, 3, 8
近江哲男　19
大場啓二区長　53, 55, 56, 60, 61, 66
奥田道大　4, 6, 7, 9, 10-13, 15, 16, 19, 20, 44
越智昇　19-22, 125, 138
ガンズ，H. J.　3
熊本哲之区長　59, 60
倉沢進　4, 5, 35, 43, 45, 47
倉田和四生　24
佐藤慶幸　20
篠原一　13
ジンメル，G.　3
玉野和志　32, 37

テンニース，F.　2
中田実　17-19, 23
中村八朗　6, 8-10, 17, 23, 27
名和田是彦　39, 40
西尾勝　13
似田貝香門　14, 15
パットナム，R. D.　4
ヒラリー，G. A.　2, 10
広原盛明　41
ホワイト，W. F.　3
松原明　38, 103
安田三郎　4, 5, 17
山崎仁朗　41-44
ワース，L.　2, 3, 5
渡戸一郎　38

〈事項索引〉

〈ア　行〉

遊びとまち研究会　170-172, 174, 175, 240
遊ぼう会　66, 67, 71, 72
新しい公共　37, 38, 61
新しい第一次的ネットワーク　21, 138
運動モデル　12, 15, 44
NPO　22, 25, 26, 36-38, 122, 139, 185, 201
NPO法人　36, 87, 96, 99
沿道会議　151-153, 162, 163

〈カ　行〉

革新自治体　iv, 6, 13, 44, 238
官製コミュニティ　41
きつねまつり　114, 150, 153, 154
協働　iii, iv, 24, 26, 28, 29, 38, 42, 46, 47, 57, 60, 73, 103-105, 113, 124, 139, 153, 154, 164, 179, 205, 233, 234, 238-241
　協働事業　72, 74, 87, 99, 123
　協働施策　22, 35, 37-39, 47
　協働の場　150, 171, 175, 180
共同社会的消費手段　18
キラ星応援コミュニティ部門　i, 228, 230, 233
区長公選制　53
限定的コミュニティ（概念）　10, 27
公益信託　58, 187-190, 192-194, 226, 233, 241
公共　36
公共性　15, 26, 37
公設民営　72
国民生活審議会　iii, 4, 7, 32, 43, 44
子どもの遊びと街研究会　80, 150, 154, 157, 165, 168-170, 175, 179, 180, 240
コミュニティ　iii, 7, 11, 23, 27, 28, 125, 130, 134, 138, 140, 239
コミュニティガーデン　189, 191, 209, 210
コミュニティ概念　2, 9, 10
コミュニティ開発法人　201
コミュニティ協議会　33, 43
コミュニティ行政　iii, 7, 33-35, 40, 46
コミュニティ形成論　iii, 7-10, 13, 15, 17, 22, 28
コミュニティ施策　8, 13, 33, 41, 53, 58
コミュニティ政策　iii, 32, 34, 41, 45
　モデル・コミュニティ施策　7, 32
コミュニティデザインセンター　185

コミュニティの理念型　28
コミュニティ文化型　20, 125
コミュニティモデル　12
コミュニティ問題　3
コミュニティ理念型　22
コミュニティ論　ii, iii, 4, 7, 9, 10, 22, 28
　コミュニティ解放論　3
　コミュニティ衰退論　2
　コミュニティ存続論　3

〈サ 行〉

桜丘　55, 70, 115
雑居まつり　56, 82, 109, 114, 132
三軒茶屋太子堂ひろばづくりの会(三太の会)　114, 155, 165, 177, 179, 180
三世代遊び場マップ　156, 165, 166, 170
自主保育　114, 126, 132
　自主保育グループ「ひろば」　76, 86, 131
自治　iii, 27, 29, 115, 116, 123, 124, 139, 177-179, 207, 208, 234, 239, 240, 241
　住民自治　iv, 13, 44-47, 53, 58, 180, 181, 208, 239
自治基本条例　39
自治体内分権　39, 40
市民　26
市民活動　19, 21, 22, 25, 26, 28, 29, 36, 37, 44, 59, 115, 140, 165, 170, 171, 175, 233, 238, 241, 242
修繕型(の)まちづくり　iv, 60, 144, 146, 153, 163, 176, 180
住民運動　6-8, 12-19, 36, 37, 45, 180
住民参加　iv, 13, 33, 34, 45, 46, 53-55, 115, 144, 154, 169, 178, 202, 207-210, 213, 239
　住民参加のまちづくり　55, 57, 62, 147, 149, 180, 206
住民主体のまちづくり　iv, 12, 114, 149, 186, 192, 199, 240
新自由主義　35, 41, 62
世田谷区　i, iv, 50, 66, 72, 99, 104, 146, 151, 152, 241
　世田谷区基本計画　54, 60, 100, 222
　世田谷区新基本計画　57, 184
　世田谷区基本構想　53
　世田谷区コミュニティ政策　53, 54, 57
　世田谷トラストまちづくり　222, 223
　世田谷ボランティア協会　56, 75, 76, 100, 113
　世田谷区街づくり条例　55, 148, 152, 216
　世田谷まちづくりセンター　58, 159, 178, 186-189, 192, 194-196, 208, 211, 222, 233
　世田谷まちづくりファンド　i, 58, 89, 109, 125, 168, 171, 188, 190, 192, 207, 220, 226, 230, 233, 240
世話人　78, 85-87, 96, 125, 131, 137
専門処理システム　45
ソーシャル・キャピタル　4, 176, 242
そらまめハウス　87, 89, 90, 104, 129

〈タ 行〉

第一次的ネットワーク　21, 138
太子堂(地区)　iv, 54, 114, 123, 144, 239
　太子堂サバイバルキャンプ　171, 172, 175
　太子堂地区まちづくり協議会　145, 147, 148, 158, 160, 164, 179-181, 239
　太子堂防災ワークショップ　174, 175
　太子堂ワークショップ　170, 173, 175
玉川まちづくりハウス　191, 201, 202, 208, 209, 211, 214, 215, 217, 221, 241
地域行政　57-61
地域自治区　39, 40
地域社会論　iii, 4, 15, 28
地域住民組織　9, 17, 19, 24, 26-28, 33, 36-38, 138, 214, 238, 241
地区計画　54, 150, 151, 215, 216
地方分権改革　22, 35, 45
中間支援組織　25, 94, 187, 197, 201, 219, 221-223, 233, 234, 241
町内会　5-10, 16-24, 28, 33, 34, 40, 42, 59, 98, 130, 148, 165, 171, 214
　町内会文化型論　19
　町内会変容モデル　8, 19, 23
デイホーム　202, 209-213
特定非営利活動促進(NPO)法　22, 26, 35, 36
都市化　2, 4-8, 10, 11, 43
都市デザイン室　55, 56, 60

〈ナ 行〉

NPO法人日本冒険遊び場づくり協会　94
ねこじゃらし公園　202-208, 217
ネットワーキング　21, 25, 26

〈ハ　行〉

東日本大震災　　ii, 95, 130, 162, 171
ピッピの会　　76, 86
ブレーカー　　91, 92, 95
プレーパーク　　iv, 56, 66, 72, 79, 115, 116, 123, 133, 139, 150, 238, 242
　烏山プレーパーク　　80
　駒沢はらっぱプレーパーク　　80
　NPO法人プレーパークせたがや　　87, 93, 95
　世田谷プレーパーク　　75, 79, 170
　太子堂プレーパーク　　79, 166
　羽根木プレーパーク　　66, 72, 81, 87, 94, 108, 111, 112, 115, 125
　プレーパークNPO法人化検討会　　101-104
プレーリーダー　　67, 68, 74, 85, 92, 93, 102, 108, 111, 122
冒険遊び場　　66, 73, 94, 114, 165
　経堂冒険遊び場　　67-69
　桜丘冒険遊び場　　69-71
ポケットパーク　　154, 177, 178

ボランタリー・アソシエーション　　19-21

〈マ　行〉

まちづくり　　i, 23, 47, 53-55, 57, 114, 115, 123, 154, 243
　まちづくりセンター（構想）　　57, 184-187, 198, 200, 201, 233-235, 240
　まちづくりハウス　　185, 187, 191, 198, 200, 201, 233, 234
　まちづくり運動　　12, 15, 18, 19, 21, 23
　まちづくり協議会　　54, 216
　まちづくり条例　　23, 39
街づくり　　56, 144, 154
身近なまちづくり推進協議会　　59, 210, 214, 215
みんな主義　　16, 20
武蔵野市　　43, 44
メンター　　i, 231, 232

〈ラ・ワ行〉

楽働クラブ　　156, 159, 168, 191
ワークショップ　　34, 149, 150, 154, 156-159, 165, 167, 178, 196, 202, 208, 210, 234, 240

《著者紹介》

小山 弘美（こやま　ひろみ）

2014年　首都大学東京大学院人文科学研究科博士後期課程単位取得退学
東洋大学社会学部助教を経て，
現在，東洋学園大学人間科学部専任講師，博士（社会学）

主要業績
「ソーシャル・キャピタルとしての町内会――個人の行為から町内会を捉える方法」『日本都市社会学会年報』29号，2011年
「世田谷区民の『住民力』に関する調査研究」『都市とガバナンス』vol. 19，2013年
「コミュニティのソーシャル・キャピタルを測定する困難さ――世田谷区『住民力』調査を事例に」『社会分析』41号，2014年

自治と協働からみた現代コミュニティ論
――世田谷区まちづくり活動の軌跡――

| 2018年3月30日　初版第1刷発行 | ＊定価はカバーに表示してあります |

著者の了解により検印省略	著　者　小　山　弘　美 ⓒ
	発行者　植　田　　　実
	印刷者　江　戸　孝　典

発行所　株式会社　晃洋書房

〒615-0026　京都市右京区西院北矢掛町7番地
　　　　　　電話　075(312)0788番（代）
　　　　　　振替口座　01040-6-32280

装丁　尾崎閑也　　　印刷・製本　㈱エーシーティー

ISBN978-4-7710-2977-4

JCOPY 〈(社)出版者著作権管理機構　委託出版物〉

本書の無断複写は著作権法上での例外を除き禁じられています．複写される場合は，そのつど事前に，(社)出版者著作権管理機構（電話 03-3513-6969, FAX 03-3513-6979, e-mail: info@jcopy.or.jp）の許諾を得てください．